Sozialwesen und Sozialarbeit in den Niederlanden
Karl-Ernst H. Hesser (Hrsg.)

Sozialwesen und Sozialarbeit in den Niederlanden

Karl-Ernst H. Hesser (Hrsg.)

Verlag für Soziales und Kulturelles. Luzern

Die deutsche Bibliothek – CIP-Einheitsaufnahme

Sozialwesen und Sozialarbeit in den Niederlanden / Karl-Ernst H. Hesser (Hrsg.).
[Übers.: Theo Hof]. – Luzern: Verl. für Soziales und Kulturelles, 2000
ISBN 3-906413-08-X

© 2000 Verlag für Soziales und Kulturelles, Luzern
Hochschule für Soziale Arbeit Luzern
Fachhochschule Zentralschweiz

Übersetzung: Theo Hof
Bearbeitung: Karl-Ernst H. Hesser, Beat Schmocker, Alex Willener
Gestaltungskonzept: Martina Schönenberger, Myriam Wipf
Titelfotos: Pier Tosta, Martina Schönenberger
Druck: Sticher Printing Luzern
Papier: Perlentrend Recycling
ISBN 3-906413-08-X

Autorin, Autoren

Karl-Ernst H. Hesser
Drs., Sektormanager für Fort- und Weiterbildung in der Sozialarbeit an der Hogeschool van
Amsterdam Interact bv

Henk Michielse
Dr., Emeritierter Lektor für (Geschichte der) Andragogik an der Universität von Amsterdam

Leo Witte
Drs., Dozent am Institut ‹Sozial-juristische Dienstleistung› der Hogeschool van Amsterdam

Harry Wouters
Drs., Senior-Mitarbeiter bei den Abteilungen ‹Nachdiplomstudien› und ‹Fort- und Weiterbildung
in der Sozialarbeit› an der Hogeschool van Amsterdam Interact bv

Kees Bakker
Drs., Clustermanager für Jugendhilfe beim ‹Niederländischen Institut für Fürsorge und
Soziales› (NIZW)

Geert van der Laan
Prof. Dr., Professor für (Grundlagen der) Sozialarbeit an der Universität von Utrecht,
Betreiber eines privaten Beratungsbüros

Nora van Riet
Senior-Mitarbeiterin bei den Abteilungen ‹Nachdiplomstudien› und ‹Fort- und Weiterbildung
in der Sozialarbeit› an der Hogeschool van Amsterdam Interact bv

Franz Trautmann

Drs., Leiter des Programms ‹Sekundäre Prävention Genussmittelkonsum› am Trimbos-Institut
(‹Netherlands Institute of Mental Health and Addiction›)

Han Kuipers

Drs., Wissenschaftlicher Mitarbeiter bei der Abteilung Sucht und Genussmittelkonsum
am Trimbos-Institut

Peter Menkveld

Mitarbeiter für Fort- und Weiterbildung bei der ‹Niederländischen Vereinigung von
Einrichtungen für soziale Arbeit mit geistig Behinderten› (SOMMA)

Leo van der Ark

Direktor der Niederländischen Vereinigung der Sozialarbeiter/innen (bis 1999)

Peter van Splunteren

Drs., Mitarbeiter beim ‹Niederländischen Institut für Fürsorge und Soziales› (bis 1998),
Mitarbeiter beim Instituut Zorgonderzoek Nederland

Dick Herweg

Drs., Leiter der Abteilung ‹Internationalisierung› an den Instituten ‹Sozialarbeit› und
‹Sozialpädagogische Hilfe› an der Hogeschool van Amsterdam

Inhalt

Vorwort

Warum ein Buch über die Sozialarbeit in den Niederlanden? Was haben die, was wir nicht auch haben? Oder schauen wir etwa nur deshalb über die eigenen Grenzen, weil das Fremde immer aufregender erscheint als das Eigene?

Vor Jahrzehnten galten die Niederlande in Bezug auf ihr Sozialwesen schon einmal als eines der innovativsten Länder Europas. Viele niederländische Ideen und Modelle fanden Einzug in die deutschsprachige Fachliteratur und manche soziale Einrichtung, Ausbildungsstätte der Sozialen Arbeit, selbst kommunale Behörden aus dem deutschsprachigen Raum profitierten von den Bildungsreisen ihrer Mitarbeiter, Dozentinnen, und Studierenden. Mit dem vorliegenden Sammelband soll aber keineswegs nur eine alte Tradition wieder aufgelebt werden. Vielmehr wagen wir einen Vergleich des gegenwärtigen Entwicklungsstandes zwischen unterschiedlich strukturierten Sozialwesen, die sich unter beinahe identischen – vor allem wirtschaftlichen – Bedingungen der Zeit anpassen müssen.

Aber nicht so sehr um Unterschiede und Gemeinsamkeiten, also um einen direkten Vergleich der Sozialwesen – das wäre wohl auch kaum interessant genug, um ein Buch aufzulegen – geht es hier. Vielmehr sollen die Betrachtungen aus sicherer Distanz der in den Niederlanden vielleicht schon etwas weiter fortgeschrittenen Umsetzungen von auch in den deutschsprachigen Ländern anstehenden Umstrukturierungen des Sozialwesens ermöglichen. Dabei liesse sich zum Beispiel leicht entdecken, dass es noch kein kapitaler Sündenfall humanistischer Sozialarbeit sein muss, wenn für ein Überdenken eingefahrener Muster der Aufforderung des neoliberalen Mainstreams für einen Moment nachgegeben wird, um das eigene Sozialwesen und die entsprechende Sozialarbeit einmal mit dieser Brille zu betrachten.

Mit dem Nachvollziehen der Erfahrungen des strukturellen Wandels der Sozialarbeit in den Niederlanden liesse sich herausfinden und fundiert begründen, was auch in einem Sozialwesen, dem immer weniger Ressourcen zur Verfügung stehen, unverzichtbar bleiben muss, wenn die Ideale einer an den Menschenrechten orientierten Sozialarbeit nicht verraten werden sollen. Mit ihren Texten zeugen die Autorinnen und Autoren in diesem Band vom niederländischen Mut, das Wagnis einzugehen, das Sozialwesen den Bedürfnissen dieser Zeit anzupassen. Vorwürfe, damit da und dort zu weit gegangen zu sein und das Kind mit dem Bad ausgeschüttet zu haben, werden nicht ausbleiben. Aber solche Lernerfahrungen sollen nicht nur in den Niederlanden helfen, weitere Veränderungen im Sozialwesen und in der Sozialarbeit immer besser und sorgfältiger zu gestalten.

Wir betrachten diesen Band als eine Herausforderung, die generelle Rechtfertigung des Status quo endlich abzulegen und stattdessen die Kräfte für den Versuch zu bündeln, das Unverzichtbare einer professionellen Sozialarbeit, also das, was auch nach einer Anpassung an die Zeit unbedingt erhalten bleiben muss, präzis zu begründen und neu zu konzipieren, damit auch von dieser Seite ein gewichtiges Wort bei anstehenden Redimensionierungen des Sozialwesens zu hören sein wird. Und hier drängt die Zeit, diese Stimme muss jetzt zu hören sein, denn solche Redimensionierungen sind nicht nur notwendig, sie sind bereits in vollem Gange.

Auch wenn, wie zum Beispiel bei Henk Michielse, die Parallelität der sozialstaatlichen Entwicklung der Niederlande mit derjenigen der Schweiz, Deutschlands oder Österreichs aufgezeigt wird, sind doch wichtige Unterschiede nicht zu übersehen. Aus der Warte der Schweiz wäre etwa zu erwähnen, dass hier die Sozialpolitik in der Kompetenz der Kantone und die Ausführung weitgehend bei den Kommunen liegt. Einzig die Sozialversicherungen sind Sache des Bundes. Es gibt in der Schweiz deshalb auch nicht so etwas wie ein Bundesministerium für Sozialhilfe. Auf das System der sozialen Sicherheit und die Entwicklung der Sozialpolitik wirken zudem historisch gewachsene Besonderheiten, insbesondere der Föderalismus, das Subsidiaritätsprinzip, die Dominanz des Milizsystems und die relative Trägheit der Konkordanzdemokratie.

Schätzungsweise rund drei Viertel aller sozialen Einrichtungen der Schweiz werden von kirchlichen oder privatrechtlichen Vereinen und Stiftungen getragen, auch wenn die finanziellen Mittel weitgehend von der öffentlichen Hand stammen. Diese Organisationen sind jedoch sehr zersplittert und lassen sich nicht vergleichen mit den grossen caritativen Verbänden oder den niederländischen «Säulen».

Das Feld der vielen kleinen, oft stark spezialisierten Dienste der Sozialarbeit ist unübersehbar und deren Koordination praktisch unmöglich geworden. Vor allem aber leiden hier, wie wohl in allen europäischen Ländern, die mittleren und grösseren Städte inzwischen an der kaum mehr zu finanzierenden öffentlichen Fürsorge und der steigenden Zahl der Sozialhilfeabhängigen.

Finanzknappheit und Spardruck, die Verschiebungen in der parteipolitischen Landschaft und der immer lauter werdende Ruf nach vermehrter Freiwilligenarbeit bzw. nach Abbau des professionalisierten Sozialwesens, sowie ständig steigende Klientenzahlen und zunehmende Problemkomplexität fordern die Sozialarbeit immer mehr heraus. Immer häufiger werden Methoden des New Public Management auch im öffentlichen Bereich eingeführt, und von den Organisationen der Sozialarbeit wird immer konsequenter verlangt, dass sie sich als Dienstleistungsbetriebe zu verstehen haben, deren Leistungen definiert werden und deren Wirksamkeit zu belegen ist.

Die Funktion eines Sozialstaates ist es, die Menschen materiell abzusichern, falls sie ihre Existenz nicht durch Erwerbsarbeit selbst sichern können. Die soziale Funktion der Wirtschaft ist es, den Menschen Arbeitsplätze zur Verfügung zu stellen, damit sie ihr Einkommen erwerben können. Dieses System wird durch den grundlegenden Strukturwandel zunehmend in Frage gestellt: es braucht immer weniger Menschen, um das gleich hohe oder gar höhere Sozialprodukt zu erwirtschaften. Die Menschen können ihr Recht, durch Erwerbsarbeit ihr Einkommen zu sichern, immer weniger verwirklichen. Und dem Staatswesen steht immer weniger Geld für immer grösser werdende Ausgaben zur Verfügung, während Private immer gigantisch anmutende Gewinne erzielen können.
All dies gehört zu den Herausforderungen der Zukunft und stellt entsprechende Anforderungen an die politisch Verantwortlichen und die professionell Ausführenden des Sozialwesens. Sie alle versuchen, den immer komplexer werdenden Handlungsbedarf mit grosser Ernsthaftigkeit und Kompetenz zu bewältigen, selbst bei immer düster werdenden Aussichten auf Erfolg und ständig knapper werdenden Ressourcen. Gerade diese hohen Anforderungen und die damit verbundenen hohen Erwartungen rufen nach einer sorgfältigen Planung und Kooperation. Von den Sozialpolitikerinnen wird eine vorausschauende Sozialplanung erwartet, von den entscheidungsbefugten

Behörden wird primär soziales und nicht finanzpolitisches Engagement erwartet, von den sozialen Organisationen wird Qualitätssicherung und die Verwirklichung von Leistungsaufträgen verlangt, bei den Sozialarbeiterinnen und Sozialarbeitern wird Fachlichkeit und Leistungsfähigkeit vorausgesetzt.

Die Gestaltung eines Sozialwesens und der sich daraus situierenden Sozialarbeit muss zum gemeinsamen Projekt aller Beteiligten werden. Der Blick über den – im Zeitalter des freien Personenverkehrs ohnehin imaginären – Zaun ins niederländische Sozialwesen könnte dazu hilfreich sein. Welche Erkenntnisse lassen sich nach umfassenden Analysen gewinnen? Welche konkreten Ziele müssen zwingend erreicht werden? Welche Massnahmen eignen sich am besten, die wichtigsten und dringendsten Ziele zu erreichen? Und wie werden diese Massnahmen konkret umgesetzt?

Um Antworten sind die Autorin und die Autoren aus den Niederlanden nicht verlegen.

Beat Schmocker
Hochschule für Soziale Arbeit Luzern
Fachhochschule Zentralschweiz

Einleitung

Dieser Band ist eine Koproduktion von Autoren, die in den folgenden Bereichen beziehungsweise Institutionen tätig sind:

- Wissenschaft
- Fachhochschulunterricht in Sozialagogik
- Einrichtungen zur Unterstützung der praktischen Sozialarbeit
- dem Niederländischen Institut für Fürsorge und Soziales (NIZW)
- dem Niederländischen Berufsverband für Sozialarbeiter/innen (NVMW)

Wir haben das Buch in fünf Blöcke unterteilt. Es enthält
- einen historischen Abriss des Sozialstaates
- die Beschreibung des gegenwärtigen Systems der sozialen Sicherheit
- Beispiele aus dem breiten Gebiet der Sozialarbeit
- eine Skizze zur gegenwärtigen Auseinandersetzung mit der Professionalisierung und Profilierung der Sozialarbeit in den Niederlanden
- eine Übersicht über die Sozialarbeitsausbildung an den Fachhochschulen

In den Niederlanden kennt man im Fachhochschulbereich für sozialagogische Dienstleistungen bzw. soziale Arbeit folgende vier Studienrichtungen:
- Sozialarbeit und Dienstleistungen (einschliesslich sozialjuristischer Dienste)
- sozialpädagogische Hilfe
- kulturelle und gesellschaftliche Bildung (soziokulturelle Arbeit)
- Personal und Arbeit

In dieser Einführung konzentrieren wir uns auf die Entwicklungen in der Berufspraxis der Sozialarbeit. Informierte Leser und Leserinnen werden schnell feststellen, dass wir auch bei dieser Schwerpunktsetzung selektiv vorgegangen sind. In Anbetracht des Umfangs unseres Textes hatten wir keine andere Möglichkeit. Wir haben uns bei der Wahl der Beiträge orientiert an den Interessen, welche nach unserer Wahrnehmung in den vergangenen Jahren bei Besucherinnen und Besuchern aus dem Ausland im Vordergrund standen.

Wir hoffen mit dieser Publikation sowohl Kollegen und Kolleginnen, die in der Praxis und im Unterricht tätig sind, wie auch Studierende über die aktuellen Entwicklungen auf dem Gebiet der niederländischen Sozialarbeit informieren zu können.

Ausserdem hegen wir die Hoffnung, dass mit den vorliegenden Texten ein inspirierender Beitrag zu einem gemeinsamen Nachdenken über die weitere Professionalisierung und Profilierung der niederländischen Sozialarbeit geliefert werden kann. Es wäre aber ein zum Scheitern verurteiltes Unterfangen, würden wir versuchen, theoretische Konzepte, praktisch-methodische Entwicklungen und organisatorische Modelle ohne weiteres der Situation in anderen Ländern aufzupropfen. Sozialarbeit ist nämlich eingebettet in die historischen, politischen, ökonomischen und sozialen Traditionen unterschiedlicher Gesellschaften und Kulturen – dies wird besonders deutlich im Kapitel über die Entwicklung des Sozialstaates, wie sie in den Niederlanden vor sich gegangen ist. Nur innerhalb des Kontextes obiger Traditionen lässt sich Sozialarbeit schlüssig erfassen und beurteilen. Dennoch kann ein Blick über die eigenen Grenzen hinaus sehr stimulierend sein, wenn man die eigene Situation besser verstehen und den darin ablaufenden Entwicklungen weiter Gestalt geben möchte.

Dieses Buch ist aus der Zusammenarbeit mit zwei Fachhochschulen aus dem deutschsprachigen Raum entstanden. Kollegen der Fachhochschule Frankfurt sind mit der Bitte an die Hochschule Amsterdam gelangt, diese möge doch eine Schrift über Sozialarbeit in den Niederlanden verfassen. Die Produktion erfolgte sodann in enger Zusammenarbeit mit der Hochschule für Soziale Arbeit Luzern.

Als Chefredaktor möchte ich an dieser Stelle ein Dankeschön an die Autoren und die Autorin aussprechen, die spontan und mit viel Enthusiasmus bereit waren, einen Beitrag zu verfassen

Und zu guter Letzt wünsche ich der Leserschaft viel Vergnügen und Inspiration bei ihren ersten oder erneuten – und hoffentlich vertiefenden – Kontakten mit Sozialarbeit, wie sie in den Niederlanden in Praxis und Theorie existiert.

Karl-Ernst H. Hesser
Hogeschool van Amsterdam, Interact bv

Henk Michielse

1 Das Sozialwesen und der Staat
Soziale Einrichtungen zwischen Staat, Markt und Zivilgesellschaft

Die Entwicklung des niederländischen Sozialstaates ist nicht derart linear verlaufen, wie es sich die Historiker und Theoretiker der 6oer und 7oer Jahre vorgestellt hatten. Damals sah es so aus, als hätte sich der moderne Sozialstaat langsam aber stetig aus der Armen-fürsorge der Kirchen, städtischen Behörden und der unzähligen privaten Wohltätigkeitseinrichtungen herausentwickelt; und man erwartete, dass dieser Staat nun auch – in immer differenzierterer und umfangreicherer Form – für immer weiter existieren würde.

«Von der Armenfürsorge zum Wohlfahrtsstaat», «von der Caritas zum Sozialrecht», waren weit und breit geteilte Formulierungen und es dominierte die Ansicht, die kollektive und staatlich gelenkte Organisation der Sozialhilfe habe wohl endgültig den Sieg über die private Wohltätigkeit errungen. [1]

Aber heute haben wir die tiefere Einsicht gewonnen – u. a. durch die vom Neoliberalismus inspirierten Restrukturierungen und Privatisierungen im Sozialsystem seit den 8oer Jahren –, dass es sich beim Sozialstaat nicht primär um eine gradlinige Entwicklung handelt, sondern vielmehr um ein sich unter spezifischen, historischen Bedingungen veränderndes Verhältnis zwischen staatlich organisierten Sozialeinrichtungen, freiwilligen Organisationen, Selbsthilfe-Organisationen und privat-wirtschaftlichen Leistungsträgern [2], auch wenn die staatliche Aktivität im Sozialsektor in der jetzigen Konstellation immer noch den Ton angibt.

[1]
Siehe dazu:
P. E. Kraemer.
The societal state. The modern osmosis of state and society as presenting itself in the Netherlands in particular.
Meppel 1966.
H. C. M. Michielse.
De burger als andragoog – een geschiedenis van 125 jaar weltijnswerk (1848–1972).
Amsterdam 1984

[2]
Vollständigkeitshalber müsste man auch die sozialen Einrichtungen in den Gross-betrieben erwähnen.
Siehe dazu:
S. Stoop.
De sociale fabriek – Sociale politiek bij Philips Eindhoven, Bayer Leverkusen en Hoogovens Ijmuiden.
Amsterdam 1987

1. Der Sozialstaat als Kompromiss. Die Rolle der Sozialdemokraten, Christdemokraten und Linksliberalen

Die meisten historischen Abhandlungen über den Sozialstaat fixieren dessen Anfang in den Jahren nach dem Zweiten Weltkrieg – unter Hinweis auf eine Anlaufzeit, welche seit dem Ende des 19. Jahrhunderts im Gang war. Beide Stichdaten – die Jahrhundertwende und das Kriegsende – markieren (gewiss) entscheidende Veränderungsmomente; die Entwicklung der Sozialpolitik erfuhr nämlich beide Male eine Beschleunigung. Dennoch – das Phänomen der Sozialpolitik ist erheblich älter; sie geht mindestens bis zum Anfang des 16. Jahrhunderts zurück. [3] Verallgemeinernd lässt sich sagen, dass die Zunahme behördlicher Einmischung in das Sozialleben im früh-modernen Europa mit zwei grundlegenden Entwicklungen zusammenhängt: in ökonomischer Hinsicht mit dem substantiellen Wachstum der Lohnarbeit und in politischer Hinsicht mit dem Aufkommen des modernen Staates – auch wenn die wirtschaftlich so fortschrittliche Republik der Vereinigten Niederlanden (1581–1795) just was den politischen Aspekt anbelangt eine auffällige Abweichung zeigt – denn nicht der Zentralstaat, sondern die Städte bildeten den dominierenden staatspolitischen Faktor.

Das Armengesetz von 1854

Die niederländische Gesellschaft der Moderne (= die Zeit nach 1815) hatte von den vorangegangenen Jahrhunderten ein sehr extensives, jedoch nicht allzu systematisch aufgebautes Fürsorge-System im Bereich der Armen-, Waisen-, Kranken- und Betagtenhilfe geerbt. Es wurde teils von oder im Namen der Kirche, teils von den städtischen Behörden ausgeführt, wobei letztere aber – ausgehend vom Modell des Brugger Humanisten Vives (16. Jahrhundert) [4] – die Regie in den eigenen Händen behielten. In der Republik war die Zentralgewalt immer sehr schwach gewesen und auch im modernen Königreich der Niederlanden sollte es noch bis 1854 dauern, ehe es der Zentralregierung gelang, ein allgemeines Armengesetz einzuführen.

Unterdessen aber waren die Liberalen zur führenden Partei geworden, und sie hielten eine staatlich geregelte Armenhilfe für absolut unerwünscht. Das Gesetz überliess die Armenhilfe vollständig den Kirchen und privaten Initiativen; die bürgerliche Armenpflege (der Gemeinden) durfte erst Massnahmen ergreifen im Falle «absoluter Unvermeidbarkeit», d.h. wenn die Diakonien und die Armenverwaltungen nichts (mehr) unternehmen konnten oder wollten.

3

A. de Swaan.
In care of the state – health care, education and welfare in Europe and the USA in the Modern Era. 1988
D. van Damme.
Armenzorg en de staat.
Gent 1990

4

H. C. M. Michielse.
«Policing the Poor»: J. L. Vives and the Sixteenth-Century Origins of Modern Social Administration. In: Social Service Review. Vol. 64 (1990), 1, p 1–21

Im Armengesetz von 1912 bestätigte eine konfessionelle Regierung abermals die Vorherrschaft der kirchlichen und privaten Armenhilfe, auch wenn die ökonomischen, gesellschaftlichen und politischen Verhältnisse in tiefgreifender Veränderung begriffen waren und die kirchliche Hilfe ihrer Aufgabe ohne kräftige Staatssubventionen nicht länger gerecht werden konnte.

Die niederländischen Liberalen hatten just zu einer Zeit die Macht übernommen (1848), da die niederländische Wirtschaft, welche im 17. Jahrhundert noch von mondialer Bedeutung gewesen war, sich gerade erst von einem völligen Niedergang erholt hatte. In den 8oer Jahren des 19. Jahrhunderts kam es dann zur ersten Industrialisierungswelle (nachdem schon früher das moderne Handels- und Kolonialkapital zu florieren angefangen hatte); sie brachte aber auch neue soziale Not und die Sozialproblematik nahm schliesslich einen solchen Umfang an, dass die auf Wohltätigkeit gegründete kirchliche und private Armenhilfe ihr nicht länger gewachsen war.

Mit der wirtschaftlichen Erneuerung der niederländischen Gesellschaft ergaben sich auch (zwei) grosse Veränderungen im sozialen und politischen Bereich, welche auf die Gestaltung des Sozialstaates einen entscheidenden Einfluss nehmen sollten:

- Die Entstehung neuer politisch-gesellschaftlicher Gruppierungen;
- Die damit zusammenhängende typische Organisation des gesellschaftlichen, kulturellen und politischen Lebens in den Niederlanden, welche mit dem soziologischen Terminus «Versäulung» bezeichnet wird.

Die fortschrittlichen Liberalen

In der Entwicklung des niederländischen Sozialstaates haben drei politisch-gesellschaftliche Stossrichtungen eine entscheidende Rolle gespielt: der progressive Liberalismus, die Sozial- und die Christdemokratie. Der Sozialstaat, wie er nach 1945 schliesslich Gestalt angenommen hat, kann als ein *Kompromiss* zwischen diesen Leitideen und insbesondere zwischen den beiden letzterwähnten betrachtet werden. Die ersten, die beim Zustandekommen einer Sozialpolitik auf Staatsniveau wirklich eine Rolle gespielt haben, waren die fortschrittlichen Liberalen. Der orthodoxe Liberalismus in den Niederlanden hatte den Standpunkt verfochten, der Staat habe sich in das soziale Leben nicht einzumischen, weil jeder Eingriff in das freie Spiel der Kräfte einer Gesellschaft die in ihr existierenden Unvollkommenheiten nur noch verschlimmern würde. In den letzten fünfundzwanzig Jahren des 19. Jahrhunderts aber gelangten bestimmte liberale Gruppen (vor allem Professoren, Leute aus der richterlichen Gewalt und Freiberufliche) zur Einsicht – u. a. unter dem Einfluss des deutschen Katheder-Sozialismus –, dass staatliche Interventionen nicht zu vermeiden seien. Für diese Linksliberalen war der Staat nicht bloss die Summe seiner Untertanen. Im Gegenteil; sie betrachteten ihn als einen harmonisch funktionierenden Organismus mit gleichen Chancen für alle. Sie lehnten den Klassenkampf der Sozialdemokraten ab und strebten nach harmonischer Kooperation zwischen den gesellschaftlichen Schichten – aber immer unter der Bedingung, dass jeder Bürger wisse, wo sein vorbestimmter Platz sich befinde.

Die progressiven Liberalen verfolgten eine Doppelstrategie. Einerseits strebten sie eine extensive Sozialgesetzgebung an, worin auch jene Normen zum Ausdruck kommen sollten, welche sie für alle Mitglieder der Gesellschaft, aber insbesondere für Arbeiter(innen) und Arme vorgesehen hatten; andererseits beteiligten sie sich – im Bunde mit Gesinnungsgenossen wie den ersten Feministinnen und den so genannten «wissenschaftlichen Philantrophen» – sehr aktiv an der Erneuerung der sozialen und kulturellen Fürsorge für die unteren Schichten, d. h. an der «Arbeit von Mensch zu Mensch». Dementsprechend wurden sie zu den Begründern der modernen Sozialarbeit und der Volkserziehung/-bildung. Sie erneuerten die *Armenfürsorge* gemäss den Prinzipien des Elberfelder-Systems (1891); sie führten die *«Wohnungsarbeit»* ein (1896), welche sowohl die Gebäudeverwaltung der Instanz für Sozialwohnungsbau wie auch die Betreuung der Bewohner und Bewohnerinnen durch «Wohnungsaufseherinnen» umfasste; sie ergriffen die Initiative zur *Toynbee-Arbeit, Quartierhausarbeit* (Ons Huis, 1892) und – später – zur *Volkshochschule* (1914); sie erneuerten den *Kinder- und Jugendschutz* (1896) und gründeten die erste *Schule für Sozialarbeit* (1899).

In der letzten, von Aufbruch geprägten liberalen Regierungsperiode wurde eine ganze Reihe von Sozialgesetzen verabschiedet und in Kraft gesetzt; neben dem *Gesetz über die Unfallversicherung*, dem ersten Sozialversicherungsgesetz, welches eine obligatorische Versicherung gegen Betriebsunfälle einführte, gab es noch:

· das *Gesetz über die Schulpflicht;*
· das *Gesetz über den Wohnungsbau,* das die Gemeinden dazu
  verpflichtete, Wohnungs- und Bauverordnungen zu erlassen und

ihnen ermöglichte, mit staatlicher Finanzhilfe sozialen Wohnungsbau zu betreiben;
- ein starkes *Gesundheitsgesetz* sowie
- drei *«Kindergesetze»,* welche dem Kinder- und Jugendschutz ein
  legales Fundament verschaffen und zur Gründung von Vormundschaftseinrichtungen und staatlichen Erziehungsanstalten führen
  sollte. [5]

Nach dem Zweiten Weltkrieg fusionierten die Linksliberalen und die
Sozialdemokratische Arbeiterpartei (SDAP), nachdem letztere ihre
marxistische Vergangenheit endgültig abgeschworen hatte, zur neuen,
sozialdemokratischen Partei der Arbeit (PvdA). Erst in den 60er Jahren, den sogenannten «Aufbruchsjahren», erhob sich neben der kon-
servativ-liberalen VVD (= Volkspartei für Freiheit und Demokratie)
wieder eine Partei linksliberaler Gesinnung, welche sich jedoch mehr
für staatsrechtliche Erneuerung denn für Sozialpolitik und Sozialarbeit einsetzte: die DVV (= Demokraten 66).

Die Sozialdemokraten

Die im Jahre 1894 gegründete SDAP (= Sozialdemokratische Arbeiterpartei) orientierte sich vollständig an ihrem grossen Vorbild, der
deutschen Sozialdemokratie. Langfristig strebte sie – wenigstens
theoretisch – nach einschneidenden Veränderungen in den gesellschaftlichen Beziehungen, in der Zwischenzeit aber kämpfte sie mit
der gleichgesinnten Gewerkschaft NVV (Gründungsjahr 1906) für
sofortige Verbesserung der Arbeits- und Lebensbedingungen der Ar-
beiterklasse. In ihrem ersten Kampfprogramm verlangte sie die Einführung des achtstündigen Arbeitstages, eine umfassende Arbeitsge-
setzgebung, eine Arbeiterversicherung gegen Krankheit und Unfälle,
Altersversorgung der Arbeiter und Arbeiterinnen auf Staatskosten
(unter Aufsicht der Beteiligten) sowie eine Fürsorge für Waisen und
Halbwaisen auf Kosten des Gemeinwesens. Solange aber dies alles
noch nicht realisiert worden war, versuchte die sozialdemokratische
Arbeiterbewegung selber Vorkehrungen für schwierige Zeiten zu treffen: Gewerkschaften organisierten freiwillige Arbeitslosen- und Krankenkassen, in Krisensituationen (Streiks, Arbeitslosigkeit usw.) wurde
für die Leidtragenden Geld gesammelt und Kooperativen versuchten
billige Läden zu gründen und zu betreiben.
Auch im Bereich des Armengesetzes und der Arbeitslosenhilfe kam
die sozialdemokratische Arbeiterbewegung bald mit Forderungen.

5
Die fortschrittlichen Liberalen
werden behandelt in:
S. Stuurman.
Wacht op onze daden – Het
liberalisme en de vernieuwing
van de Nederlandsestaat.
Amsterdam 1992.
Über die Rolle der
fortschrittlichen Liberalen in
Bezug auf die Sozialarbeit und
die Volksbildung:
H. C. M. Michielse.
Welzijn & discipline – van
tuchthuis tot psychotherapie:
strategieën en technologieën
in het sociale beheer.
Amsterdam 1989.
Und:
Michielse.
De burger als andragoog.

Für die Arbeiter und Arbeiterinnen, so schrieb der Präsident der Gewerkschaft NVV im Jahre 1909, sei die Armenpflege «ein Schrecken». Die Sozialdemokraten nun seien gegen die bestehende Praxis der Armenpflege «wegen ihrer den Charakter zerstörenden Wirkung und ihres Wohltätigkeitscharakters» und verlangten «von der Gemeinschaft die unterschiedslose Versorgung *aller* Individuen als ein *Recht»*.

Die SDAP forderte die Trennung von Arbeitslosen- und Armenpflege und plädierte seit 1908 auch für die Einführung einer Arbeitslosenversicherung. Auf dem Gebiet der Sozialarbeit hielten die Sozialdemokraten sich zuerst stark zurück; sie hatten für die Initiativen der Linksliberalen, welche sie vor allem als Instrumente in den Händen des «Klassenfeindes» betrachteten, nicht viel übrig. Selber aber unternahmen sie wenig oder gar nichts; im Bereich der Erwachsenenbildung jedoch waren sie aktiv. Zusammen mit der Gewerkschaft NVV bildeten sie *Ortskommissionen für Arbeiterentwicklung* (= Plaatselijke Commissies voor Arbeidersontwikkeling) und 1924 gründeten sie ein grosses *Institut für Arbeiterbildung* (= Instituut voor Arbeidersontwikkeling), welches sich den Internationalen *Naturfreunden* anschloss (Das *Institut für Arbeiterbildung* floriert – unter dem Namen NIVON – übrigens immer noch, wenn auch heute ohne Bindung zur Sozialdemokratie). **6**

6

In Bezug auf die Haltung der niederländischen Sozialdemokratie gegenüber der bürgerlichen Philanthropie vor 1940 siehe:

H. C. M. Michielse.
Socialistiese vorming – Het Instituut voor Arbeiderontwikkeling
(1924–1940) en het vormingsen scholingswerk van de nederlandse sociaal-democratie sinds 1900. Nijmegen 1980

Der Einfluss der niederländischen Sozialdemokraten auf die staatliche Sozialpolitik in der Zeit vor 1940 lässt sich nur schwer ermessen. Dieser Einfluss kann aber in Anbetracht ihrer damaligen Mittel (= Agitation sowie der politische und gewerkschaftliche Kampf) höchstens *indirekter* Natur gewesen sein, mussten doch die Sozialdemokraten – obwohl sie in Theorie und Praxis immer reformistischer geworden waren – bis 1939 warten, ehe sie, unter der Drohung eines zweiten Weltkrieges, Regierungsverantwortung übernehmen durften. Die seit 1918 unantastbare *Römisch-Katholische Staatspartei* (= Rooms Katholieke Staatspartei) wollte nur «im äussersten Fall» mit den Sozialdemokraten eine Regierung bilden. Der sozialdemokratische *Plan der Arbeit* (= Plan van de Arbeid, 1935), worin eine anti-zyklische Wirtschaftspolitik à la Keynes entfaltet wurde, gelangte nicht zur Ausführung. Nur in jenen Kommunalverwaltungen, wo die Sozialdemokraten eine starke Position innehatten, konnten sie auf lokaler Ebene mit Hilfe des *«kommunalen Sozialismus»* viele soziale Einrichtungen in den Bereichen Sozialer Wohnungsbau, Unterricht, Volksbildung, Quartier(haus)arbeit und Gesundheits(für)-

sorge zustande bringen. Amsterdam hielt punkto Erfolg dem Vergleich mit dem «roten Wien» zwar nicht vollumfänglich stand, dennoch gelang es den niederländischen Sozialdemokraten, sehr viele ihrer Ideen umzusetzen. Erst nach 1945, als die sozialdemokratische *Arbeiterpartei* und die *Katholische Volkspartei* (= Katholieke Volkspartei) ihre «römisch-rote Koalition» gebildet hatten (sie bestand bis 1958), gelang es den Sozialdemokraten, *die Substanz* des damals stark expandierenden Sozialstaates kräftig (mit) zu prägen. *Form* und Stil jenes Staates gehen aber in erster Linie aufs Konto der Katholiken.

Die Christlich-Sozialen

Orthodoxe Calvinisten hatten sich bereits früh im 19. Jahrhundert gegen den überlegenen Liberalismus zu Wehr gesetzt; auch waren sie die ersten, die eine echte politische Partei gründeten, die Antirevolutionäre Partei (ARP). Die Katholiken, die während der Republik der Vereinigten Niederlanden Bürger und Bürgerinnen zweiter Klasse gewesen waren, schlossen sich im 19. Jahrhundert zunächst den Liberalen an, die Religionsfreiheit und eine Trennung von Kirche und Staat befürworteten. Aber im Laufe des Jahrhunderts lösten sie sich mehr und mehr von ihnen und fingen an, eine eigene politische Gruppierung zu bilden. Die Beweggründe sowohl für Katholiken wie auch für orthodoxe Protestanten waren in erster Linie der Kampf *gegen* die liberale Schulpolitik sowie der Kampf *für* die staatliche Anerkennung und Finanzierung eigener konfessioneller Schulen. In wirtschaftlicher Hinsicht aber blieb die Linie der Katholiken noch lange Zeit liberal.

Auf sozialem Gebiet haben sich die konfessionell-politischen Gruppierungen der staatlichen Einmischung bis ins 20. Jahrhundert kräftig widersetzt. Während der Wirtschaftskrise von 1908 sprach ein konfessioneller Minister anlässlich der Arbeitslosigkeitsdebatte mit den Sozialdemokraten in Bezug auf das Verschwinden der privaten Wohltätigkeit noch von einem «sittlichen Verlust». Die orthodoxen Protestanten waren denn auch sehr aktiv beteiligt an dem, was sie als die «innere Mission» oder später auch – mit polemischer Spitze gegen die «wissenschaftliche Philantrophie» der progressiven Liberalen – als «Christliche Philantrophie» bezeichneten. Aber im Grunde genommen wollten sie dasselbe wie die Liberalen, nämlich keine Mildtätigkeit gegenüber den Armen bloss aus christlicher Nächstenliebe oder Überzeugung, sondern ein umfassendes System an sozialen Einrichtungen, ausgerichtet auf die Verknüpfung von Sozialhilfe, Erziehung und sozialer Disziplinierung der niederen Klassen. 7 Möglicherweise noch imponierender war das soziale Bauwerk der Katholiken, die das Land zudeckten mit – oft von religiösen Personen geführten – Schulen und Anstalten und einem «Dschungel» an katholischen Organisationen und sozialen Einrichtungen.

Aber ungeachtet der Tatsache, dass die konfessionellen Parteien der staatlichen Einmischung in das Sozialleben abgeneigt waren, entstanden dennoch allmählich – parallel zum Wachstum der Industriegesellschaft und zum Klassenkampf der Sozialdemokraten – sowohl bei den orthodoxen Protestanten wie auch bei den Katholiken soziale Strömungen und Gruppierungen, welche den organischen Charakter der Gesellschaft hervorhoben, folglich den Klassenkampf ablehnten, aber gleichzeitig gesellschaftliche Verbesserungen für notwendig hielten. Über das Verhältnis Staat–Gesellschaft hatten die beiden konfessionellen Parteien verwandte Ansichten. Die Protestanten redeten von der «Souveränität in den eigenen Reihen», die Katholiken vom «Subsidaritätsprinzip»; dies bedeutet in beiden Fällen, dass soziale Verbesserungen in erster Linie aus der Gesellschaft selber kommen sollten; erst dann, wenn dies nicht (oder noch nicht) möglich sei, dürfe der Staat – nach Rücksprache mit den involvierten gesellschaftlichen Kreisen – (in zurückhaltender Art und Weise) aktiv werden.

Die Krise der 30er Jahre

Die ersten Resultate der sozialen Orientierung im konfessionellen Lager waren – ohne dass dabei auf bereits fertige Programme zurückgegriffen werden konnte – das *Gesetz über die Invaliditätsversicherung* (1912), welches zugleich als Gesetz über die Altersrenten für Arbeiter und Arbeiterinnen über 70 Jahre fungierte, das *Krankenversicherungsgesetz* (das jedoch erst 1930 in Kraft trat), sowie in den Jahren 1918–19 – u. a. unter dem Druck der sozialen Revolutionen in Russland und, wie es damals aussah, auch in Deutschland – eine lange Reihe von Sozialgesetzen. Das Invaliditätsversicherungsgesetz von 1912 wurde später einschneidend geändert; nach der Revision sollten die Prämien vollumfänglich zulasten der Arbeitgeber gehen. Das Altersrentengesetz führte die freiwillige Altersversicherung ein; die Altersrente für Arbeiter und Arbeiterinnen wurde erhöht und das Pensionsalter von 70 auf 65 herabgesetzt. Das *Arbeitsgesetz* führte schliesslich zum Achtstundentag – dies ein Anliegen, für das die Sozialdemokraten schon so lange gekämpft hatten. Damit war nun aber ein vorläufiges Ende erreicht worden; die Krisen der 20er und

7
Für die «innere Mission»
siehe:
B. Kruithof.
Zonde en deugd in domineesland. Groningen 1990.
Der Begriff der sozialen Disziplinierung wird erläutert in:
C. Sachse/F. Tennstedt (Hrsg.)
Soziale Sicherheit und soziale Disziplinierung.
Frankfurt a. M. 1986.
Für die niederländische Situation:
Michielse.
Welzijn & discipline.

die grosse Krise der 30er Jahre verunmöglichten eine weitere Entfaltung des Sozialsystems. Die konfessionell-liberalen Regierungen des Interbellums verharrten bei ihrer Ablehnung der von den Sozialdemokraten verlangten Arbeitslosenversicherung; es blieb bei beschränkten *Unterstützungsregelungen,* welche Staatssubventionen an die nicht-obligatorischen Arbeitslosenkassen der Gewerkschaften ermöglichten. Seit 1932 wurden bei den Sozialregelungen auf der ganzen Linie kräftig gespart. Bei der Armenhilfe, auf die die meisten Arbeitslosen angewiesen waren, wurden nicht nur die Renten gekürzt – auch das verhasste Kontrollinstrumentarium des Elberfelder-Systems wurde wieder ausgegraben. Aber wie unsozial die soziale Krisenpolitik auch immer war, die Folge der grossen Rezession war immerhin, dass staatliche Einmischung in wirtschaftliche und soziale Bereiche zur Selbstverständlichkeit wurde – auch für konfessionelle und liberale Politiker.

Der Wucherer und die Hölle

In der konfessionellen Sozialpolitik waren vor allem die Ansichten der Katholiken von grosser Wichtigkeit. Sie bildeten die weitaus grösste politisch-gesellschaftliche Gruppierung im bekennenden Lager und verfügten über eine ausgearbeitete katholische Soziallehre, die zwar keine handfesten Lösungen für konkrete Probleme enthielt, dafür aber eine allgemeine Orientierung ermöglichte. Weder die katholische Kirche noch die niederländische katholische Politik waren der kapitalistischen Ordnung prinzipiell feindlich gesinnt. Die kirchliche Hierarchie wehrte sich lange gegen die Gründung von eigenständigen katholischen Gewerkschaften und auch die Mitgliedschaft katholischer Arbeiter in der sozial-demokratischen Gewerkschaftsbewegung fand bei ihr keine Gnade. Noch im Jahre 1953 wurde Katholiken, die der (sozialdemokratischen) Gewerkschaft NVV beitraten, die Exkommunikation angedroht. Der katholischen Arbeiterschaft im Süden des Landes blieb der fiktive Dialog zwischen dem Kapitalisten und dem Pfarrer noch lange im Gedächtnis haften: «Du schaust, dass sie dumm, ich, dass sie arm bleiben.» Dennoch gab es eine ausgeprägte antikapitalistische Tendenz unter den katholischen Gesellschaftstheoretikern. Bei ihnen setzte sich die Jahrhunderte alte Tradition durch, in der das Marktprinzip als Ketzerei galt. Wucherei und die Hölle bildeten im Mittelalter ein Paar – Wuchern, d.h. das Verlangen von Zinsen, war eine Todessünde (siehe dazu den Text des französischen Historikers Le Goff: *Der Wucherer und die Hölle).*

Die Hauptströmung im katholischen Sozialdenken – wurzelnd in der thomistischen Sozialphilosophie – kam in den päpstlichen Enzykliken *Rerum Novarum* (1891) und *Quadragesimo Anno* (1931) sowie in den Schriften Von Nell-Breunings S. J., des Ghostwriters der letztgenannten Enzyklika, zum Tragen.

Privatbesitz der Produktionsmittel und eine Marktwirtschaft seien zwar grundsätzlich akzeptabel, Nachfrage und Angebot aber nur mit Abstrichen. Das Mass aller (wirtschaftlichen) Dinge sei die unerschütterliche metaphysische Struktur des menschlichen Wesens und die damit einhergehende Reihenfolge der Bedürfnisse. Jeder Mensch habe das Recht auf ein anständiges Leben.

Diese Optik nun führte zur Kritik an den asozialen Konsequenzen des Kapitalismus, aber auch zu Verbesserungsvorschlägen. In einer korporativen Wirtschaftsordnung erblickte die katholische Kirche die Lösung für das Elend im zügellosen Kapitalismus. Die für die Wirtschaftspolitik Hauptverantwortlichen müssten die Berufskorporationen (d. h. Arbeitgeber und Arbeitnehmer zusammen) in der Form öffentlich-rechtlicher Körperschaften sein. Der Klassenkampf wurde abgelehnt, weil er im Widerspruch zur menschlichen Natur stehe. Solidarität zwischen Kapital und Arbeit stand an vorderster Stelle. [8]

8

Th. Salemink.
Katholieke kritiek op het kapitalisme 1891–1991.
Honderd jaar debat over vrije markt en verzorgingsstaat.
Amersfoort 1991

In den Niederlanden, wo die Katholiken damals noch «päpstlicher als der Papst selber» waren, wurde dessen Doktrin in folgsamer Art und Weise in die Praxis umgesetzt. Zum letzten Mal kam sie in den Jahren 1960–63 im grossen fünfbändigen Opus *Welvaart, welzijn & geluk* (= Wohlstand, Wohlfahrt und Glück), welches von den katholischen Sozialorganisationen verlegt wurde, programmatisch zum Tragen. Zu jener Zeit hatten die Katholiken in Kooperation mit den Sozialdemokraten bereits viele ihrer Ideen realisieren können: eine (stark gemässigte) korporative Ordnung des Wirtschaftslebens mittels einer öffentlich-rechtlichen Betriebsorganisation sowie eine ganze Reihe von Sozialgesetzen und Subventionsregelungen für die von der Privatinitiative beherrschte Sozialarbeit. Mit ihrem fünfbändigen Werk versuchten die katholischen Sozialorganisationen eine letzte Bastion gegen die zersetzenden Kräfte der «Entsäulung» aufzubauen – Kräfte, die der imposanten katholischen Säule sowie der aktuellen Bedeutung ihrer sozialpolitischen Doktrin bald ein Ende bereiten würden.

Die effektive Wirkung der katholischen Sozialdoktrin hing von den ökonomischen Bedingungen, aber natürlich auch von einer Reihe real-existierender gesellschaftlicher und politischer Verhältnisse ab.

So wollten die Bischöfe alle Katholiken in einer einzigen katholischen Partei zusammenbringen. Diese Partei wurde von dem Bildungsbürgertum beherrscht, musste aber auch – und dies erst recht nach der Einführung des allgemeinen Wahlrechts im Jahre 1917 – in steigendem Mass die Wünsche der katholischen Gewerkschaft berücksichtigen. Diese war von den Bischöfen höchst widerwillig erlaubt worden. Eingebettet wurde sie in eine so genannte Standesorganisation, die katholische Arbeiterbewegung. Sowohl die katholische wie auch die protestantische Gewerkschaft waren bedeutend weniger kämpferisch als die sozialistische und sie traten wiederholt als Streikbrecher auf, hatten aber dennoch die Interessen der Arbeiter und Arbeiterinnen zu vertreten, wollten sie nicht ihre Anhängerschaft verlieren. Mit der katholischen Sozialdoktrin im Rücken konnte die katholische Arbeiterbewegung denn auch Druck in Richtung sozialer Reformen entwickeln.

Das niederländische System der Säulen

Die Wirkung der katholischen Soziallehre bedeutete ein wichtiges Element in dem, was mit einer prägnanten Metapher «Versäulung» genannt wurde. Das gesellschaftliche Leben in den Niederlanden wurde gegen Ende des 19. Jahrhunderts (etwa seit 1875) in steigendem Mass nach grossen weltanschaulichen Blöcken (= Säulen) organisiert, wobei peinlich genau darauf geachtet wurde, dass an der Basis die Bürger und Bürgerinnen voneinander getrennt blieben und an der Spitze deren Repräsentanten in wechselnden Koalitionen das politische und gesellschaftliche Leben bestimmen konnten. Es entstand eine herausragende katholische Säule mit u. a. einer katholischen Partei, katholischen sozialen Organisationen (z. B. Gewerkschaften und Arbeitgebervereinen), katholischen Bildungsstätten bis hinauf zu eigenen Universitäten, einer katholischen Presse, (später) einer katholischen Rundfunk- und Fernsehanstalt sowie katholischen Einrichtungen für Kranke und geistig Behinderte. Ausserdem wurden unzählige katholische Vereine aus der Taufe gehoben, welche quasi alle Lebensbereiche abdeckten – vom St. Vincentiusverein für die Armenfürsorge bis zum katholischen Verein der Ziegenzüchter.

Parallel dazu entwickelten sich eine ähnliche, wenn auch weniger umfangreiche, protestantische Säule, eine – noch bescheidenere – sozialistische, salopp die «rote Familie» genannt, sowie eine rudimentäre, als unabhängig bezeichnete humanistische Säule.

Lange Zeit hat man die Entwicklung der protestantischen und der katholischen Säule in ihrem Widerstand gegen die moderne Gesellschaft geortet. Die orthodoxen Protestanten nannten ihre Partei nicht umsonst «anti-revolutionär»; sie richtete sich gegen die französische Revolution und den «Zeitgeist». Zurzeit sieht man – mit Recht – in diesen Säulen eher die Formgebung der modernen Gesellschaft aus konfessioneller Warte. Eines der Elemente des Säulensystems, welches – vor allem in den Nachkriegsjahren – die Gestaltung der Wirtschafts- und Sozialpolitik stark geprägt hat, war *ihr Dialogs- oder Verhandlungscharakter*. Die niederländische Wirtschaft wurde damals – und wird heute immer noch – geprägt von einer Gesprächs- oder Kompromisskultur. Das niederländische Sozialsystem funktioniert und entwickelt sich mit Hilfe eines permanenten partnerschaftlichen Meinungsaustausches zwischen Regierung, Sozialpartnern und nicht-staatlichen sozialen Organisationen (darunter auch die Sozialarbeit).

2. Wohlstand, Wohlfahrt und Glück: der niederländische Staat zwischen 1945 und 1980

In dem vorliegenden Text wurde bis jetzt immer der deutsche Ausdruck Sozialstaat (sociale staat) verwendet. In den Niederlanden werden auch andere Begriffe verwendet, obwohl «Sozialstaat» dem, was bezeichnet werden soll, noch am nächsten kommt. Nach dem liberalen Rechtsstaat, der die demokratischen Verfassungrechte garantiert hatte, entwickelte sich ein Staatstypus, in dem die sozialen Grundrechte gesichert wurden – dies als Schutz gegen die Launen des kapitalistischen Marktes. Im ersten Vierteljahrhundert nach dem Zweiten Weltkrieg war in den Niederlanden von «welvaartsstaat» (= Wohlstandsstaat) die Rede – der Begriff geht zurück auf die nicht ganz korrekte Übersetzung des angelsächsischen «welfare state».

Dennoch vermittelte der Ausdruck «Wohlstandsstaat» ein gutes Bild von dem, was angestrebt wurde, nämlich die Wirtschafts- und Sozialpolitik in einer Art und Weise zu betreiben, dass der Wohlstand über breite Schichten der Bevölkerung verteilt werden konnte. Seit 1965 fiel die Betonung viel stärker als zuvor auf «Wohlfahrt», d. h. auf das nicht-materielle Wohlergehen von Gruppen und Individuen – ohne dass dabei auf den Terminus Wohlstandsstaat verzichtet wurde.

Seit den 80er Jahren ist vor allem von «verzorgingsstaat» (= Versorgungsstaat) die Rede – dies ein Terminus, mit dem eine gewisse Kritik am Sozialstaat zum Ausdruck gebracht wird, und zwar an der (übersteigerten) Bedeutung, welche einer Versorgung oder Sicherheit «von der Wiege bis zur Bahre» beigemessen wird.

Wohlstandsförderung (1945–1965)

In den ersten 15 Jahren der Nachkriegszeit waren die Bestrebungen in zweifacher Hinsicht auf die Gründung des Wohlstandsstaates ausgerichtet:

1

durch Wiederaufbau und Erneuerung, d.h. durch Wiederherstellung der kapitalistischen Wirtschaft, der politischen und sozialen Verhältnisse und Institutionen sowie durch «volksherstel», ein edukatives Programm zur Reaktivierung und Aufrichtung einer demoralisierten Bevölkerung.

2

durch eine gross angelegte Industrialisierungspolitik, gekoppelt an
a) Bestrebungen zur Gründung eines umfangreichen Netzes kollektiver Einrichtungen und
b) ein breites Programm für soziale und soziokulturelle Arbeit.

Entscheidend für das Zustandekommen des Wohlstandsstaates wurde die Kooperation zwischen der sozialdemokratischen und der katholischen Partei. Beide mutierten zu «Volksparteien», d.h. sie appellierten an alle Bevölkerungsschichten. Die SDAP sagte sich vollständig vom Marxismus los und nannte sich neu *Partij van de Arbeid (= Partei der Arbeit)*; sie rekrutierte ihre Gefolgschaft vorwiegend, aber beileibe nicht nur, aus den Reihen der (nicht-konfessionellen) Arbeiter und Beamten. Die Katholiken bauten ihre Partei zur *katholischen Volkspartei* (Katholieke Volkspartij) um; diese fand ihr Fundament – wie bereits vor dem Krieg – im katholischen Bürgertum, im Bauernstand und bei den katholischen Arbeitern. Beide Parteien bildeten zusammen die «römisch-rote Koalition», welche während der Kabinettsperioden entweder von liberalen oder gemässigten protestantischen Parteien komplettiert wurde.

Zunächst wurde die Restaurierung, die Reparatur des Produktionsapparates und der Infrastruktur sowie die Wiederherstellung (volksherstel) der als geschwächt und bedroht taxierten Arbeits- und Familienmoral in Angriff genommen. Es gab eine Reihe von Faktoren, welche den Wiederaufbau sowie die schnelle Entfaltung der kapitalistischen Wirtschaft ermöglichten: z. B. die erforderliche Erneuerung des Produktionsapparates, die enorme Nachfrage auf den in- und ausländischen Märkten, die grossen Arbeiterreserven, die Marshall-Hilfe und die vorübergehende Abwesenheit einer deutschen Konkurrenz. Als dann das Pro-Kopf-Einkommen wieder das Niveau des Jahres 1929 erreicht hatte, wurde die Wiederaufbauphase als vollendet betrachtet.

Industrialisierungspolitik

Bis in die 60er Jahre wurde in den Niederlanden eine aktive Industrialisierungspolitik geführt – dabei ging es übrigens nicht um Industrialisierungspolitik im engeren Sinne, sondern um eine viel breitere Strategie, welche sich auf vielen Gebieten auswirkte und drei Hauptelemente umfasste.

1

Da gab es zunächst die Industrialisierungspolitik an sich. Es kam zu einer enormen Vergrösserung des Produktionsapparates und ebenfalls – namentlich seit den 60er Jahren – zu einer wachsenden technologischen Innovation des Produktionsprozesses dank Investitionen in die Rationalisierung. Die neue Industrialisierungswelle war in erster Linie auf die Unternehmer zurück zu führen. Parallel dazu steuerte der Staat einen sozialwirtschaftlichen Kurs, welcher auf die Schaffung eines «günstigen Unternehmungsklimas» und Vollbeschäftigung ausgerichtet war und sich an einer Konjunkturpolitik à la Keynes orientierte.

Dies impliziert zumindest zweierlei: einerseits eine restriktive Lohnpolitik, infolgedessen die Löhne – im Einverständnis mit den «offiziellen» Gewerkschaften – verhältnismässig niedrig gehalten wurden und, andererseits, Impulse zur Industrialisierung von ehemals stark agrarischen Gebieten (sogenannten «Entwicklungsgebieten») – Impulse, die vor allem auf die drei nördlichen Provinzen (Drenthe, Friesland, Groningen) sowie – im südlichen Landesteil – auf Brabant und Limburg ausgerichtet waren.

2

Was die Industrialisierung betrifft, bemühte man sich energisch um Förderung des Arbeitsfriedens und um eine möglichst geschlossene

Kooperation zwischen Kapital und Arbeit – dies sowohl innerhalb der Betriebe und in der «Stiftung für die Arbeit» (= Beratungsgremium aus Unternehmern und Gewerkschaftsvertretern) wie auch im SER (= Sozialökonomischer Rat), dem Beratungs- und Dialogsgremium, das zusammengesetzt war aus Arbeitgeber- und Arbeitnehmerorganisationen sowie Behörden (letztere wurden durch unabhängige, von der Regierung ernannte Personen – meistens Professoren – vertreten). Die «offizielle» Gewerkschaft beteiligte sich mit Verve an dieser partnerschaftlichen Zusammenarbeit (auch wenn es diesbezüglich innerhalb der sozialdemokratischen Gewerkschaft NVV gewisse Spannungen gab), denn es wurde gleichzeitig ein umfassendes System an kollektiven Einrichtungen entwickelt, wodurch der Wohlstand «ehrlicher verteilt» werden konnte.

3

Die grossangelegte Industrialisierungspolitik ging einher mit einem umfangreichen Programm auf dem Gebiet der Sozial- und Kulturarbeit, welches man mit einem Ausdruck des ersten (sozialdemokratischen) Ministerpräsidenten der Nachkriegszeit als «Volkserziehung» zusammenfassen könnte (daneben kursierte auch der – umfassende – Begriff «Sozialarbeit»). Einerseits wurde die «industrielle Mentalität» in den Niederlanden gefördert und zwar sowohl durch Stimulierung der gewerblichen Ausbildung wie auch (dies vor allem in den so genannten Entwicklungsgebieten) durch soziale Wiederaufbauarbeit und allerlei soziokulturelle Programme. Andererseits war man bestrebt, die «negativen Folgen» der Industrialisierung abzufedern, namentlich durch eine aktive (katholisch inspirierte) Familienpolitik. [9]

Gegensätze

Dieses Mehrfachprogramm wurde umgesetzt von einer komplexen Allianz, gebildet aus Unternehmern, der offiziellen Gewerkschaft, PvdA und KVP einerseits und aus Protagonisten der Sozial- und Kulturarbeit sowie der an Bedeutung gewinnenden Soziologie andererseits. Erstere nahmen sich vor allem der (sozio-)ökonomischen und politischen Aspekte an. Letztere waren primär in der «Sozialverwaltung» aktiv (die Soziologen sowohl im theoretischen wie auch im praktischen Sinne, z. B. durch ihre sozialpolitische Beratungstätigkeit und die Anfertigung von Untersuchungsberichten). [10]

In diesem Bündnis gab es aber auch mehr oder weniger gravierende Gegensätze, so z. B. was die Wirtschaftspolitik betrifft zwischen

9

H. de Liagre Böhle.
Nederland industrialiseert! –
Politieke en ideologische
strijd rondom het na-oorlogse
industrialisatiebeleid
1945–1955. Nijmegen 1981.
Weiter:
Michielse.
Welzijn & discipline.
S. 124–127

10

M. Gastelaars.
Een geregeld leven –
sociologie en sociale politiek
in Nederland 1925–1968.
Amsterdam 1985

der PvdA und der KVP. Es gelang aber den Katholiken, ihrer Politik des «günstigen Unternehmersklimas» sowie einer mehr korporativen Gesellschaftsordnung – anstelle des «Plansozialismus» und der «Lenkungsökonomie» der Sozialdemokraten – zum Durchbruch zu verhelfen.

Ein weiterer Gegensatz zwischen der PvdA und der KVP manifestierte sich auf der Ebene der Sozialarbeit. Die Katholiken fürchteten sich vor dem Staatsdenken der Sozialdemokraten, die das *Ministerium für Soziales* dominierten. Deshalb erwirkte die KVP die Gründung eines *Ministeriums für Soziale Arbeit* (1952) und zwar in der doppelten Absicht, sowohl die Hegemonie der stark versäulten Privatinitiative schützen als auch die eigene Familienpolitik durchsetzen zu können. Bis 1965 wurde dieses Departement immer von katholischen Ministern geleitet.

11

Für eine detaillierte Beschreibung der Debatten über die Relation zwischen privater Initiative und dem Staat:
R. Ney.
De organisatie van het maatschappelijk werk.
Zutphen 1989

«Die Möglichkeit, Daseinsberechtigung und Unentbehrlichkeit der privaten Initiative sind naturgegeben», schrieb ein einflussreicher Priester der thomistischen Schule im Jahre 1949. Er unternahm den theoretischen Versuch, die natürliche (d.h. gottgegebene) Privatinitiative in Einklang zu bringen mit den staatlichen Bestrebungen, welche sich auf die Wohlfahrt in der Gesellschaft auszurichten hätten. Aufgrund dieser Umformulierung des Subsidiaritätsprinzips erreichte der Autor eine Funktionsaufteilung zwischen Staat und Privatinitiative. Er machte dabei einen Unterschied zwischen karitativer Fürsorge (ausgerichtet auf die individuelle Situation der Familie oder des Individuums) und all dem, was mit sozialer Gerechtigkeit und ihren strukturellen Bedingungen zusammenhing. [11]

Diese Ansicht sollte für die Politik der Behörden richtungsbestimmend werden, auch wenn der Kampf noch etliche Male aufflammte. Über die Revision des Armengesetzes wurde sehr lange debattiert. Die Sozialdemokraten wollten die Sozialhilfe rechtlich verankern und von den demütigenden Auflagen der Armenfürsorge befreien. Die Konfessionellen erklärten sich mit dem Sozialhilfegesetz (rechtskräftig seit 1965) erst einverstanden, als eine Funktionsaufteilung vereinbart worden war, wobei der Staat für die materielle Hilfe zuständig wurde und die (weltanschaulich geprägten) privaten Trägerschaften die immaterielle Unterstützung zugeteilt bekamen. Dabei wurde übrigens an die Behörden appelliert, sie mögen doch diese privaten Träger grosszügig subventionieren – was das Ministerium für Soziale Arbeit mit Billigung der Sozialdemokraten dann auch tat. Stärker noch: Es entwickelte sich zum Subventionsdepartement schlechthin.

Der Sozialstaat als Kompromiss

Was bedeuteten nun all diese Entwicklungen für die Sozialpolitik? Zunächst einmal die Einführung einer grossen Anzahl wichtiger und Verbesserung bestehender Sozialgesetze, wobei sich nun die soge-nannten Volksversicherungen (diese betreffen die ganze Bevöl-kerung), zu den bereits existierenden Arbeitergesetzen scharten. Nach einer Reihe von «Notgesetzen» (wie z.B. dem Notgesetz über die Altersversorgung aus dem Jahre 1947) traten in Kraft:

1952: das Arbeitslosenversicherungsgesetz
1956: das Allgemeine Altersrentengesetz
1959: das Allgemeine Witwen- und Waisenrentengesetz
1962: das Gesetz über das Kindergeld für Lohnempfänger(innen) sowie das allgemeine Kindergeldgesetz
1965: das Allgemeine Sozialhilfegesetz (als Ersatz für das Armen-gesetz)
1966: das Krankenkassengesetz (als Ersatz für den Krankenver-sicherungsbeschluss 1941)
1967: das revidierte Krankenversicherungsgesetz, das Arbeitsun-fähigkeitsgesetz (als Ersatz für das Invaliditätsgesetz), und das Allgemeine Gesetz über die besonderen Krankenkosten.

Während der Periode, in der obige Gesetze in Kraft traten, waren die Katholiken ständig, die Sozialdemokraten von 1945 bis 1958 sowie von 1965 bis 1967 an der Regierung beteiligt.
Auffallend ist, dass auch Regierungskoalitionen aus Konfessionellen und Liberalen mit dem Ausbau des sozialen Sicherheitsnetzes weiter-machten – aber nur solange, wie die Wirtschaft eine positive Kon-junkturlinie verzeichnen konnte, was bis 1975 der Fall sein sollte.
Dieser Sozialstaat war nicht bloss ein Kompromiss zwischen Katho-liken und Sozialdemokraten – auch andere gesellschaftliche Kräfte (Arbeitgeber und Gewerkschaften) waren daran beteiligt, und folglich ging die Verhandlungs- und Dialogsökonomie unbeirrt ihren Weg. Dies zeigt sich auch an der Entwicklung der Ausgaben für die Sozialversicherungen. Gemessen in Prozentsätzen des Bruttosozial-produkts betrugen diese in DM:

1955: 5,3% (= 1,2 Mrd.)
1965: 13,1% (= 7,2 Mrd.)
1970: 15,7% (= 15,5 Mrd.)
1975: 20,9% (= 37 Mrd.)
1980: 24,2% (= 65 Mrd.)

Danach senkten sich die prozentualen Anteile leicht bis zum Jahr 1988 (= 23,4% oder 81 Mrd.), worauf bis in die 90er Jahre eine gewisse Stabilisierung herrschte.

Auf diese Weise enstand ein Sozialstaat, der – anders als jene in den Vereinigten Staaten und Grossbritannien – viel stärker dazu tendierte, in das Funktionieren des freien Marktes einzugreifen. In dieser (niederländischen) Form des Sozialstaates sind die Sozialrechte am kräftigsten entwickelt und es bestehen qualitativ hochstehenden Einrichtungen für alle.

Explosionsartige Entwicklungen in der Sozialarbeit

Der Wiederaufbau, die Wohlstandsförderung und Industrialisierungspolitik der Nachkriegszeit führten auch zu einer enormen Expansion der sozialen und kulturellen Arbeit. Diese erhielten folgende Aufgaben:

1

a) die Förderung der industriellen Mentalität in den Niederlanden durch Stimulierung der Arbeitsmobilität;

b) den Abbau von Widerständen unter (Teilen) der Landbevölkerung gegen eine (eventuelle) arbeitsbedingte Migration in die Städte oder den industrialisierten Westen;

c) die Öffnung der Entwicklungsgebiete für neue, modernere Lebens- und Organisationsformen.

2

die Abfederung sozialer und kultureller Folgen der Industrialisierung durch die Schaffung von neuen Gemeinschafts- und Organisationsformen sowie durch umfassende Familienarbeit.

Trotz des Auftriebs überwog eine ziemlich pessimistische Einschätzung der soziokulturellen Situation. Die soziokulturellen Bemühungen richteten sich nach 1945 zunächst auf die mentalen Folgen des Krieges und der Okkupation und anschliessend auf solche der fortschreitenden Industrialisierung und Urbanisierung. Man sah damals die geistige Volksgesundheit gefährdet durch die Zerrüttung der Familien und die befürchtete Verwässerung von Normen und Werten. Deshalb waren Massnahmen gefragt. Mit Hilfe der Behörden wurden ab 1945 eine Reihe von Einrichtungen für psychosoziale Hilfe geschaffen: *Medizinisch-erzieherische Beratungsstellen* (vorwiegend katholischer Natur) *für Lebens- und Familienprobleme, Institute für medizinische Psychologie und kommunale sozialpsychiatrische Dienste.* [12]

Auch im soziokulturellen Bereich wurden neue Institutionen gegründet, wie z. B. die (wiederum katholischen) *Mater Amabilis-Schulen* für die als gefährdet eingestuften Fabrikmädchen (1947).

Die Förderung der industriellen Mentalität in den Niederlanden führte – wie gesagt – zu einer starken Zunahme der sozialen und soziokulturellen Arbeit. Grosse Unternehmungen liessen ihre Kadermitglieder und Arbeitnehmer(innen) an Volkshochschulen *(Volkshogescholen)* in «Führen und Geführtwerden» ausbilden und die *betriebliche Sozialarbeit* wuchs stark. Die Vorbereitung auf das «Industriezeitalter» erfolgte

- *unmittelbar* entweder durch Umschulungs- und Fortbildungsprogramme oder durch eine Ausbildung in Fabrikarbeit (zu absolvieren an technischen [Grund-]Schulen oder im dualen System der betrieblich-schulischen Ausbildung);
- *mittelbar* durch die Ausbildung anhand verschiedener Bildungseinrichtungen für arbeitende Jugendliche (= Mädchen und Jungen).

Eine wichtige Rolle spielte darin die so genannte *Soziale (Wieder-) Aufbauarbeit.* Das zuständige Amt (vor 1952 unter dem Ministerium für Soziales, nachher unter Sozialarbeit ressortierend) erhielt primär die Aufgabe, die Entwicklungsgebiete in sozialer Hinsicht zu begleiten und ihre Anpassung voranzutreiben – dies, wie bereits dargelegt, eine doppelte Aufgabenstellung, einerseits darauf ausgerichtet, bei den Menschen der Industrie gegenüber Akzeptanz zu schaffen; andererseits darauf, die als negativ eingestuften Folgen der Industrialisierung und Modernisierung zu dämpfen.

Die erste Aufgabe führte zu einer grossen Zunahme an regionalen Wohlfahrtsstiftungen und soziokulturellen Einrichtungen (darunter Klub-, Dorf- und Quartierhäuser) sowie zu einer Vielzahl neuer Arbeitsformen und -techniken: Quartier- oder Stadtteilarbeit, sozialer Gruppenarbeit (z. B. «Dorf-Selbstevaluation»), sozial-agrarischer Be-

[12]
T. E. D. van der Grinten.
De vorming van de ambulante
geestelijke gezondheidszorg –
Een historisch beleidsonderzoek.
Baarn 1987

ratung und Gemeinwesenarbeit. Die zweite Aufgabe umfasst insbesondere die sogenannte *soziale Familienarbeit,* welche durch verschiedene, vorwiegend konfessionelle privatrechtliche Einrichtungen für Sozialarbeit, Stellen für Lebens- und Familienproblematik, Familienfürsorge usw. ausgeführt wurden. Für unterschiedlichste Berufs- oder Arbeitsformen im Sozialwesen entstanden staatliche Subventionsregelungen. Parallel dazu entwickelte sich ein stark versäultes, landesweit gültiges Organisationsmuster. Auf bestimmte Arbeitsformen/Berufsfelder ausgerichtete lokale und regionale Einrichtungen unterschiedlicher (katholischer, evangelischer oder – für die Nichtkonfessionellen – humanistischer) Ideologie bildeten nationale Dachverbände, welche ihrerseits in den «Rahmenorganisationen der Dachverbände» untergebracht wurden, z. B. im *Nationalrat für Sozialarbeit* oder im *Niederländischen Zentrum für Volksbildung.*
Jeder Dachverband besass ein eigenes Büro und eigene Stabstellen, u. a. für Forschung/Untersuchungen und Arbeitsentwicklung. Und mit diesen Verbänden, aber insbesondere mit ihren Rahmenorganisationen, pflegte das Ministerium für Sozialarbeit ausgiebige Gespräche und Verhandlungen zu führen.

Wohlfahrt (1965–1980)

1965 etwa galt der Wohlstandsstaat als vollendet und damit die materielle Existenz als gesichert. Die erneute Industrialisierung der Niederlande war gelungen und die Unternehmer wechselten von Erweiterungs- auf Rationalisierungsinvestitionen. Die wichtigsten Sozialgesetze waren in Kraft gesetzt worden oder jedenfalls in Vorbereitung. Mittlerweile existierte auch ein umfangreiches Netz aus psychosozialen und soziokulturellen Einrichtungen, die ihren Wert bei der Anpassung der Bevölkerung an die sich verändernde Gesellschaft unter Beweis gestellt hatten. Was nun aber sollte mit all diesen Einrichtungen geschehen?

Zur Unterstützung der Industrialisierung waren sie nämlich überflüssig geworden. Die kulturpessimistische Stimmung der Nachkriegsjahre war schon seit langem in den Hintergrund geraten und reichte als Legitimierung für das Beibehalten der Gesetze nicht mehr aus. Ihre Auflösung ist aber (damals) nie ernsthaft erwogen worden. Man sah – ganz im Gegenteil – gute Gründe, die schnell veränderbaren und flexiblen Einrichtungen beizubehalten, ja sie gar noch aufzustocken, und zwar im Hinblick auf die Erfüllung von (aktuellen) sozialen und soziokulturellen Aufgaben. Ein neuer Begriff rückte ins Zentrum der sozialen und kulturellen Politik der Behörden: die Wohlfahrt.

Schon in der Periode 1945–65 hatte bei den Wohlstandsbestrebungen die (vage) Idee bestanden, dass es letztendlich um des Menschen Wohlfahrt gehen sollte.

Damals hatte der Terminus Wohlfahrt aber noch die sehr allgemeine Bedeutung «körperliches und geistiges Wohlbefinden», auch wenn schon früh eine gewisse Verquickung mit sozialer Arbeit vorhanden war. *Persönliche* Wohlfahrt wurde als Ziel und Motiv für die Sozialarbeit angegeben, *generelle* Wohlfahrt als Rechtfertigung für die auf Sozialarbeit zielenden staatlichen Bemühungen. Um 1965 jedoch erhielt der Terminus Wohlfahrt eine viel zentralere und prägnantere Bedeutung. Wohlfahrt ging nunmehr über Wohlstand hinaus; es handelte sich dabei um das, was Sozialdemokraten angefangen hatten, «Lebensqualität» zu nennen – das Erfahren von Zufriedenheit in allen Facetten des individuellen und sozialen Lebens. Wohlfahrt sollte künftig den roten Faden für die Politik der Behörden, die Volksgesundheit, die Sozialarbeit und das Wohnungswesen bilden. Das Ministerium für Kultur, Freizeit und Sozialarbeit (CRM), gegründet im Jahre 1965, wurde zum Zentrum der Wohlfahrtbestrebungen. «Wohlfahrt» war für dieses Ministerium der Schlüsselbegriff und wurde von ihm direkt an die Einrichtungen für soziale und kulturelle Arbeit gekoppelt, deren Funktionen unter dem Label «Wohlfahrtsarbeit» zusammengefasst wurden – dies als Antwort auf die veränderten gesellschaftlichen Lebensbedingungen. In die Arbeit selber wurden neue Verfahren und Methoden eingeführt; diese zielten ebenfalls auf Förderung der persönlichen Entfaltung, auf den «subjektiven Faktor» und waren primär dem Bereich der Gruppendynamik z. B. dem Sensitivity-Training und der Encounter-Gruppe, entnommen worden.

Gesellschaftliche Veränderungen

Der vorliegende Text eignet sich nicht, ausführlich auf die ökonomischen und soziokulturellen Veränderungen in der niederländischen Gesellschaft seit den 60er Jahren einzugehen. Sie können bloss gestreift werden. [13]

Die grossangelegte Industrialisierung machte die Niederlande in mancher Hinsicht zu einem anderen Land. Die Urbanisierung schritt voran (1960 lebte bereits über 78% der Bevölkerung in Städten oder

13
Die wirtschaftlichen, sozialen und kulturellen Veränderungen bis etwa 1980 sind ausführlich dargestellt in: Algemene Geschiedenis der Nederlanden – deel 15. Haarlem 1982.
Für die soziokulturellen Veränderungen siehe:
R. Abma.
hegemonie en tegencultuur Te Elfder Ure, 35/1983
M. Gastelaars.
Een geregeld leven.
Wichtig sind diesbezüglich auch die Berichte des Sociaal & Cultureel Planbureau (sie erscheinen seit 1974 alle zwei Jahre)
Die Wohlfahrtsstrategie wird ausgiebig behandelt in:
Michielse.
Welzijn & discipline.

in verstädterten ländlichen Gebieten). Es gab eine beträchtliche Verschiebung in der Zusammensetzung der Berufsbevölkerung; der Agrarsektor fiel anteilsmässig von 19% im Jahre 1947 auf 7,5% in 1970, und dessen Niedergang ging auch nachher in hohem Tempo weiter. Der Dienstleistungsbereich avancierte zum wichtigsten Arbeitgeber; 1970 beschäftigte dieser bereits über 51% aller Arbeitnehmer und Arbeitnehmerinnen. In der Industrie stieg der Anteil des administrativen, technisch-höheren und führenden Personals verhältnismässig viel stärker als jener der traditionellen Industriearbeiter(innen). Es etablierten sich neue Mittelschichten und wegen des steigenden Ausbildungs- und Wohlstandsniveaus verloren die sozialen Grenzen zwischen der traditionellen Arbeiter- und dieser neuen Mittelschicht ihre Konturen. Der daraus resultierende Personalmangel für unqualifizierte und mässig anspruchsvolle Arbeit wurde aufgefangen durch sogenannte «Gastarbeiter und Gastarbeiterinnen», die – zusammen mit hunderttausenden von Leuten aus den ehemaligen Kolonien – zur (neuen) Unterschicht der niederländischen Gesellschaft wurden.

Schwieriger zu eruieren als diese materiellen Veränderungen sind die «Mentalitäts»-Entwicklungen, auch wenn Historiker und Soziologen auf eine Anzahl von Trends hingewiesen haben. Wichtige Veränderungen ergaben sich in den Bereichen Familie, Sexualität, Geschlechterbeziehung und in der Stellung von Jugendlichen und Kindern. Es war – nach Abma – die Rede vom «Zerfall der traditionellen Kultur» (= eine Kultur der Arbeitsethik, sozialen Kontrolle, Tabuisierung der Sexualität und des Moralismus), welche vor allem beim städtischen Kleinbürgertum und auf dem Land vorherrschend war.

Neue Konsum- und Freizeitmuster entstanden – sie werden bisweilen unter dem Label «Konsumismus/Konsumkultur» zusammengefasst –, und breiteten sich zuerst unter der Arbeiterschaft aus. So besass Anfang der 6oer Jahre die Gruppe der besser entlöhnten Arbeiter und Arbeiterinnen verhältnismässig mehr Fernsehgeräte als andere gesellschaftliche Kreise. Das traditionelle Bürgertum nahm im Laufe der 6oer Jahre den Trend zögernd auf und söhnte sich mit der Konsumgesellschaft aus.

Die Auflösung des Säulensystems

Das Fernsehen und andere Medien lieferten einen kräftigen Beitrag an der Aushöhlung traditioneller Normen und Wertmuster, vor allen Dingen im Bereich der Sexualität. Ellemers erwähnt einen spezifisch-inhaltlichen Effekt des Fernsehens: die starke Abgrenzung und Isolierung, wie sie vor allem die katholischen und calvinistischen Bevölkerungsgruppen praktizierten, wurde durch die Konfrontation mit anderen Lebensformen ziemlich abrupt durchbrochen; dadurch wurde auch die Auflösung des Säulensystems weiter voran getrieben.

Eben diese Entsäulung sowie die sehr starke Dekonfessionalisierung gehören zu den spektakulärsten Entwicklungen seit den 60er Jahren – genauso wie umgekehrt die Versäulung und Konfessionalisierung zu den markantesten Wesenszügen der niederländischen Gesellschaft in den Jahren vor 1960 gehört hatten.

Der wöchentliche Kirchengang verzeichnete eine sehr starke Rückläufigkeit; bei den Katholiken ging dieser in der Periode 1961–75 von 70,7% auf 32,6% zurück. Der Schwund unter der konfessionellen Wählerschaft war ebenso Aufsehen erregend: 1946 hatte der Wähleranteil noch 53,6% betragen, 1971 war er auf 35,4% gefallen. Zwischen 1966 und 1979 stieg die Prozentzahl jener Personen, die nicht (länger) einer Glaubensgemeinschaft angehörten, von 25,6% auf 42,7% an. Daraus zogen die konfessionellen Parteien ihre Schlüsse. 1980 kam es zur Fusion: Die katholische Partei und die beiden grössten (und gemässigten) protestantischen Parteien gingen unter dem Namen CDA (= Christdemokratischer Appell) künftig gemeinsame Wege. Ein weiteres Zeichen der Entsäulung war 1976 der Zusammenschluss der katholischen und der sozialdemokratischen Gewerkschaft. Nach dem erfolgreichen Kabinett Den Uyl (1973–77), in dem die Sozialdemokraten den Ton angegeben hatten, schafften diese bei den Wahlen von 1977 ihr bislang bestes Ergebnis – aber dann schlug auch für die PvdA die Stunde der «Entideologisierung»; langsam aber stetig verlor die Partei Anhängeranteile, weil vor allem Jugendliche nicht länger in einem bestimmten kollektiven Rahmen verankert waren.

Mittels seiner Wohlfahrtsstrategie wollte das Ministerium für CRM (Ministerium für Kultur, Freizeit und Sozialarbeit, welches von 1965 bis 1980 existierte) diesen gesellschaftlichen Veränderungen Rechnung tragen. Die Aktivitäten der psychosozialen und soziokulturellen Arbeit sollten künftig vor allem darauf ausgerichtet werden, die Menschen zu lehren, wie mit den nunmehr unverbindlich gewordenen Normen und Werten und den sich rasant verändernden gesellschaftlichen Anforderungen umzugehen sei. In dieser Gesellschaft, in der beständige Normen und Werte, Verhältnisse und Qualifikationen keinen Platz mehr fanden, wurde der Schwerpunkt nun vermehrt auf individuelle Entfaltung und Potentiale gelegt. Das Streben nach Wohlfahrt führte selbstverständlich auch zu einer Zunahme der ohnehin schon üppig fliessenden Subventionen für die Sozialarbeit. Die Staatsausgaben für soziale Dienstleistungen (Sozialarbeit, Gemeinwesenarbeit) und Volksbildung stiegen von 216 Millionen im Jahre 1965 bis auf 1682 Millionen DM im Jahre 1975.

Inflationsbereinigt bedeutet dies, dass diese Ausgaben sich innerhalb nur eines Jahrzehnts um das Dreieinhalbfache vergrössert hatten – und das bei einem durchschnittlichen Jahreswachstum von 3,2%.

Die Betonung von «Wohlfahrt», im Sinne von persönlicher Entfaltung, spielte auch in der Sozialpolitik eine wichtige Rolle. Durch Aufstockung der sozialen Einrichtungen sowie *Einkommensnivellierung* wurde die Realisierung einer grösseren sozialen Gleichheit angestrebt; in der Sozialpolitik verdrängten Bestrebungen zur Vergrösserung der individuellen Unabhängigkeit und Selbstständigkeit den bisherigen Schwerpunkt «Familie». **14**

Um 1980 jedoch traten Wohlfahrt und persönliche Entfaltung in den Hintergrund; an deren Stelle traten neue Kernbegriffe: Selbstverantwortung, Einsparungen, Privatisierung und mehr Markt.

14
Veränderungen in der Sozialpolitik seit den 6oer Jahren werden beschrieben bei:
K. Schuyt en *R. van der Veen* (red.).
De verrdeelde samenleving. Een inleiding in de ontwikkeling van de Nederlandse verzorgingsstaat.
Leiden 1990/2

3. Der Wohlfahrtsstaat speckt ab: Sozialpolitik zwischen Markt, Staat und Zivilgesellschaft

Der soziale Rechtsstaat, wie er in den Jahren 1945–65 Gestalt angenommen hatte, war ein Kompromiss, zustande gekommen durch Aushandlungen zwischen Gewerkschaften, Unternehmern und den sozialdemokratischen, liberalen und christdemokratischen Parteien. Als solcher war er keine unverrückbare Grösse, da Kräfteverhältnisse in der Gesellschaft immer dem Wechsel unterliegen. Folglich kann von einer Verfälschung «grundlegender Zielsetzungen» in den vergangenen Jahrzehnten, wie es bei den Kritikern des Sozialstaates heisst, denn auch keine Rede sein. Es gab sie nämlich gar nicht. Die involvierten Parteien hatten alle ihre eigenen Interessen, variierend von der Aufrechterhaltung des Arbeitsfriedens über Reproduktion der Arbeitskraft bis zur Schaffung existentieller Sicherheit für jedermann durch gegenseitige Solidarität. Beim Sozialstaat geht es immer um eine dynamische, historische Konstellation; bei Veränderungen in den ökonomischen, soziokulturellen und politisch-ideologischen (Macht-)Verhältnissen, kommt es auch bei ihm zu Retuschen – was ihn sowohl schwächen wie auch stärken kann. In der Periode 1950–80 basierte das System der sozialen Einrichtungen auf einem hohen Mass an «Konsensus»; die Gesellschaft wollte es so und der Staat bürgte dafür. In den 80er Jahren hat dieser Konsensus stark gelitten und der Sozialstaat machte demzufolge eine Wandlung durch. Die Bedeutung der «privaten Initiative» im Bereich der psychosozialen Hilfe durch Freiwillige ist um einiges grösser geworden als noch zu Beginn der 70er Jahre hatte geahnt werden können.

Wirtschaftskrise

Die wirtschaftliche Entwicklung, insbesondere der positive Konjunkturverlauf, welcher die Entfaltung des Sozialstaates so stark gefördert hatte, geriet in der zweiten Hälfte der 70er Jahre schwer ins Stocken und demzufolge nahmen auch die sozialen und politischen Verhältnisse eine neue Gestalt an. Die Gewerkschaften und die PvdA, naturgemäss die Verteidiger des Sozialsystems, wurden in die Defensive gedrängt und übernahmen sogar, was die niederländische Sozialdemokratie anbelangt, viele der – neoliberalen – Auffassungen ihrer Rivalen. Mit der Rezession von 1975 begann eine Abwärtsbewegung im niederländischen Wohlfahrtsstaat, welche aber gleichzeitig zu einer «Renaissance» (Claus Offe) neokonservativer und neoliberaler Theorien führte. Bedenken, welche bereits in den 30er und 40er Jahren gegen den Interventionsstaat keynesscher Prägung erhoben worden waren, hatten wieder Konjunktur. Das Ausmass des öffentlichen Sektors wurde als Hauptursache der Wirtschaftskrise betrachtet.

Um 1980 erschienen auf dem niederlandischen Markt Bücher, die so vielsagende Titel führten wie:

- *De stagnerende verzorgingsstaat* (1978 – «Der stagnierende Versorgungsstaat»)
- *De nadagen van de verzorgingsstaat* (1983 – «Herbst des Versorgungsstaates»)
- *Het einde van de verzorgingsstaat* (1984 – «Das Ende des Versorgungsstaates»)
- *Afscheid van het paradijs* (1984 – «Abschied vom Paradies»).

In diesen und ähnlichen Veröffentlichungen war der Tenor immer gleich: die Behörden hätten im Bestreben, «die sich selber gestellten

Aufträge und die bei den Bürgern geweckten Erwartungen zu erfüllen», ihre Kapazitätsgrenzen erreicht; der Staat sei infolge der immer weiter wachsenden Anforderungen und Erwartungen in Bezug auf Wohlfahrt unkontrollierbar geworden, und die Bürger würden sich wie verwöhnte Kinder aufführen. Anstatt ein daseinssicherndes Fundament zu garantieren, sei der Sozialstaat zu einer Art «Tischleindeckdich für Wohlfahrt und Glück» verkommen. Es war sogar die Rede von einem extrem individualistisch und hedonistisch ausgeprägten und deshalb «immoralischen Ethos» des Wohlfahrtsstaates, welcher eine «Konsumhaltung» in Bezug auf Politik und Gesellschaft zur Folge habe. Sachlich argumentierende Soziologen und Soziologinnen haben solche Ideen, welche in der Alltagswirklichkeit keine Entsprechung fanden, als moralisierendes Gefasel abgetan. Aus empirischen Forschungsresultaten geht hervor, dass in Bezug auf die Soziale Sicherheit von «Konsumdenken oder Konsumkultur» und Hedonismus gar keine Rede gewesen sein kann; Personen, die von einer Rente oder der Sozialhilfe leben müssen, gelingt es in der Regel nur mit viel Mühe, sich durchzuschlagen; ausserdem schlittern sie häufig in eine soziale Isolation hinein und verfallen dem Gefühl sozialer Nutzlosigkeit. Deshalb wird diesbezüglich auch von «neuer Armut» gesprochen. [15]

Gleichwohl geht es bei den Theorien über die Zügellosigkeit des Sozialstaates nicht darum, ob sie wahr oder falsch, sondern ob sie gesellschaftlich verwendbar seien – und Letzteres ist nun eben der Fall.

Ein neuer Wohlfahrtsbegriff

Die wichtigste Therapie gegen die Krise des «Versorgungsstaates», welche von den Neoliberalen ins Feld geführt wird, heisst: *mehr Markt*. Sowohl für den Bereich der sozialen Sicherheit wie für jenen der Sozialarbeit drängen die Liberalen auf die Einführung vermehrter Marktwirkung. Auch die Christdemokraten präsentierten eine spezifische, normative Legitimierung dieser Stossrichtung. Seit den 70er Jahren – und erst recht, nachdem die katholische Gewerkschaft in der sozialdemokratischen aufgegangen war – waren die Christdemokraten immer stärker nach rechts gerutscht und hatten sich faktisch von der katholischen Soziallehre losgesagt. Als Alternative für den Sozialstaat präsentierten sie das Konzept *sorgsame Gemeinschaft*. Den Begriffen «Soziale Sicherheit» (gehörend zu dem als gegeben betrachteten Sozialstaat) und «Staat» stellten sie die Begriffe «Solidarität/soziale Verantwortung» respektive «Gemeinschaft» gegenüber.

[15]
Eine faszinierende Studie über die Kultur der Langzeitarbeitslosigkeit ist:
G. Engbersen.
Publieke bijstandsgeheimen – Het ontstaan van een onderklasse in Nederland.
Leiden 1990

Rahmenhilfe und freiwillige oder ehrenamtliche Arbeit sollten die professionelle Hilfe zurückdrängen. Es ging den Christdemokraten also um einen Weg zurück, Richtung 19. Jahrhundert – um «Caritas» oder christliche Wohltätigkeit anstatt Rechtsanspruch!

Die Befürworter einer Reform des Sozialstaates plädierten ebenfalls für einen neuen Wohlfahrtsbegriff. Die Objektivsten unter ihnen begründeten dessen Notwendigkeit mit dem Hinweis auf konkret nachweisbare gesellschaftliche Entwicklungen bzw. Probleme wie:

- Mangel an Arbeitsplätzen und demzufolge negative Lebenserwartungen bei Personen, die den Anschluss verpassen;
- der Familie;
- ausgeprägten immateriellen Konsum;
- stark divergierende Lebensstile;
- wachsende Bedeutung unterschiedlicher sozialer Beziehungen
- sowie (quasi als Krönung) die Gefahr der Entfremdung und das Gefühl des Identitätsverlustes.

Die etablierten sozialstaatlichen Aktivitäten und Massnahmen könnten, so die Befürworter einer Neudefinition der Wohlfahrt, in Bezug auf all diese Probleme höchstens noch eine marginale Rolle spielen, müsste doch sonst eine «immense Fürsorge-Maschinerie» aufgebaut werden – was ökonomisch unmöglich sei. Ja, stärker noch: Eine Gesellschaft könne gar nicht «wohlfahrend sein», wenn ein Grossteil ihrer Bevölkerung sich «in Behandlung» befinde. Deshalb müsse der tradierte Wohlfahrtsbegriff seinen Platz einem neuen, aktiveren überlassen. Das impliziert aber: keine Hilfe mehr von Seiten der Fachleute, denn: «Probleme sind ein sinnvoller Bestandteil des Daseins. Darum müssen sie auch von den Betroffenen selber gelöst werden und nicht von Instanzen.» Die Konsequenz dieser Argumentation ist nun, dass der Begriff «Wohlfahrt» in einen Teufelskreis gerät und nur noch definiert werden kann als:

Wohlfahrt = Arbeiten an der eigenen Wohlfahrt.

Real existierende Probleme

Nach dem finsteren Plädoyer neokonservativer und neoliberaler Kritiker gegen den geschmähten Sozialstaat, welches bei den Christdemokraten, Liberalen und auf die Dauer auch, aber in geringerem Mass, bei den Sozialdemokraten auf ein positives Echo stiess, könnte man geneigt sein zu denken, von dem niederländischen Wohlfahrtsstaat sei mittlerweile wohl nicht mehr viel übriggeblieben.

So schlimm ist es aber (noch) nicht gekommen. Im Unterschied zu Grossbritannien und den Vereinigten Staaten, wo Thatcher und Reagan die neoliberalen Ideen erbarmungslos umsetzten, war in den Niederlanden die Rede von einer gemässigt-konservativen Politik, welche zum Ziel hatte, die Kollektivausgaben und die staatliche Einmischung zurückzudrängen. Von 1981 bis 1990 regierten die Christdemokraten zusammen mit den konservativen Liberalen, von 1990 bis 1994 mit den Sozialdemokraten. Seit 1994 gibt es nun in den Niederlanden eine Regierung, welche ein absolutes Novum darstellt, nämlich eine Koalition aus Sozialdemokraten, konservativen und progressiven Liberalen (VVD und Demokraten 66), jedoch ohne Christdemokraten – das so genannte lila Kabinett (dies wegen der Mischung von Rot und Blau, den Farben der Sozialdemokraten respektive der Liberalen). Die politischen Stossrichtungen aller Regierungskoalitionen seit 1981 sehen sich im Grossen und Ganzen ähnlich; die Sozialdemokraten sind dabei höchstens bestrebt, die scharfen Ecken und Kanten der neoliberalen Politik etwas abzuschleifen.

Natürlich gibt es was den Sozialstaat betrifft eine ganze Reihe von realen Problemen, welche ein Eingreifen in irgendwelcher Form rechtfertigen; makro-ökonomisch betrachtet sind es die Internationalisierung und Globalisierung der Wirtschaft sowie die Politik der Europäischen Union, welche eine eigenständige, nationale Linie in Bezug auf die Soziale Sicherheit erschweren.

Ausserdem bestehen innerhalb der sozialen Sicherheit selber Probleme; z.B. die Kosten des sozialen Sicherungssystems und weiterer sozialer Einrichtungen (Wohnungs- und Gesundheitswesen, Unterricht usw.), welche im Laufe der Zeit gigantisch gestiegen sind. Neue Regelungen und die zunehmenden Verfeinerungen liessen den Anspruch auf soziale Leistungen immer weiter ansteigen. Der allgemeingesellschaftliche Individualisierungstrend hatte ebenfalls Auswirkungen auf die Soziale Sicherheit. In den Niederlanden basierten die meisten Regelungen auf dem Familien- und dem Ernährerprinzip; der Ruf nach individuellen Regelungen wurde zwar immer lauter, nur... auch diese kosten Geld. 1960 beliefen sich die Ausgaben für Soziale Sicherheit (= Versicherungen und Sozialhilfe) auf 12% des Nettovolkseinkommens, 1988 auf 29%. Inflationsbereinigt waren die Ausgaben 1993 gut zweieinhalbmal höher als 1970 – sie stiegen von circa 52 auf circa 137 Milliarden DM. Die Zahl der erbrachten Leistungen stieg in jener Periode von 3,7 auf 6 Millionen. Wegen der Rezession im Jahre 1975 nahm die Zahl der Arbeitslosen gewaltig zu. Später setzte ein Rückgang ein, aber das Niveau der Arbeitslosigkeit war strukturell beträchtlich höher als zuvor. 1975 gab es 259000 Arbeitslose, 1988 waren es 660000. Seitdem ist die Zahl wieder beträchtlich gesunken, aber das Problem blieb gross, vor allem im Bereich der Langzeitarbeitslosigkeit, wovon namentlich die schlecht Ausgebildeten (es sind vor allem Immigranten) betroffen waren und immer noch sind. Die Zahl der Arbeitsunfähigen stieg von 348800 im Jahre 1979 auf 591700 im 1988. Dadurch kam es auch zu einer markanten Verschiebung in der zahlenmässigen Relation zwischen dem so genannten aktiven und nicht-aktiven Bevölkerungsteil. Das Verhältnis von 3:1 im Jahre 1960 hatte sich 1989 auf 1,3:1 verengt. Und in Anbetracht steigender Betagtenzahlen dürfte dieser Trend weiterhin anhalten. Es wird erwartet, dass sich die Zahl der Altersrenten zwischen 1990 und 2030 von 2 auf 4 Millionen verdoppeln wird. 2010 wird sie das Volumen von 1990 bereits um 31% überschritten haben.

Durch die ununterbrochene Flut an neuen sozialen Gesetzen und Gesetzesänderungen ist das System auch ausserordentlich missbrauchanfällig geworden. Eine gewaltige Bürokratie ist entstanden, welche sich nur noch schwer steuern lässt, aber auch für Sozialgeldberechtigte häufig entmutigend ist, weil diese sich im Labyrinth aus Regelungen und Instanzen nur allzu leicht verirren. All diese Probleme werden auch von jenen Leuten, die weiterhin für einen grosszügigen Sozialstaat plädieren, keineswegs geleugnet. Aber unter dem Einfluss der dominierenden neoliberalen Ideologie nahmen die geschilderten Entwicklungen wohl sehr bedrohliche Proportionen an.

Denivellierung und Systemreform

Der niederländische Sozialstaat ist also nicht demontiert, wohl aber ziemlich gerupft worden – und er hat dabei etliche schöne Federn verloren, auch wenn eine Mehrheit der Bevölkerung sich immer noch für das Aufrechterhalten einer sozialen Sicherheit auf hohem Niveau ausspricht. Die Abstriche erfolgten an drei Fronten:

- erstens fand ein Denivellierungsprozess statt;
- zweitens kam es zu einer Systemrevision bei der sozialen Sicherheit und wurden bei einer Reihe weiterer Einrichtungen Aderlässe vorgenommen, z.B. beim individuellen Wohngeld und bei der Studienfinanzierung;

- und drittens gab es enorme Einsparungen bei vielen Formen der Wohlfahrtsarbeit (wie Familienhilfe oder Quartier- und Klubhausarbeit). Parallel dazu wurden grosse Reorganisationen durchgeführt.

Die Situation von Personen mit einem Mindesteinkommen hat sich seit 1980 stark verschlechtert. Während der Periode von 1945 bis 1968 richteten die Bestrebungen sich auf eine vernünftige, angemessene Einkommensverteilung; in den Jahren 1968–80 erfolgte eine Neuorientierung; die Massnahmen zielten nun in Richtung einer ausgeglicheneren Einkommensstreuung mit Hilfe einer Politik der Egalisierung. Seit 1980 heisst die Parole «Denivellierung». Laut einer Untersuchung des Kommunalen Sozialdienstes Rotterdam hatte bis 1987 die Kaufkraft der Mindesteinkommen um 15% abgenommen. Die gesetzliche Kopplung von Sozialgeldern an die durchschnittliche Lohnentwicklung war nämlich aufgegeben worden.
Gegenwärtig ist diese Verquickung – insofern es die Lohnentwicklung erlaubt – teilweise wiederhergestellt. Aber durch allerhand Mechanismen, z.B. im Bereich der Steuern, verzeichnen die Mindesteinkommen – relativ betrachtet – nach wie vor eine sinkende Tendenz. Bei den Sozialversicherungen wollte man eine Senkung des Ausgabenniveaus bewirken, indem man die Ansätze für Versicherungsleistungen herabsetzte, die Berechtigungsanforderungen verschärfte (im neuen *Arbeitslosenversicherungsgesetz* und – ganz dramatisch – im *Erwerbsunfähigkeitsgesetz/Arbeitsunfähigkeitsgesetz)* sowie (Teil-) Privatisierungen beim *Krankenversicherungsgesetz* und bei der Gesetzgebung über die Erwerbsunfähigkeit vollzog. Die Abstriche bei der Arbeitsunfähigkeitsgesetzgebung, welche unter einer Regierungskoalition aus Christ- und Sozialdemokraten zustande gekommen waren, machten 1993 für die PvdA zum «annus horribilis». Ihre traditionelle Gefolgschaft war nämlich zutiefst schockiert und sowohl Mitglieder wie Wähler und Wählerinnen liefen der Partei in Scharen davon. Auch die Auflagen des Sozialhilfegesetzes wurden kräftig verschärft. Das Gesetz enthält einen Passus, der sogar alleinerziehende Mütter mit kleinen Kindern (aber älter als fünf Jahre) dazu verpflichtet, einer Arbeit nachzugehen. Langzeitarbeitslose, die Sozialhilfe beziehen, können zur Arbeit unter ihrem (Bildungs-)Niveau, zur Umschulung oder gar zur Annahme «gesellschaftlich nützlicher Arbeit» im Bereich der Freiwilligenarbeit verpflichtet werden, falls dadurch ihre Chancen auf einen Wiedereinstieg ins Arbeitsleben zunehmen.

No Nonsense in der Sozialarbeit

Zum grössten Opfer des abgespeckten Staates ist die Wohlfahrts-arbeit geworden. Dort ist es zu enormen Einsparungen, gigantischen Umstrukturierungen und zum Verschwinden ganzer Praxisfelder/Berufs-bereiche sowie zur Einführung des Marktdenkens gekommen.

Ausgerechnet unter der Federführung eines christdemokratischen Ministers wurde zuerst die verschwenderische Dachorganisations-struktur angepackt; ihr wurde rigoros ein Ende gesetzt – was er-staunlich ist, weil die Konfessionellen in der Dachverbandskultur, welche speziell unter den eigenen Ministern einen Aufschwung erlebt hatte, immer sehr aktiv gewesen waren. Mit den Aufgaben, welche die Dachverbände im Bereich Untersuchung/Forschung und Arbeits-entwicklung gehabt hatten, wurde das von den Behörden finanzierte *Institut für Fürsorge und Soziales (NIZW)* beauftragt. Viele Berufs-felder, die bislang «in versäulter Form» organisiert gewesen waren, wie die Sozialarbeit und die Familienhilfe, mussten jetzt zu grossen allgemeinen Einrichtungen fusionieren. Die für Hilfe zuständigen Ein-richtungen erhielten die Auflage, sehr sachorientiert und (finanziell) effizient zu arbeiten, was jedoch häufig auf Kosten der Leistungen an Klienten und Klientinnen ging.

Von den Sparmassnahmen waren sozusagen alle Formen und Berei-che der sozialen und der soziokulturellen Arbeit betroffen. Stark in Mitleidenschaft gezogen wurde die Quartier- und Klubhausarbeit, welche die Hälfte ihrer Subvention verlor. Die Summen, welche die Gemeinden für solche Arbeit vom Staat erhalten hatten und die im-mer mit Auflagen verbunden gewesen waren, wurden nun ohne jeg-liche Direktiven in einen Gemeindefonds einbezahlt; es war den Ge-meinden überlassen, zu bestimmen, wozu sie die Gelder verwenden wollten – sei dies nun für den Kauf von Strassenlaternen oder (viel-leicht doch) für die Subventionierung der soziokulturellen Arbeit. Die Bildungsarbeit für arbeitende Jugendliche wurde dem Berufsunter-richt zugeteilt, eine Reihe weiterer Bildungsaufgaben verschwanden. Die Heimvolkshochschulen katholischer, protestantischer, religiös-sozialistischer und nicht-bekennender Signatur wurden gezwungen, sich zu einer einzigen Organisation zusammenzuschliessen und auch ihr wurden die Subventionen kräftig gekürzt. Ausgerechnet diese Einrichtungen, die sich immer par excellence auf gesellschaftliche Bildung spezialisiert hatten und dazu auch subventioniert worden waren, sahen sich jetzt genötigt, auf dem Markt aktiv zu werden. Sie gestalteten sich zu Instituten für «Bildung, Training und Beratung» um, erhielten aber nur noch ein Drittel der bisherigen staatlichen Subventionen – zu verwenden für Bildung und Training von Kaderpersonal, tätig in Freiwilligen-Organisationen. Letzteres ist bezeichnend für die ganze Politik in Bezug auf Sozialarbeit. In jüngster Zeit wird die Wichtigkeit der freiwilligen (ehrenamtlichen) Arbeit stark hervorgehoben und man ist auf der Suche nach deren gesellschaftstheoretischen Legitimierung.

Freiwillige Arbeit

Die privaten sozialen Institutionen haben im Wohlfahrtsstaat der Nachkriegszeit immer eine bedeutende Rolle gespielt. Es handelte sich dabei immer mehr um – insbesondere konfessionelle – Einrichtungen, die von (angesehenen) «Freiwilligen» verwaltet, von Profis geleitet und vom Staat finanziert wurden. [16] Diese Konstellation wurde häufig als «das soziale Mittelfeld» bezeichnet.

Welchen Einfluss hatten nun das neue Wohlfahrtsverständnis und die neoliberale Sozialpolitik auf Wesen und Umfang der freiwilligen Arbeit? Kritiker des «hedonistischen» Sozialstaates betrachten den aktuellen Individualisierungstrend und – so ihre Behauptung – den daraus resultierenden Verlust an Gemeinschaftssinn als eine der Gründe für die Verarmung des «sozialen Mittelfeldes» und das Nachlassen der freiwilligen Arbeit. Dieser Zusammenhang wird von der empirischen Forschung jedoch nicht bestätigt. Ein grosser Teil der herkömmlichen Freiwilligenarbeit in Einrichtungen und Vereinen gibt es nämlich nach wie vor und auch der neue Individualismus hat Formen von Solidarität entwickelt, welche sich durchaus in unentgeltlicher Tätigkeit konkretisieren (können). Unzutreffend ist ebenfalls, dass die sozialstaatlichen Restrukturierungs- und Sparmassnahmen zu einer Zunahme der freiwillig geleisteten Arbeit geführt haben – wie es die Christdemokraten in ihrem Entwurf der «sorgsamen Gemeinschaft» erhofft hatten. Gegen eine Zunahme sprechen wiederum empirische Befunde.

Veränderungen in den verschiedenen Arbeitsbereichen sind wohl nachweisbar; gewisse Formen freiwilliger Arbeit sind im Schwinden begriffen, andere legen zu. So stagniert z. B. im Gesundheitssektor im Grossen und Ganzen der freiwillige Einsatz, während es sich bei der Sterbehilfe und der Aidshilfe umgekehrt verhält.

Die Rückläufigkeit der Freiwilligkeit in der traditionellen Fürsorge hängt mit der Tatsache zusammen, dass in den Niederlanden Frauen immer häufiger in die (bezahlte) Berufswelt eintreten oder – wie im

16
Umfangreiches Zahlenmaterial in Bezug auf die Arbeit von und mit Freiwilligen ist zu finden im: Sociaal Cultureel Rapport 1994. Für eine historische Darstellung über Freiwillige und den Sozialstaat siehe:
H. C. M. Michielse en
M. H. C. Cornelis (red.).
Tussen eigenbelang en altruisme – Over solidariteit en vrijwilliger.
Utrecht 1993

Falle der Sozialhilfe beziehenden Mütter – von Staats wegen zu diesem Schritt veranlasst werden. Auch spielen die politische und kulturelle Konjunktur sowie das Auftauchen neuer Probleme eine Rolle beim Krebsgang der freiwilligen Arbeit.

Aber welche Gestalt hat nun eigentlich diese freiwillige Arbeit? Wir können folgende drei Erscheinungsformen unterscheiden:

a) Am Anfang standen jene freiwilligen Anstrengungen, die gegen die Attacken auf den Sozialstaat gerichtet waren; es gab z. B. kollektive Aktionen von Arbeitslosen, Erwerbsunfähigen oder Sozialhilfe-Empfänger(innen). Diese waren aber sowohl was den Umfang wie auch was das Resultat betrifft von stark untergeordneter Bedeutung.

b) Dann gibt es die so genannten Protestbewegungen, welche in den vergangenen 25 bis 30 Jahren nicht direkt die Sozialmassnahmen des Staates im Visier hatten und ihre politischen Kämpfe vor allem auf anderen Gebieten ausgetragen haben. Zu erwähnen sind Feministinnen, Schwulen-, Lesben-, Öko- und Friedensbewegungen sowie Solidaritätsgruppierungen mit Anliegen wie Flüchtlingsproblematik, der Dritten Welt und Menschenrechtsverletzungen. Es zeigt sich, dass in den Niederlanden Erfolg und Mitgliederbestand eines Teiles der neuen Gruppierungen oder Bewegungen viel grösser sind als in anderen Ländern; *Greenpeace* und *Amnesty International* z. B. erreichen Mitgliederzahlen, die sogar absolut betrachtet jene in grossen Ländern wie Deutschland und Frankreich weit übersteigen. [17]

17
J. W. Duyvendak u. A. Tussen verbeelding en macht – 25 jaar nieuwe sociale bewegingen in Nederland. Amsterdam 1992

c) Zum Schluss sind noch jene Einrichtungen für freiwillige Arbeit zu erwähnen, die sich auf dem Gebiet der sozialen und psychosozialen Hilfe bewegen. Ihre Aktivitäten betreffen häufig Problemgebiete, die von den Regelungen des Sozialstaates nicht touchiert werden und wohl auch nicht touchiert werden könnten. Dabei ist zu denken an:

· neue Problemsituationen, für die noch keine Lobby besteht;
· Gruppierungen, die gesellschaftlich gesehen kein (sozialpolitisches) Gewicht haben oder zu den sogenannten «hoffnungslosen Fällen» gerechnet werden;
· Probleme, die kaum mittels offizieller (staatlicher) Arrangements zu bewältigen sind.

Konkret gehören zu diesem Gebiet solch divergierende Aktivitäten wie die Flüchtlings-, Sterbe- oder Aidshilfe.

Zivilgesellschaft

Die gestiegene Bedeutung, welche die Regierungspolitik der freiwilligen Arbeit beimisst, wird in der Regel nicht durch die Erhöhung finanzieller Mittel zum Ausdruck gebracht. Im Gegenteil: Auch bei der nichtprofessionellen Arbeit wird gespart. Im Rahmen der früheren Wohlfahrtsstrategie des Ministeriums für Kultur, Freizeit und Sozialarbeit erhielt nicht nur die freiwillige Hilfe grosse Subventionen; erkleckliche Summen kassierten auch unterschiedliche Vereine, z.B. das NIVON (für die Fachwissensförderung von Kader und Angestellten oder für gesellschaftliche Bildung) und Organisationen von Landfrauen. Solche Subventionen für Vereine sind – zumindest in ihrer strukturellen Form – abgeschafft worden; wohl aber gibt es Zuschüsse für befristete Projekte, falls sie mit der Politik des zuständigen Ministers kompatibel sind. Die Beiträge sind aber stark reduziert worden und werden in den meisten Fällen in Fonds eingezahlt, welche für die Verteilung der Gelder zuständig zeichnen. Der Staat ist somit in Sachen Subventionen nicht länger der direkte Ansprechpartner. All dies passt zum neuen liberalen Wohlfahrtsprinzip, demzufolge die Bürger und Bürgerinnen selber für ihre Wohlfahrt aufkommen müssen und der Staat nur noch für die wirklichen Problemfälle zuständig ist. Die erneute Akzentuierung von freiwilliger Arbeit wird u.a. mit Hilfe der «civil society»-Theorie legitimiert – wobei die Zivilgesellschaft jener Bereich ist, welcher sich zwischen Staat, Markt und Privatwelt befindet. Den dort angesiedelten Freiwilligenorganisationen/-verbänden obliegt die Aufgabe, der gesellschaftlichen Verantwortlichkeit für das eigene, individuelle Leben und das der Mitmenschen Gestalt zu geben. Die Popularität dieser Theorie der Zivilgesellschaft lässt sich nicht bloss auf das Bedürfnis zurückführen, die (sozial-)politische Präferenz für freiwillige Arbeit zu legitimieren; ihre Ursachen liegen tiefer. In den Niederlanden wurde die soziale Kohäsion zu einem wesentlichen Teil durch das Säulen-System garantiert; jede welt- und lebensanschauliche Gruppierung hatte ihre eigenen kollektiven Rahmenbedingungen, welche für eine Verankerung von Normen und Werten sorgten, die Gemeinschaft zusammenhielten und die soziale Kontrolle ermöglichten. Das Verschwinden dieses Säulensystems sowie tiefschürfende Individualisierungsprozesse haben aber zu grossen Problemen geführt. Erneutes

Interesse für das nunmehr weitgehend entideologisierte gesellschaftliche «Mittelfeld» könnte darauf eine Antwort sein. Auffallend
ist, dass von Seiten der Behörden soviel Werbung für die Zivilgesellschaft und die freiwillige Arbeit gemacht wird; das Soziale und Kulturelle Planungsbüro der Regierung z. B. veröffentlichte ein zweiteili-
ges Werk mit dem Titel *Civil Society und Freiwilligenarbeit* (1994), in
dem Wissenschaftler(innen) alle Aspekte dieses Begriffspaares unter
die Lupe nehmen. In diesem Band befindet sich auch ein Text,
der Kritik an den Civil Society-Gedanken äussert. Die integrierende
Effekte der staatlichen Versorgungs- und Hilfefunktionen – so der
Tenor – würden erheblich überschätzt. Die praktizierte neoliberale
Politik habe zu einem Abbau der staatlichen Sozialaufgaben geführt,
welche wohl dem Markt, jedoch nicht den kleinen Gemeinschaftsver-
bänden zugute gekommen sei.

Leo Witte

2 Die Sozialarbeit in einem sich ändernden System der sozialen Sicherheit

1. Einleitung und Problemstellung

Während vieler Jahre wurde das niederländische Soziale Sicherheits-system als ein unerschütterliches Bollwerk dargestellt. Dank den so-zialen Fürsorgeeinrichtungen sowie den Volks- und Arbeitnehmerver-sicherungen erhielt jeder Bürger und jede Bürgerin die Garantie, «von der Wiege bis zur Bahre» gegen jede Kalamität, welche jeman-den im Leben treffen konnte, geschützt zu sein. Heute ist von dieser Stabilität wenig übriggeblieben und das gesamte Soziale Sicher-heitsnetz erfährt eine eingehende Revision. Der Grund für diese Überprüfung geht zurück auf das Ende des Wirtschaftsbooms der 6oer und 7oer Jahre. Die darauf folgende Arbeitslosigkeit zwang hun-dertausende von Leuten, Anspruch auf eine der einkommenssubsti-tuierenden Sozialleistungen geltend zu machen. Die hohe Zahl der Leistungsberechtigten bildete in den darauffolgenden Jahren die Legitimation für eine Politik der Behörden, die sich durch ununter-brochene Sparmassnahmen auszeichnete. Immer wieder wurde auf den drohenden finanziellen Kollaps des sozialen Sicherheitsnetzes hingewiesen. Und dass dieses Argument nicht ganz aus der Luft ge-gegriffen war, illustrieren die nächsten Angaben: 1993 empfingen 921 000 Personen eine Arbeits- oder Erwerbsunfähigkeitsrente [1]. Sie und die Arbeitnehmer(innen), die eine Krankenversicherungsrente ausbezahlt bekamen, beanspruchten 35% aller Ausgaben für Soziale Sicherheit, welche sich 1993 auf circa 138 Milliarden DM beliefen. 33% der sozialen Sicherheitsausgaben entfielen auf die Altersrenten, weitere 15% auf die Arbeitslosengelder [2].
Neben einschneidenden Sparmassnahmen kam es Ende der 8oer und Anfang der 9oer Jahre zu einer Reihe von politischen Massnahmen,

[1]
Sociaal en Cultureel Rapport
1994,
S. 187

[2]
Idem,
S. 179

mit denen der Staat eine Totalrevision des sozialen Sicherheitssystems anstrebte. Seitdem zeichnet sich das Arbeitsfeld der sozialen Sicherheit aus durch:

- permanente Veränderungen in Gesetzgebung und anderen Regel-
  werken;
- Aufhebung, Reorganisation und Fusionen von Versicherungsorganen;
- eine Wende in der Dienstleistungskultur.

Unsere Darstellung des niederländischen Systems der sozialen
Sicherheit kann in Anbetracht all dieser Umgestaltungen nur eine
Momentaufnahme sein. Bestenfalls können die sozialpolitischen
Linien nachgezeichnet werden.

Für Fachleute, die im Arbeitsfeld der sozialen Sicherheit tätig sind,
haben die obigen Veränderungen weitreichende Konsequenzen. Ein
System in Wandlung bedeutet neue Aufgaben und Funktionsinhalte
sowie eine andere Art von Sachkenntnissen. Auch impliziert es eine
Überprüfung der Positionen, der beruflichen Anforderungen und Profile sowie – unter Umständen – der Berufsausbildungen. Innerhalb
dieses neuen Beziehungsgefüges kommen Sozialarbeiter und Sozialarbeiterinnen nicht umhin, sich auf ihre Professionalität und Berufsidentität zu besinnen. Die Frage, wie die Sozialarbeit sich zu den
Revisionen in der sozialen Sicherheit zu verhalten hat, bildet die
Problemstellung des vorliegenden Kapitels, welches aus zwei Teilen
aufgebaut ist. Im ersten Teil befassen wir uns mit den Neuerungen in
der sozialen Sicherheit. Besonderes Augenmerk richten wir dabei auf:

- die Hintergründe der behördlichen Politik;
- die Beziehung zwischen Behörden und Bürgern/Bürgerinnen;
- die Finanzierungsvorschläge;
- die Veränderungen bei der Ausführung der Massnahmen.

Im zweiten Teil werden die Folgen dieser Neuerungen unter die Lupe
genommen: Wie manifestieren sich diese in den Berufsprofilen der
sozialen Sicherheit und inwieweit stehen sie im Einklang mit der
Identität der Sozialarbeit?

2. Der Aufbau des Systems der sozialen Sicherheit

Das niederländische System der sozialen Sicherheit setzt sich zusammen aus:

- Volksversicherungen
- Versicherungen für Arbeitnehmer und Arbeitnehmerinnen
- Sozialhilfe-Einrichtungen

Zu den Errungenschaften im Bereich der *Volksversicherungen* gehören das Allgemeine Kindergeldgesetz (AKW), das Allgemeine Altersgesetz (AOW) sowie das Allgemeine Hinterbliebenengesetz (ANW). Alle Staatsangehörigen können aufgrund dieser Gesetze Ansprüche geltend machen, insofern sie die erforderlichen Kriterien erfüllen. Die Volksversicherungen werden durch die Soziale Versicherungsbank ausgeführt. Folgende Zahlen vermitteln einen Eindruck vom Umfang der Leistungen:

Alleinstehende Betagte (>65) empfangen eine Altersrente von etwa netto DM 1290.– pro Monat; ein Ehepaar bekommt DM 1800.–. Im Rahmen des Hinterbliebenengesetzes erhält ein Witwer/eine Witwe 70% des Mindestlohnes – dies entspricht einer Rente auf dem Niveau der Sozialhilfe, welche im Januar 1996 netto DM 1190.– pro Monat betrug. [3]

3
Sociaal Memo Januar 1996.
Kluwer, Deventer 1996

Arbeitnehmerversicherungen garantieren Leistungen im Falle von Krankheit, Arbeitsunfähigkeit und Arbeitslosigkeit – sie werden geregelt durch
- das Krankenversicherungsgesetz (ZW);
- das Gesetz zur Regelung von Rechten und Pflichten Arbeitsunfähigkeit und das Allgemeine Erwerbsunfähigkeitsgesetz (AAW/WAO);
- das Arbeitslosengesetz (WW).

Ihre Ausführung untersteht den Berufsgruppenvereinigungen (= Vereinigungen zur Durchführung der Sozialversicherungsgesetze). Um für die besagten Renten/Leistungen in Frage zu kommen, muss man eine frühere Berufstätigkeit nachweisen können. Das Krankenkassengesetz (ZFW) hat einen besonderen Status; obwohl es zu den Versicherungen für Arbeitnehmer und Arbeitnehmerinnen gerechnet wird, gilt es auch für all diejenigen, die unter die *Sozialhilfe-Einrichtungen* fallen, d. h. unter

- das Allgemeine Sozialhilfegesetz (ABW);
- das Gesetz über die Einkommensregelung für ältere und partiell arbeitsunfähige Arbeitnehmer und Arbeitnehmerinnen (IOAW);

- das Gesetz über Einkommensregelung für Betagte und partiell arbeitsunfähige Selbständige (IOAZ) und
- das Gesetz über Sozialleistungszuschläge (TW).

Durch das Krankenkassengesetz sind Personen, deren Einkommen eine bestimmte Grenze nicht überschreitet, gegen medizinische Kosten versichert. Für die Ausführung der Fürsorge-Einrichtungen sind die Gemeinden zuständig.

Die Höhe der Sozialhilfe wird nach dem Mindestlohn berechnet; ein Ehepaar erhält netto circa DM 1700.– pro Monat (= 100% des Mindestlohnes); alleinstehende Eltern (Väter oder Mütter) 70% oder netto DM 1190.– pro Monat. Sonstige Alleinstehende bekommen 50% oder netto DM 850.– pro Monat. 4

4
idem

5
P. J. van Wijngaarden/
F. G. van den Heuvel.
«Privatisering sociale
zekerheid ter discussie» in:
Sociaal Bestek 12/1995

6
Sociale Nota 1996. SDU
Uitgeverij Plantijnstraat, Den
Haag 1996, S. 50

Volksversicherungen, Versicherungen für Arbeiternehmer/Arbeitnehmerinnen sowie soziale Vorkehrungen gibt es zur Unterstützung von Personen, die arbeitslos oder arbeitsunfähig sind; sie haben einen einkommenssubstituierenden Charakter. Ausserdem kennen die Niederlande einkommensergänzende Rechte; diese sind von der Höhe des Einkommens und/oder der individuellen Lebenssituation abhängig. Beispiele: individuelle Wohngelder, Vergütungen für Bildungsaufwand, besondere Sozialhilfe.

3. Veränderungen im System der sozialen Sicherheit
Eine sich verändernde Philosophie

Die Niederlande waren jahrzehntelang ein Sozialstaat (ein «Versorgungsstaat»), in dem die Behörden eine regelstellende und regelgebende Rolle innehatten. Während der 8oer Jahre wurde dieses sozialpolitische Szenario als antiquiert beiseite geschoben, und an dessen Stelle trat das Konzept des sich «zurückziehenden» Staates. In diesem Begriff ist die Auffassung enthalten, der Staat habe sich auf seine Kerngeschäfte zu beschränken, Risiken und Verantwortung auf mehrere gesellschaftliche Träger zu verteilen und der privaten/privatwirtschaftlichen Initiative mehr Spielraum zu gewähren. Die Tatsache aber, dass ein Staat, der auf Distanz geht, auch die Individualisierung, Dekollektivierung von Werten und das Abrücken vom Solidaritätsgedanken verkörpert, rückt immer mehr in den Hintergrund. 5

Das Konzept des sich zurückziehenden Staates wurde in der Sozialverordnung 6 des Jahres 1996 wie folgt dargestellt:

- Es soll eine aktivierende Arbeitsmarktpolitik geführt werden: «Diejenigen Faktoren der sozialen Sicherheit, welche auf die Beteiligung am Arbeitsprozess bremsend einwirken, werden beseitigt.» [7]

  Im Klartext heisst dies, dass der Staat mittels finanzieller Kürzungen und Sanktionen die Sozialhilfeberechtigten mehr und mehr zwingen wird, sich eine Arbeit zu suchen.

- Zwecks Prävention und Reintegration werden Instrumente und Anreize entworfen. Das heisst, dass der Arbeitgeber- und der Arbeitnehmerschaft im Hinblick auf Krankheitsprävention und Arbeitsunfähigkeit grössere Verpflichtungen auferlegt werden und dass sie beide, wo immer möglich, Anstrengungen unternehmen müssen, die darauf abzielen, die Arbeitnehmer und Arbeitnehmerinnen wieder in den Arbeitsprozess einzugliedern.

- In Bezug auf Bekämpfung und Prävention von Missbrauch soll eine aktive Politik betrieben werden. Im Rahmen der Ausführung des Allgemeinen Sozialhilfegesetzes bedeutet dies, dass die Fachleute die persönlichen Daten der Klienten und Klientinnen intensiver und häufiger kontrollieren und verifizieren müssen.

- Aufgaben und Befugnisse sollen dezentralisiert und auf Gemeinden, Arbeitgeber und Arbeitnehmer(innen) verteilt werden.

Diese Ziele, die im Grunde genommen zu einer vollständigen Revision des sozialen Sicherheitssystems führen, werden in der Koalitionsvereinbarung als «neue Totalkonstellation» apostrophiert. [8]

Bis heute ist erst eine bescheidene Anzahl von Veränderungen durchgeführt worden. Sie werden aber als Vorboten der «grossen Konvergenz» [9] oder – mit anderen Worten – des geplanten Übergangs zur Privatisierung der sozialen Sicherheit betrachtet.

Privatisierung

Im Konzept des sich zurückziehenden Staates ist die Privatisierung von staatlichen Aufgaben ein wesentlicher Bestandteil. Mittels Privatisierung beabsichtigt der Staat, im öffentlichen Sektor selber weniger zu regeln und dem halböffentlichen Sektor und/oder dem Markt mehr Spielraum zu gewähren. Folglich wird das mit öffentlich-rechtlichen Wesenszügen ausgestattete Soziale Sicherheitsgefüge ersetzt durch ein System, das individueller und zivilrechtlicher Natur ist. Und dies impliziert, dass öffentlich-rechtliche Organe – wie die Berufsgruppenvereinigungen – als Konkurrenten der kommerziellen und

[7]
Idem, S. 5

[8]
M. v. d. Krogt.
«Op Weg naar een'nieuwe totaalconstellatie».
Sociaal 1/1995

[9]
M. v. d. Krogt.
«De toekomstige uitvoering van de sociale zekerheid: ontwikkelingsscenario's met de gemeenten in de hoofdrol.» In: Sociaal Bestek, 4/1996

privatrechtlichen Schadenversicherer um die Gunst des Kunden zu «buhlen» haben.

Privatisierung kann sowohl horizontal wie auch vertikal erfolgen. Bei einer vertikalen Privatisierung geht es um einen vollständigen Wechsel vom öffentlichen zum privaten Sektor. Bei dieser Variante tragen die Sozialpartner – Arbeitgeber- und Arbeitnehmerschaft – die völlige Verantwortlichkeit für Risiken wie Arbeitslosigkeit, Krankheit und Arbeitsunfähigkeit.

Bei der horizontalen Privatisierung – sie wird zurzeit in den Niederlanden praktiziert – teilen sich Behörden, Arbeitgeber- und Arbeitnehmerschaft die Verantwortlichkeit. Konkret heisst dies, dass die Behörden sich auf die Einführung eines Mini-Systems beschränken, d. h. sie garantieren die Einkommen bis zur Mindestlohngrenze und die Sozialpartner müssen für das Darüberliegende aufkommen. [10] Die das Minimum übersteigenden Entschädigungen sind gekoppelt an den früher verdienten Lohn. Horizontale Privatisierung bedeutet fürs Erste nichts Anderes, als dass der Staat die nicht-versicherbaren Risiken zu übernehmen hat.

10

P. J. van Wijngaarden/ F. G. van den Heuvel. «Privatisering sociale zekerheid ter discussie.» In: Sociaal Bestek 12/1995

Was aber alles durch Privatversicherungen abgesichert werden kann, erfahren Niederländer und Niederländerinnen, wenn sie ihren Briefkasten leeren; darin finden sie Dutzende von Offerten für komplementäre Alterspensionen, Einkommensarrangements bei der Frühpensionierung, medizinische (Teil-)Versorgung, Ergänzungsrenten zugunsten von Hinterbliebenen usw.

Ebenso bedeutsam wie die Privatisierung ist die Deregulierung. Sie bezweckt, die Gesetzgebung und die Regelwerke wo möglich zu vereinfachen oder abzuschaffen. Wie die Privatisierung basiert Deregulierung auf der Idee, dass zuviel staatliche Intervention zu einem bürokratischen Wasserkopf und einer zu hohen und detaillierten Regelungsdichte führt – Phänomene, die im niederländischen System der sozialen Sicherheit ohne grosse Anstrengung erkennbar sind. Die Frage, inwieweit Sozialhilfeberechtigte von der Deregulierung Verbesserungen zu erwarten haben, lässt sich (noch) nicht schlüssig beantworten. Beispiele aus dem Arbeitsrecht geben fürs Erste wenig Anlass zu Zuversicht. Sie zeigen klar, dass die Deregulierung für den Verlust zahlreicher früherer Rechte im Bereich Kündigungsschutz, angemessener Arbeit und Probefristen verantwortlich zu machen ist.

Markt und Konkurrenz

Im Wohlfahrtsstaat wird die Soziale Sicherheit nach einem Modell finanziert, das als Umlagerungssystem (Rheinländisches Modell) bekannt geworden ist. Gemäss diesem System werden die Versicherungsprämien, welche für alle Beteiligten gleich hoch sind und auf eine vollständige Risikodeckung zielen, von den ausführenden Organen festgelegt.

Dessen Gegenstück ist das Atlantische Modell. Darin werden Versicherungen als Produkte betrachtet, welche unter Wettbewerbsbedingungen auf dem Markt angeboten werden. Ein attraktiver Preis und gute Qualität sind massgebend für das Gewinnen und Behalten von Kunden und Kundinnen. Versicherer, die auf dieser Basis operieren, finanzieren ihre Entschädigungen mittels Kapitaldeckung. Prämien werden in diesem Modell im Hinblick auf die Akkumulierung von Kapital erhoben, damit aus dessen Erlösen (= Zinsen, Dividenden) die Versicherungsleistungen bezahlt werden können. Typisch für diesen Zugriff sind die graduellen Unterschiede bei den versicherbaren Risiken.

Die Ausführung der privatisierten sozialen Sicherheit impliziert Konkurrenz zwischen öffentlich-rechtlichen Organen und privaten Versicherern. Sie stehen in Bezug auf Dienstleistungen, Prämien und die versicherbaren Risiken miteinander in Wettbewerb. Im Kampf um die Gunst der Kunden und Kundinnen spielt mehr und mehr das Kriterium der klienten- und publikumsfreundlichen Dienstleistung eine wichtige Rolle.

Fachkräfte, die bei diesen Versicherungsorganen tätig sind, müssen deshalb über gute kommunikative Fertigkeiten verfügen, um die Klienten und Klientinnen «bedienen» zu können. Ausserdem werden juristische Kenntnisse im (sozialen) Versicherungsrecht und dessen Nachbargebieten unentbehrlich sein. Solche Kenntnisse, in Kombination mit agogisch-kommunikativen Fähigkeiten, bilden die Grundausrüstung, mit der die Fachkraft ihre Klienten und Klientinnen beraten und aufklären kann. [11]

Dort, wo markt- und wettbewerbsorientiertes Arbeiten eingeführt worden ist, wird das Vergeben von Tätigkeiten an privatwirtschaftlich operierende Organisationen mittlerweile schon kräftig angewendet. Zur Diskussion stehen zurzeit:

· die Vergabe der Administration von Renten/Sozialhilfe;
· die Vergabe von Sozialhilfe-Budgets, die von Klienten nach eigener Wahl verwendet werden können;

11
L. Witte.
«Beroepstaken, beroepshandelingen en beroepsvaardigheden voor Sociaal uridisch Hulp- en Dienstverlener» Hogeschool van Amsterdam, September 1995 (Konzept)

- die Einführung des Prinzips der «massgeschneiderten» Sozialhilfe, d. h. Sozialhilfe, die nicht auf der Basis eines Standard-
paketes angeboten wird, sondern auf die persönliche Situation
des Klienten zugeschnitten wird.

Bereits vergeben ist die Kontrolle über die Einhaltung des Krankenversicherungsgesetzes; sie wird von den so genannten *Arbodiensten*
(= Dienste, zuständig für die Verhältnisse am Arbeitsplatz) ausgeführt

Die ersten Experimente

Unterdessen ist das Krankenversicherungsgesetz seit dem 1. März
1996 grösstenteils abgeschafft und das Gesetz über die Erwerbs-
bzw. Arbeitsunfähigkeit zu einem bedeutenden Teil privatisiert worden. Anhand dieser beiden Gesetze lässt sich nun von den Folgen
der Privatisierung ein Bild machen. Das Gesetz über die Erweiterung
der Lohnfortzahlungspflicht im Krankheitsfall (WULBZ) verpflichtet
Arbeitgeber, kranken Arbeitnehmern und Arbeitnehmerinnen während höchstens 52 Wochen 70% des Lohnes zu entrichten. Dies ist
ein Ausbau der existierenden Lohnfortzahlungsverpflichtung, derzu-
folge Arbeitgeber ihren kranken Arbeitnehmern und Arbeitnehmerinnen während der ersten 2–6 Wochen den Lohn vollumfänglich zu entrichten hatten. Nur diejenigen Arbeitnehmer und Arbeitnehmerinnen,
die keinen Arbeitsvertrag (mehr) besitzen – z. B. Temporär-, Heim-
und Vertragsarbeiter(innen) – erhalten Zahlungen aufgrund des Krankenversicherungsgesetzes. Auch der Schwangerschaftsurlaub wird in
diesem Gesetz geregelt.
Durch die Lohnfortzahlungsregelung betrifft das Risiko krankheitsbedingter Abwesenheit nur noch das eigene Unternehmen und ein
Arbeitgeber ist der Pflicht enthoben, den Rest seiner Branche mit zu
finanzieren. Gelingt es Arbeitgebern, die krankheitsbedingten Aus-
fälle zurückzudrängen, so besteht ihr direkter Nutzen in der Lasten-
verminderung.
Diese Massnahme enthält das Prinzip der Verantwortungsverteilung
auf die gesellschaftlichen Gruppen.
Beim Versichern von Risiken in den Bereichen Krankheit und Er-
werbs- oder Arbeitsunfähigkeit bestehen nunmehr drei Optionen:

1

Die Fortsetzung der bestehenden Situation, in der diese Risiken bei
einer Berufsgruppenvereinigung versichert werden.

2

Wahl einer privaten Versicherungsinstitution.

3

Arbeitgeber übernehmen selber das Risiko, indem sie keine Versicherung abschliessen.

Die zweite und dritte Variante werden als «opting out» oder «parallele Privatisierung» bezeichnet. Mit diesen Begriffen werden sowohl die erweiterten Wahlmöglichkeiten wie auch die Auflösung der obligatorischen Relation mit den Berufsgruppenvereinigungen bezeichnet.
Die Privatisierung der Krankenversicherungs- und Erwerbsunfähigkeitsgesetze entsprechen den Zielsetzungen der Behörden, krankheitsbedingte Abwesenheit um 5–10% zu reduzieren und die Arbeitsbedingungen zu verbessern. [12] Dieses Bestreben wird u. a. durch die Einführung der Prämiendifferenzierung unterstützt – Prämiendifferenzierung bedeutet, dass die Beiträge verschieden hoch sein können und vom Risikograd abhängig gemacht werden.
Je tiefer die Prozentzahlen von Krankheit und Erwerbs- bzw. Arbeitsunfähigkeit ausfallen, desto tiefer liegen die vom Arbeitgeber zu zahlenden Prämien. Prämiendifferenzierung ist ebenfalls eine Form von Teilung der Verantwortlichkeit.
Die Privatisierung des Krankenversicherungsgesetzes ging einher mit der Gründung privatrechtlicher Organe, die bekannt sind unter der Bezeichnung *Arbodienste*. Die Aufgaben, welche die Arbodienste den Berufsgruppenvereinigungen abgenommen haben, betreffen die Kontrolle der krankheitsbedingten Abwesenheit, die Begleitung kranker Arbeitnehmer(innen) und Aufsicht über die Arbeitsverhältnisse/-bedingungen. Obwohl im Prinzip jedermann einen Arbodienst ins Leben rufen kann, so sind es doch die Berufsgruppenvereinigungen, die in diesem Aufgabenbereich nach wie vor federführend sind.

Eine erste Evaluation der Privatisierung des Krankenversicherungsgesetzes ist wenig ermutigend für jene Arbeitnehmer und Arbeitnehmerinnen, die punkto Gesundheit eine Risikogruppe darstellen. Aus einer Umfrage der Gewerkschaft FNV und der nationalen Kommission für chronisch Kranke geht hervor, dass Arbeitnehmer und Arbeitnehmerinnen mit hoher krankheitsbedingter Absenz häufiger mit Entlassung zu rechnen haben, temporäre Arbeitsverträge nicht verlängert werden und bei neu einzustellenden Personen eine strengere

12
P. v. d. Berg.
De Volkskrant (Tageszeitung),
21. September und
22. Oktober 1996
P. v. d. Berg/G.
Herderschêe. De Volkskrant,
21. September und
22. Oktober 1996

Selektion stattfindet. Von diesen Massnahmen sind vor allem ältere Angestellte betroffen. [13] Aus positiver Warte betrachtet, kann von einem gestiegenen Kostenbewusstsein bei den Arbeitgebern in Bezug auf krankheitsbedingte Absenz die Rede sein. Wurden die Themen Krankheit und krankheitsbedingte Abwesenheit jahrelang vernachlässigt, so findet man sie neuerdings in mancher Unternehmung auf der Tagesordnung.

Bemerkenswert ist, dass bis heute lediglich Interessenverbände die Auswirkungen der Privatisierung signalisieren und in die Öffentlichkeit tragen. Sozialarbeiter und Sozialarbeiterinnen könnten diesbezüglich aber auch eine Rolle spielen, kommt doch in ihrer Tätigkeit die Wirkung der Gesetzgebung ebenfalls zum Ausdruck. Aus diesem Grund werden denn auch Früherkennung/Früherfassung, Prävention und Interessenvertretung im Berufsprofil der niederländischen Sozialarbeit zu einer (vierten) Kernaufgabe (vgl. Kap. 5) zusammengefasst.

13
P. v. d. Berg.
De Volkskrant.
21. September und
22. Oktober

Korrekturen

Neben Privatisierung und der Einführung von Marktprinzipien geben die Behörden ständig Korrekturmassnahmen bekannt; diese haben bei der sozialen Sicherheit jahraus, jahrein zur Verminderung der Ausgaben oder zur Vergrösserung der Einnahmen geführt. Die Bedeutung solcher Massnahmen wird anhand folgender Beispiele illustriert.

In den Niederlanden sind die Sozialleistungen an die Lohnentwicklung gekoppelt. Dies bedeutet, dass die Prozentsätze, um welche die Löhne steigen, auch die Grundlage für die Sozialleistungen bilden. Durch die Entkopplung wird die Höhe der zu zahlenden Leistungsbeträge auf dem alten Niveau eingefroren und können grosse Einsparungen realisiert werden. Eine solche Massnahme würde aber für Sozialhilfeberechtigte einen Kaufkraftverlust bedeuten und eine Unterminierung der Einkommenskontinuität in der sozialen Sicherheit implizieren. In der politischen Diskussion kursiert das Argument, das Einfrieren der Leistungen ermuntere die Sozialhilfeberechtigten zur Arbeitssuche. Aber in Anbetracht derjenigen, die im Rahmen des Allgemeinen Altersrentengesetzes eine Altersversorgung beziehen, ist eine solche Argumentierung töricht. Wohl mehr der Realität entspricht die Behauptung, das politische Kräfteverhältnis sei diesbezüglich ausschlaggebend gewesen.

Ein weiterer Prozess, der bis heute im Gang ist, betrifft der Eingriff in die Rechte auf Sozialhilfe; dadurch, dass z.B. neue Richtlinien oder neue Definitionen eingeführt werden, können die Kriterien für Ab- und

Anerkennung verschärft werden; dadurch, dass der Begriff «angemessene Arbeit» ausgedehnt wird, sind Arbeitslose nunmehr gezwungen, Arbeit anzunehmen, die sie bis anhin hätten zurückweisen können.

Verschärfung der Kriterien kann auch durch die Aufhebung oder Substituierung von Gesetzen erfolgen. Anstelle des Allgemeinen Witwen- und Waisenrentengesetzes ist das viel restriktivere Hinterbliebenengesetz getreten. Auch kann die Anspruchs- bzw. Nichtanspruchsberechtigung durch Veränderungen der Ausgangslage/Voraussetzungen manipuliert werden. Arbeitsunfähig war man früher z. B., wenn die Arbeit, für die man eine Ausbildung genossen hatte, nicht länger ausgeführt werden konnte. Jetzt lautet das Kriterium: Welche andere Arbeit ist noch zumutbar? Kritiker weisen darauf hin, dass diese Massnahmen vor allem auf Ausgrenzung, Beschränkung von Zielgruppen sowie das Erschweren von Bewilligungen/Anerkennungen ausgerichtet sind. [14]

Ausserdem sind die Behörden vor einer Herabsetzung der Leistungsansätze nicht zurückgeschreckt. Diesbezügliche Beispiele sind das Arbeitslosenversicherungsgesetz und das Erwerbsunfähigkeitsgesetz; wurde früher 80% des letztmals verdienten Lohnes entrichtet, so beträgt die Auszahlung unterdessen höchstens 70%.

Im Weiteren sind in den vergangenen Jahren bedeutende Mehreinnahmen realisiert worden mit Hilfe von Massnahmen, welche wegen ihrer Details und Feinheiten kaum zur Kenntnis genommen worden sind.

So zeigt z. B. die Fiskalentwicklung eine ununterbrochene Reihe minimaler Korrekturen bei den Prämienansätzen und den Schwellenbeträgen. Weitere Fiskalmassnahmen betreffen die Prämienlasten für Gruppen von Leistungsempfängern und -empfängerinnen bezüglich der von ihnen erhaltenen Leistungssummen; Personen mit einer Rente im Rahmen des WAO (Gesetz über Rechte und Pflichten bei Arbeitsunfähigkeit) zahlen schon seit Jahren auch selber wieder WAO-Prämien; dieselbe Regelung gilt ebenso bei der Allgemeinen Altersrente (AOW). Auch hat der Staat vom Individualisierungsprinzip profitiert, indem er die pro Haushalt maximal geschuldeten Prämien für Soziale Sicherheit durch einen fixen Prozentsatz – gekoppelt an das gesetzlich vorgeschriebene Minimaleinkommen – pro Person ersetzt hat. Damit schlagen die jährlichen – an die allgemeine Einkommensentwicklung gebundenen – Erhöhungen der Minimaleinkommen automatisch bei den Prämienzahlungen zu Buche. In der Privatisierungsdebatte wird kaum oder höchstens verhüllend bzw. beiläufig erwähnt, dass dieser Prozess schon seit Jahren im Gang ist.

14
A. L. van der Meij, aar de poort naar de wet openstaat zoals altijd. Rockanje, April 1996, S. 6
Examenarbeit Ausbildung Sozial-juristische Dienstleistung, Ichthus Hogeschool Rotterdam.

Und schliesslich kommt das Rückgriff- und Vermögenslage-Prinzip in immer mehr Situationen zum Einsatz. Rückgriffsanspruch heisst, dass entrichtete Beträge bei jenen Personen zurückgefordert werden können, von denen man annimmt, sie seien teilweise oder vollumfänglich für den Lebensunterhalt eines Leistungsbeziehers verantwortlich. Nach dem neuen Sozialhilfegesetz z. B. werden die für nicht zu Hause wohnenden Kinder entrichteten Leistungen den Eltern, und (ein Teil der) Alimente dem Ex-Ehemann in Rechnung gestellt. Auch Studienfinanzierung und Ergänzungsleistungen werden zu einem wichtigen Teil vom Einkommen der Eltern, d. h. von ihrer finanziellen Tragkraft, abhängig gemacht.

Die Folgen dieser Korrekturmassnahmen sind, dass ausdrücklich an die Fähigkeiten der Fachkräfte appelliert wird, die erwähnten detaillierten Änderungen ausfindig zu machen, anzuwenden und zu erklären. Ausserdem ist zu erwarten, dass sie von ihren Klienten und Klientinnen regelmässig konsultiert werden hinsichtlich der Konsequenzen, welche diese Veränderungen mit sich bringen; Beträge und Rechte, die man zu empfangen oder einzufordern gewohnt war, sind nunmehr gekürzt, gestrichen oder geändert worden. In solchen Situationen werden Fachkräfte mit dem Gegensatz zwischen vermeintlichen und tatsächlichen Rechtsansprüchen konfrontiert.

Begrenzung der Zahl der Bezugsberechtigten

Mindestens ebenso wichtig wie die Privatisierung ist die Absicht zur Begrenzung bzw. Kontrolle der Bezugsberechtigten. Hierfür verwendet man im Niederländischen den Begriff der «Volumenbeherrschung». Unter «Volumen» versteht man die Gruppe der Leistungs-/Sozialhilfeempfänger(innen); unter «Volumenbeherrschung» das Bestreben, die Zahl der Empfänger(innen) nicht weiter ansteigen zu lassen bzw. sie zu reduzieren. Für die Zahlungs- oder Ausführungsorgane (Träger der Sozialleistungen) impliziert Volumenbeherrschung eine Neuordnung ihrer Aufgaben. Was dies für die Praxis bedeutet, soll anhand der Sozialdienste beispielhaft ausgeführt werden:

Grundsätzlich gibt es für sie folgende vier Kernfunktionen:

· Gewährung von Leistungen/wirtschaftlicher Sozialhilfe
· Aktivierung der Klienten(innen) in Bezug auf Arbeit
· Regieführung bei Sozialhilfeaktivitäten (Casemanagement)

- Initiierung von Aktivitäten, die auf Schulung und Arbeit ausgerichtet sind

Theoretisch wurden diese Aufgaben früher als gleichwertig eingestuft, in der Praxis aber lag die Priorität bei der Gewährung von Leistungen/wirtschaftlicher Sozialhilfe. Die ursprüngliche Zielsetzung des Sozialhilfegesetzes, das Aktivieren der Klienten und Klientinnen in Richtung Arbeit, wurde kaum realisiert, weil dies entweder für irrelevant gehalten wurde oder weil die Sozialdienste (-ämter) dazu nicht ausgerüstet waren. Nicht zuletzt deswegen nahm die Dauer der Abhängigkeit von Renten und Sozialhilfe ständig zu. Eine ähnliche Situation bestand auch bei den übrigen Leistungsträgern bzw. Zahlungsorganen.

Bei der Ausgestaltung des neuen Sozialhilfegesetzes hat die so genannte Volumenbeherrschung Priorität erhalten. Das Gesetz, das seit dem 1. Januar 1996 in Kraft ist, bezweckt mit Hilfe eines verbesserten Dienstleistungsangebotes:

- Missbrauch zu verhindern;
- eine effektive Anwendung von Interventionen;
- eine möglichst schnelle Realisierung von Arbeits- und Schulungsprogrammen für Klienten und Klientinnen.

Diese Vorsätze gelten auch für die weiteren Zahlungsorgane/Leistungsträger. Primär oder sogar bloss noch Auszahlungen vorzunehmen, wird mittlerweile als eine überholte Praxis betrachtet.

In der Volumenpolitik sind drei Abläufe von zentraler Bedeutung; sie lassen sich mit einer für die Niederlande typischen Wasser-Metapher umschreiben:

- Einströmung (Registration, Anmeldung, Aufnahme);
- Durchströmung (der Hilfsprozess);
- Ausströmung (Wiedereingliederung) in den Arbeitsprozess bzw. Wechsel zum Arbeitsprozess.

Die einzelnen Prozesse sind folgendermassen charakterisierbar:

Einströmung
bezieht sich auf Personen, die einen Antrag auf Sozialleistungen stellen und auf die Absicht, ihre Anzahl wo möglich zu beschränken, in-

dem Unterlagen intensiver kontrolliert, verifiziert und Regeln strin-
genter angewendet und eingehalten werden.

Durchströmung

steht für das Vorhaben, die Dauer der Sozialleistungen so kurz wie
möglich zu halten. Indem die Anstrengungsverpflichtungen für alle
Beteiligten – Zahlungsorgane/Leistungsträger und Klienten/Klientin-
nen – verschärft werden, glauben die Behörden sowohl den Transfer
an andere Hilfsorgane wie auch die Wiedereingliederung in die Ar-
beitswelt zu stimulieren.

Ausströmung

betrifft alle Bestrebungen, Sozialhilfeempfängern/-empfängerinnen
wieder zu bezahlter Arbeit zu verhelfen. Im Rahmen dieser neuen
Politik müssen sowohl Leistungsträger wie auch Klienten und Klientinnen Aktivitäten entfalten, die auf Arbeitsvermittlung, Schulung
und Begleitung ausgerichtet sind. Um diese Intentionen verwirklichen zu können, wird erstens die Zusammenarbeit zwischen Sozialdiensten, Arbeitsvermittlungsstellen und Berufsgruppenvereinigungen und zweitens eine Dezentralisierung bis auf Gemeinde- und
Regionalniveau für notwendig gehalten. Dort soll die Soziale Sicherheit zur Ausführung gebracht werden.

Volumenbeherrschung ist für alle sozialen Sicherheitsgesetze relevant. Sie umfasst neben den bereits erwähnten Intentionen auch
noch solche wie die Reduktion von Arbeitslosigkeit, krankheitsbedingter Abwesenheit und Erwerbsunfähigkeit sowie die Verhinderung
zweckentfremdeter Verwendung von Sozialgeldern.
Die Wichtigkeit der Volumenbeherrschung wird klar beim Vergleichen
der Anzahlen von Leistungsempfängern/-empfängerinnen während
einer Periode von 15 bis 20 Jahren:
Im Rahmen des Krankenversicherungsgesetzes wurden im Jahre 1975
243 000 Beträge pro Tag bezahlt; 1990 waren es 300 000. Die Leistungen im Rahmen des Erwerbsunfähigkeitsgesetzes und des Gesetzes zur Regelung von Rechten und Pflichten bei Arbeitsunfähigkeit
(AAW/WAO) hatten sich gar verneunfacht; 920 000 Empfänger(innen)
im Jahre 1993 gegenüber 100 000 in 1970. [15]
Die Volumenbeherrschung hat wichtige Konsequenzen für die Funktionen und Berufsqualifikationen der Fachkräfte. Im neuen Sozialhilfegesetz ist die Rede von «Front-Office»-Positionen und von der

15
J. P. G. van Dijk/
A. P. W. Konings.
Werken met sociale zekerheid.
DELWEL Uitgeverij,
Den Haag, 2. Auflage, 1995,
S. 52

Empfangsfunktion. «Front-Office» bezeichnet jenen Bereich einer Organisation, in dem die Fachkräfte (oft als erste) mit Klienten und Klientinnen in Kontakt kommen. Im neuen Entwurf des Sozialhilfegesetzes fungieren diese Fachkräfte als «Schleuse», indem sie effizient weiterverweisen, wachsam auf Missbrauch reagieren und Interventionen korrekt erledigen. Im Weiteren erklären sie Klienten und Klientinnen ihre Rechte und weisen auf deren Verpflichtung hin, Auskünfte zu erteilen und sich bei der Arbeitssuche kooperativ zu verhalten. Auch informieren sie Klienten und Klientinnen über Möglichkeiten, welche der Sozialdienst hat, um ihnen bei dieser Suche behilflich zu sein.

Nachgeordnete Tätigkeiten werden im «Back-Office» verrichtet. Hier werden Entscheidungen über Sozialleistungen getroffen, Anträge geprüft und Berufungsverfahren abgewickelt.

Einströmung: Kooperation

Um die Einströmung in den Griff zu bekommen, beabsichtigen die Behörden, eine Zusammenarbeit zwischen Sozialdiensten, Berufsgruppenvereinigungen und Arbeitsvermittlungsstellen zustande zu bringen. Diese Zusammenarbeit soll u.a. zu einem verbesserten Dienstleistungsangebot führen. In den diesbezüglichen Diskussionen sind die Ideen zum Entwurf einer zentralen Anlaufstelle am aktuellsten. Eine solche zentrale Anlaufstelle hätte für Personen, die einen Antrag auf Sozialleistungen stellen, den Vorteil, dass sie nicht länger bei mehreren Zahlungsstellen vorsprechen müssten. Ihre Unterlagen würden sowohl für das Bestimmen einer Leistung wie auch für das Entwerfen eines gemeinsamen Dienstleistungsprogramms ausreichen. Es wird erwartet, dass mit dem System der zentralen Anlaufstelle mehr Aufmerksamkeit und Zeit auf die konkrete Hilfefunktion verwendet werden kann; Dienstleistungen werden publikumsfreundlicher und individueller ausgerichtet. Es darf übrigens nicht unerwähnt bleiben, dass dieses Verfahren auch noch kostenreduzierend wirken sollte.

Gleichzeitig ist eine Entwicklung im Gang, die dazu führen soll, dass in Zukunft Stellen oder Dienste für unabhängige und selbstständige Massnahmenplanung entstehen, d.h. sie werden von den Ausführungsorganisationen abgekoppelt. Man denkt dabei an Aufgaben der Massnahmenplanung in den Bereichen Behindertenhilfe (gemäss dem Gesetz über die Massnahmen für Behinderte), Gesundheitswesen und Soziale Sicherheit. [16] Auch hier ist die zentrale Anlaufstelle eine Option.

16
I. van Gaalen-van Oordijk/
W. de Vries.
Eindrapport Sociaal Juridische
Dienstverlening,
S. 127

Für die niederländische Situation ist die Dienstleistung der zentralen Anlaufstelle ein revolutionärer Durchbruch in einer Kultur, in der jede Versicherungsorganisation ihre eigene Arbeitsweise hegte und pflegte. Eine solche Anlaufstelle setzt aber ein gemeinsames und standardisiertes Intake voraus, um feststellen zu können, für welche Sozialleistung ein Klient/eine Klientin in Betracht kommt, welche Einrichtungen für ihn/sie angezeigt sind und welche Überweisungsroute sich anbietet. Diese Arbeitsweise sowie die Idee, dass Personalien oder Unterlagen für ein koordiniertes Klientsystem brauchbar sein könnten, hatte man jahrelang für unrealistisch gehalten. Mittlerweile sind diverse Experimente mit konzertierten Dienstleistungen im Gang.

Ein solches Dienstleistungsangebot erfordert jedoch eine Form von Know-how, die sich unterscheidet von jener, welche für die von individuellen Organisationen geleisteten Dienste massgebend ist. Um Fachkräfte für das Erbringen von Dienstleistungen auszurüsten, findet ein «Upgrading» von Kentnissen und Fertigkeiten statt. Künftige Erbringer von Dienstleistungen müssen imstande sein, die für die beteiligten Kooperationspartner relevante Gesetzgebung zu überblicken, Anträge auf Hilfe zu analysieren und ihre Klienten und Klientinnen gezielt zu verweisen. Das Konzept wird folglich von den Fachkräften mehr juristisches Wissen und einen anderen Typus agogischer Fertig- und Fähigkeiten verlangen.

Einströmung: Verifikation, Kontrolle, Validation

Durch die Verschärfung der Informationspflichten für Klienten und Klientinnen hoffen die Behörden den Zustrom von Antragstellenden eindämmen zu können. Kontrolle und Verifikation sind die Mittel, mit denen zweckentfremdete oder missbräuchliche Inanspruchnahme des Rechts auf Soziale Sicherheit zurückgedrängt werden soll. Unter *Verifikation* versteht man, dass der Antragsteller mehr und häufiger Belege für das Erlangen und Behalten seiner Leistung beizubringen hat. *Kontrolle* beinhaltet, dass diese Information auch anderen Fachkräften zugänglich ist und von ihnen überprüft werden kann. Die Notwendigkeit von Kontrollen wird anhand folgender Zahlen illustriert. 1993 gab es 22 000 Betrugsfälle im Bereich des Sozialhilfegesetzes; beim Krankenversicherungs-, Erwerbsunfähigkeits- und Arbeitslosenversicherungsgesetz hingegen gesamthaft bloss 0,1 bis 0,5%. [17]
Ausser Verifikation und Kontrolle spielt auch der Begriff *Validation* eine Rolle. Darunter versteht man: «Die Prüfung von Angaben und

17

J. P. G. van Dijck/
A. P. W. Konings.
Werken met sociale zekerheid.

Unterlagen in Bezug auf ihre Richtigkeit durch den Austausch derselben mit anderen Einrichtungen oder Instanzen.» [18]

Verifikation, Kontrolle und Validation werden sich nach Meinung der
Behörden schwellenerhöhend auswirken.

Personen, die einen Antrag auf Sozialhilfe stellen, müssen in der
Lage sein, die verlangte Information korrekt, am richtigen Ort und
zur richtigen Zeit zur Verfügung zu stellen. Die Verpflichtung der
Klienten und Klientinnen, immer mehr Information liefern zu müssen,
kann aber zu delikaten Situationen in Bezug auf deren Privatleben
führen. Die Erwartung ist, dass die Betroffenen demzufolge verstärkt
an die juristische Hilfe appellieren werden, damit ihre Rechtslage geschützt und ihnen der Zugang zu ihren Rechten gewährt wird.

Erwartet wird ebenfalls, dass eine strengere Informationspflicht zu
anderen Kontaktformen zwischen Bürgern/Bürgerinnen und Behörden
führen wird [19] – Kontakte, die sich wohl eher durch Kontrolle als
durch Hilfeleistungen ausprägen werden.

Einströmung: stringente Regelung

Ein weiteres Mittel zur Volumenbeherrschung ist eine strengere
Regelung. Sie manifestiert sich in einer exakten Umschreibung und
Einhaltung der Anstrengungsverpflichtungen, welche Behörden und
Sozialleistungsberechtigte gegenseitig eingehen. Behördliche Ob-
liegenheiten findet man z. B. im Gesetz über die Arbeitsgarantie für
jugendliche Personen oder im Gesetz über Geldstrafen, Massnahmen
und Rück- und Einforderung in der Sozialen Sicherheit (1996). [20]

Das Jugendarbeits-Garantiegesetz besagt, dass den Jugendlichen,
nachdem sie sechs Monate lang Sozialleistungen empfangen haben,
von Seiten der Behörden Arbeit angeboten wird. Möchten nun die
Jugendlichen ihre Sozialleistungen weiterhin beziehen können, so
müssen sie die offerierte Arbeit akzeptieren. Das Geldstrafen-Gesetz
verpflichtet alle Arbeitgeber und Arbeitnehmer(innen), sich anzu-
strengen, um Arbeitslosigkeit vorzubeugen oder diese möglichst
bald zu beenden.

Bei jeder Form der Unterlassung oder des Verstosses riskiert der Arbeitgeber eine Busse und der Arbeitnehmer/die Arbeitnehmerin eine
Kürzung oder die Nicht-Auszahlung der Arbeitslosengelder.

Eine strengere Regelung äussert sich ebenfalls in der Erweiterung
des Unterhalts- oder Ernährerprinzips. Waren früher Leute arbeitslos,
so galt die Pflicht zur Arbeit ausschliesslich für die Unterhaltspflich-
tigen; im neuen Sozialhilfegesetz gilt sie nun auch für den Partner

[18]
Meij.
Daar de poort naar de wet
openstaat zoals altijd.

[19]
Idem

[20]
G. Herderschêe.
«Verwijtbaar werkloze krijgt
minder snel uitkering.» In:
De Volkskrant, 31. Juli 1996

bzw. die Partnerin. Alleinerziehende Väter und Mütter mit Kindern unter 12 Jahren waren früher der Bewerbungspflicht enthoben; heute aber wird vorausgesetzt, dass alleinerziehenden Eltern zugemutet werden kann, einer Arbeit nachzugehen, sobald ihre Kinder mehr als fünf Jahre alt sind.

Überweisung und Wiedereingliederung in den Arbeitsprozess

Eine der Verpflichtungen, welche den Gemeinden im neuen Sozialhilfegesetz auferlegt worden sind, besteht im Konzipieren einer Überweisungs- und Wiedereingliederungspolitik, wobei als Ausgangslage gilt, dass die Gemeinden ihren Klienten und Klientinnen Möglichkeiten bieten, wieder selber ihren Lebensunterhalt zu bestreiten.

Mittels individueller Routen- und Etappenplanung werden Klienten und Klientinnen ermuntert, sich um Schulung oder Arbeit zu bemühen. Diese Routen haben zum Ziel, die Klienten und Klientinnen (schrittweise) in festen Stellen oder Zusatzarbeit unterzubringen. Oft kommt auch freiwillige Arbeit in Frage. Im Routen- und Etappenplan, der zugleich als Kontrakt gilt, sind die Anstrengungsverpflichtungen von sowohl Klienten und Klientinnen wie auch Gemeinden festgehalten.

Dezentralisierung

Das Vorhaben, die sozialen Sicherheitsmassnahmen künftig dezentralisiert auszuführen, hat weitgreifende Konsequenzen für die Berufsgruppenvereinigungen und Sozialdienste. 1997 sind die Berufsgruppenvereinigungen aufgehoben und von regionalen Ausführungsorganen ersetzt worden.

Diese sind nun zuständig für die Ausführung der Gesetze über die Krankenversicherung, die Arbeitslosigkeit und die Erwerbsunfähigkeit (= Versicherungen für Arbeitnehmer und Arbeitnehmerinnen). Diese Veränderung bedeutet Verzicht auf eine sektor- oder branchenabhängige Ausführung.

Für die Gemeinden bedeutet die Dezentralisierung mehr politische Verantwortlichkeit bei der Umsetzung des Sozialhilfegesetzes. Ihnen obliegt die Verpflichtung, im Bereich ihrer Kernaufgaben (= Sozialhilfe sowie Einkommens- und Finanzproblematik) politisch aktiv zu werden. Ausserdem erhalten sie das Recht, die Höhe der Versicherungsleistungen festzulegen. Durch das Abtreten von Aufgaben und Befugnissen erfahren die Gemeinden einen Rollenwechsel. Sie erbringen vermehrt Dienstleistungen, sind zuständig für Vorschriften und Regeln und führen Kontrollen aus. Dadurch – so die Erwartung und Hoffnung – dürfte ihre Bedeutung als Instanzen/Anlaufstellen für Hilfeleistungen zurückgehen.

Mehr Steuerungskompetenz auf dem Gebiet des Sozialhilfegesetzes bedeutet für die Gemeinden eine grössere regelgebende Aufgabe. Neben den Basisleistungen – es gibt drei landesweit gültige Normen – können sie auch variierende Zuschüsse entrichten, welche in Bezug auf Höhe und Beschaffenheit von den individuellen Verhältnissen sowie von der kommunalen Sozialhilfepolitik abhängig sind. So können Sozialhilfeberechtigte z.B. grundsätzlich finanzielle Unterstützung für Energie, Miete, Versicherungen oder Steuern geltend machen. Für die Prüfung der Gesuche können nun die Gemeinden von einem einfachen oder von einem differenzierten Zulagen-System ausgehen. Beim differenzierten System werden individuelle Umstände berücksichtigt, beim einfachen aber nicht. Differenzierung bietet Gelegenheit zur «Massarbeit», d.h. die Unterstützung wird auf die Situation der Klienten und Klientinnen zugeschnitten. Der Nachteil daran ist jedoch, dass sie schwieriger zu realisieren ist. Eine verstärkte Kontrollfunktion wird die Sozialdienste zwar weniger kundenfreundlich/attraktiv machen, aber die Zeit, welche das für die Sozialhilfe zuständige Personal dafür aufzuwenden hat, geht auf Kosten der konkreten Dienstleistung. Auch kann vermehrte Kontrolle dazu führen, dass ein Gesuch auf Unterstützung (schneller) abgelehnt oder die Hilfe zwischenzeitlich beendet wird.

4. Soziale Sicherheit und Sozialarbeit
Zur Einführung

Es ist unumgänglich, dass die Veränderungen im System der sozialen Sicherheit für Berufe und Funktionen, die direkt oder indirekt mit diesem Arbeitsfeld verknüpft sind, Konsequenzen haben werden; insbesondere betroffen ist die Berufsgruppe Sozialarbeit.

Von jeher sind Sozialarbeiter in unterschiedlichen Funktionen im Bereich der sozialen Sicherheit engagiert. Bei den Sozialämtern kennt man die Funktion eines Sozialarbeiters/einer Sozialarbeiterin für den Bereich der Sozialhilfe und in anderen Unterstützungsorganen begegnet man Sozialarbeitern und Sozialarbeiterinnen in diversen Funktionen. Die Revision der sozialen Sicherheit hat zu neuen oder modifizierten Aufgaben geführt. Demzufolge sind auch neue Funktionsbezeichnungen entstanden; Sozialarbeiter und Sozialarbeiterinnen im Bereich der wirtschaftlichen Sozialhilfe (Fürsorge) werden z. B. immer häufiger Fachkraft für Sozialhilfe oder Sozialhilfe-Konsulent(in) genannt. Sind sie in einer Institution für Soziale Arbeit tätig, so entstehen die Kontakte mit Ausführungs- bzw. Fürsorgeinstanzen meistens in Zusammenhang mit Problemen von Klienten und Klientinnen. Untersuchungen jüngeren Datums haben aufgezeigt, wie sich die Revision des Systems der sozialen Sicherheit auf dessen Berufsprofile auswirkt [21]. Das Arbeitsfeld der sozialen Sicherheit unterscheidet drei relevante Profile, von denen jedes einzelne Einblick gewährt in Tätigkeiten, Berufshaltung, Kenntnisse und methodische Fähig- und Fertigkeiten. Vergleicht man diese Profile mit demjenigen der Sozialarbeit, so werden Aussagen über Berufsqualifikation und -eignung möglich.

Berufsprofile

Im Arbeitsfeld Soziale Sicherheit sind die Profile «Konsulent(in)/Dienstleister(in) sowie «juristische(r) Mitarbeiter(in)» [22] für jene Fachkräfte relevant, die bei einem der Ausführungs- oder Zahlungsorgane tätig sind. Konkret handelt es sich bei diesen Organen um: Sozialdienste, Berufsgruppenvereinigungen, Krankenkassen und Arbeitsvermittlungsstellen. Fachkräfte, die in diesen Institutionen tätig sind, müssen sich im Rahmen der Sozialpolitik und Gesetzgebung bewegen. Die Positionen von Konsulenten/Konsulentinnen und von juristischen Mitarbeitern/juristischen Mitarbeiterinnen lassen sich mit der Bezeichnung «Realisator/Realisatorin» treffend charakterisieren. [23]
Als debütierende Fachkräfte arbeiten Konsulent(innen)/Dienstleister-(innen) in Front-Office-Funktionen, d. h. im Bereich der Basisdienstleistungen. Viele von ihnen haben (früher mal) eine Ausbildung in Sozialarbeit auf Berufsschul- oder Fachhochschulniveau absolviert. Juris- tische Mitarbeiter(innen) übernehmen anspruchsvollere Aufgaben in Back-Office-Funktionen, d. h. im spezialisierten Dienstleistungsbereich. Diese Fachkräfte sind entweder juristisch ausgebildet oder haben sich mittels ergänzender Lehrgänge in ihre Positionen emporgearbeitet.
Fachkräfte können ausserdem bei Organisationen tätig sein, welche ihnen eine relativ unabhängige Stellung verschaffen, wie dies z. B. in Einrichtungen für Sozialarbeit, Büros für Sozialberatung, Ombudsdiensten oder Interessenorganisationen der Fall ist. Hier finden die Fachkräfte Aufgabengebiete, welche ihnen die Gelegenheit bieten, zu

21

*I. v. Gaalen-Oordijk/
W. de Vries.*
Eindrapport Onderzoek
HBO-Sociaal Juridische
Dienstverlening.
4. Juli, 1996,
S. 16, 19–21, 26–33

22

Idem

23

L. Witte.
«Beroepstaken,
beroepshandelingen en
beroepsvaardigheden voor
Sociaal Juridisch Hulp- en
Dienstverlener.»

vermitteln, aufzuklären, zu informieren und zu beraten, im Namen der Klienten und Klientinnen bei Gerichtsverfahren aktiv zu werden und diesen eine Second-Opinion zu verschaffen. In den Untersuchungen wird dieses Profil als «Mitarbeiter(in) für Beratung und Information» bezeichnet. Für die Funktionen werden Qualifikationen verlangt, die zwischen Ausbildungen an Fachhochschulen für Sozialarbeit und dem universitären Studium der Rechte rangieren. Bezeichnend für dieses Profil ist die intermediäre Position der Fachkräfte. [24]

Berufstätigkeit der ‹Mitarbeiter(in) für Beratung und Information›

Von jeher sind Sozialarbeiter und Sozialarbeiterinnen in Organisationen tätig, die bei Angelegenheiten auf dem Terrain der Gesetzgebung zur sozialen Sicherheit Informations- und Beratungsleistungen erbringen. Durch die «Juridizierung» der sozialen Sicherheit (und weiterer gesellschaftlicher Sektoren) ist das Bedürfnis nach (juristischer) Beratung und Informationstätigkeit enorm gewachsen. Demzufolge sind ausser der Sozialarbeit eine Reihe unterschiedlicher Organisationen für die Soziale Sicherheit im Einsatz. Die wichtigste Berufsgruppe neben der Sozialarbeit ist die so genannte «Sozialberatung» (der Sozialbeistand). In 80 Gemeinden bestehen Sozialberatungsstellen, welche nicht nur eine kommunale, sondern auch eine regionale Funktion erfüllen. In diesen Büros arbeiten ungefähr 500 bezahlte – zumeist teilzeitlich angestellte – Fachkräfte und eine unbekannte Zahl von Freiwilligen. Für die bezahlte Arbeit geben die Gemeinden Zuschüsse für circa 300 Vollzeit-Stellen, die auf die Ausführung der Arbeit gerichtet sind, und für circa 30 Vollzeit-Stellen, die sich mit der Unterstützung und Koordinierung der Freiwilligenarbeit beschäftigen. [25] Die Informations- und Beratungsarbeit wird ausserdem von vielen Interessenvertretungen – z.B. von Gewerkschaften, Konsumentenverbänden und kategorialen Organisationen – angeboten. In diesen Institutionen sind Fachkräfte manchmal gratis, manchmal gegen Entgelt tätig.

Auch die von den «Mitarbeitern/Mitarbeiterinnen für Beratung und Information» erbrachten Dienstleistungen sind stark von der «Juridizierung der Gesellschaft» geprägt – von einer Entwicklung also, die zur Folge hat, dass soziale und wirtschaftliche Verhältnisse immer mehr gesetzliche Züge annehmen. Die Juridizierung im Feld der sozialen Sicherheit manifestiert sich in verschärften gegenseitigen Anstrengungsverpflichtungen und beeinflusst sowohl das Verhältnis zwischen Behörden und Bürgern/Bürgerinnen als auch jenes zwi-

[24]
Idem, S. 18–21

[25]
Quelle: Landelijke Vereniging Sociaal Raadslieden, Culemborg.

schen Bürgern/Bürgerinnen und Versicherern. Infolgedessen hat die Bedeutung juristischer Kenntnisse für die Informations- und Beratungsarbeit zugenommen.

Ein bedeutender Teil der Beratungs- und Informationsarbeit besteht aus Angelegenheiten, die mit der Komplexität des niederländischen Systems der sozialen Sicherheit zusammenhängen. Die Sozialberatung registrierte 1995 z. B. 120 800 Fragen in der Kategorie der sozialen Sicherheit (= 20% aller an sie gestellten Fragen) [26]. Auch in den Verzeichnissen/Dateien der Sozialarbeit ist diese Kategorie stark vertreten. Es gibt dafür folgende Erklärungen.

1

Das System der sozialen Sicherheit wird als schlecht zugänglich, wenig verständlich und bürokratisch erlebt. Z. B. wird die Gewährung von Leistungen von Faktoren wie Alter, beruflichem Werdegang, Familienstand, Einkommen/Vermögen, Form des Zusammenlebens, besonderen Merkmalen, Krankheit und dem Mass der Erwerbs(un)fähigkeit abhängig gemacht. Ausnahmen und Spezialbestimmungen haben zu einem System geführt, das sich durch Regeldichte und Regelverfeinerung auszeichnet. Zur Illustration: Die Arbeitslosengelder werden bezüglich Höhe und Dauer auf die jeweilige Arbeitsvergangenheit bezogen; für die Erwerbsunfähigkeitsleistung wird die Erwerbs(un)fähigkeit prozentual bestimmt; für die Witwen- und Waisenrente ist das Alter der Betroffenen massgebend; und für Sozialhilfeleistungen werden ebenfalls Aspekte wie Alter, Form des Zusammenlebens und Einkommen/Vermögen ins Spiel gebracht. Ausserdem sind auch noch variable Ergänzungen möglich; darüber entscheiden die einzelnen Gemeinden von Fall zu Fall.

2

Durch diese Komplexität liegt der Schwerpunkt der Beratungs- und Informationsarbeit häufig bei der Materialisierung von Ansprüchen auf Sozialleistungen sowie beim Schaffen von Transparenz in Bezug auf Rechte und Pflichten. Daraus entstehen Tätigkeiten wie das Abfassen von Beschwerdeschriften, das Vertreten von Klienten und Klientinnen bei Beschwerdeinterventionen oder das Überweisen von Klienten und Klientinnen an die Rechtshilfe.

Die Beratungs- und Informationsarbeit wird aufgrund der Veränderungen, welche neuerdings innerhalb der Rechtshilfe stattgefunden haben, noch weiter wachsen. Paradoxerweise ist just die juristische

26

Broschüre: Landelijke Vereniging Sociaal Raadslieden.

Hilfe, die bis vor kurzem – in 20 Bezirken – von den Stellen für Rechtshilfe unentgeltlich geleistet wurde, durch die Erhebung von Beiträgen vor allem für die wirtschaftlich schwächsten Gesellschaftsgruppen unzugänglicher geworden. Das Bedürfnis nach (gratis) Auskunft und Beratung scheint sich nun in Richtung Sozialbeistand, Interessenorganisationen und Sozialarbeit zu verlagern.

3

Der Wunsch nach Beratung und Information hängt stark mit der wirtschaftlichen und sozialen Position der Klienten und Klientinnen zusammen. Je schwächer diese ist, desto abhängiger sind die Betroffenen von einkommenssubstituierenden und/oder -ergänzenden Regelungen. Der Haken ist, dass Laien sich in diesem Regelwerk oft nur schlecht auskennen. Für die Niederlande gilt deshalb leider die Feststellung: Je grösser die Abhängigkeit von Dienstleistungen und/oder finanziellen Zuschüssen, desto grösser auch die Gefahr, dass die Betroffenen nicht länger oder zumindest immer weniger in der Lage sind, die entsprechenden Gesetze und Bestimmungen zu überblicken und zu durchschauen.

Mediation

Bei der Beratungs- und Informationsarbeit zeigt sich eine Entwicklung, bei der das Beilegen von Streitigkeiten in einem vor-juristischen Stadium an Wichtigkeit zunimmt. Dies heisst, dass die Hilfeleistenden bemüht sind, juristisch zu deutende Angelegenheiten in erster Linie durch Schlichtung und Verhandlung zu lösen. Erst wenn alle Anstrengungen um eine Regelung zwischen den Beteiligten gescheitert sind, wird der Streitpunkt in die juristische Sphäre verlegt und der Richter um eine Entscheidung angegangen. Dieses Verfahren, das der amerikanischen Rechtshilfepraxis entstammt, wird Mediation genannt. In den Niederlanden wird diese Methode eingesetzt:

- zur Regelung von Schadensfällen;
- bei der Hilfe von Opfern von Gewalts- und Sexualdelikten;
- bei der Schlichtung von Arbeitskonflikten;
- sowie in steigendem Mass bei Beschwerdeverfahren im Feld der sozialen Sicherheit.

Die rechtlichen Möglichkeiten dieses Verfahrens sind u. a. im Gesetz über das Allgemeine Verwaltungsrecht geregelt.

Mediatoren/Mediatorinnen werden sowohl akademisch wie auch an Fachhochschulen ausgebildet. Juristische Kenntnisse sind für die Mediationsarbeit sicherlich von Vorteil, aber nicht unbedingt notwendig, weil man davon ausgeht, dass Konflikte auf gütlichem Wege geregelt werden können.

Infolge der Privatisierung im Bereich der sozialen Sicherheit erwartet man neue Aufgaben und sogar neue Funktionen, in denen neutrale Auskunfts- und Beratungtätigkeiten eine zentrale Rolle spielen werden. Diese neuen Aufgaben/Funktionen fussen auf der Annahme, durch die Privatisierung gewinne der Konsument eine souveräne Position beim Treffen von Entscheidungen. Es sind dies aber Entscheidungen, bei denen unterschiedliche Risiken, Dienstleistungsangebote und andere variable Aspekte ebenso berücksichtigt werden müssen. Befürworter der Privatisierungen behaupten, dass Klienten und Klientinnen, indem sie sorgfältig vergleichen und abwägen, die Möglichkeit haben, eben jenen Versicherer zu wählen, der ihnen die attraktivste Police unterbreiten kann. Gegner aber sind in Bezug auf diese Souveränität eher skeptisch. Sie sind der Ansicht, dass der Durchschnittskonsument nicht mehr imstande sein wird, bei all den Versicherungsangeboten eine durchdachte Selektion vorzunehmen [27]. Die Zahl der komplementären Offerten scheint ihnen Recht zu geben. Dessen ungeachtet ist die Privatisierung eine Tatsache und Konsumenten und Konsumentinnen müssen sich wohl oder übel mit Taxierungs- und Entscheidungsfragen auseinandersetzen. Befürworter der Privatisierung weisen auf Möglichkeiten zur Steuer- und Prämienreduktionen hin, Gegner und Kritiker auf die Tatsache, dass der Ballast, welcher in den vergangenen Jahren aus dem Kollektivsektor entfernt wurde, bei den Tarif-Verhandlungen wieder hervorgeholt wurde und im semi-kollektiven Sektor untergebracht worden ist. Anders gesagt: Die Zusammensetzung der Soziallasten hat sich verändert, nicht aber deren Umfang. Diese Lastenumlagerung wird als «Reparaturprozess» bezeichnet. Fachkräfte für Beratung und Information müssen damit rechnen, künftig auch diesbezüglich für Interessenvertretung eingesetzt zu werden.

Auch beim neuen Sozialhilfegesetz ist Interessenvertretung ein Thema. Grössere kommunale Autonomie impliziert einen potentiellen Einfluss auf die lokale Politik seitens Lobbys/Pressuregruppen und Sozialhilfeberechtigter.

27
P. J. van Wijngaarden/ F. G. van den Heuvel. «Privatisering sociale zekerheid ter discussie.» In: Sociaal Bestek, 12/1995

Zusammenfassend lässt sich festhalten, dass im Arbeitsfeld der sozialen Sicherheit ein kräftiger Appell an Kenntnisse und Fähigkeiten der Fachkräfte gerichtet wird. Zu den wichtigsten Aufgaben der Mitarbeiter(innen) für Beratung und Information gehören Aufklärung und Beratung von Klienten und Klientinnen. Daraus entstehen weitere Aufgaben, wie kurzfristige Hilfeleistungen (z. B. das Ausfüllen von Formularen, das «Übersetzen» amtlicher – für Laien oft hermetischer – Korrespondenz und Information) oder das Verfassen von Verteidigungs-, Berufungs- und Beschwerdeschriften. Eine weitere, umfangreiche Aufgabe ist die Vermittlungsarbeit für Ausführungsorgane; es geht dabei um Aktivitäten wie das Treffen von Regelungen für Klienten und Klientinnen, die Erläuterung von Beschlüssen oder das Beantragen von Informationen über Kriterien für die Gewährung von Finanzhilfen. In jüngster Zeit gewinnt das Vertreten von Klienten und Klientinnen bei gerichtlichen Interventionen an Bedeutung. Privatisierung und kommunale Autonomie haben neben Aspekten wie unparteiischer Aufklärung und Beratung auch solche wie kollektive Interessenvertretung in den Vordergrund gerückt. Es stellt sich die Frage, ob die Berufsgruppe Sozialarbeit sich dieser Tätigkeiten annehmen kann und will. Wenn ja, wird dies zu wichtigen Änderungen im Curriculum der Fachausbildungen für Sozialarbeit führen müssen, denn hinsichtlich der akademisch ausgebildeten Juristen und Juristinnen sowie – seit kurzem auch – der Absolventen und Absolventinnen des Fachhochschullehrgangs Sozial-juristischer Dienstleistung befindet sich die Sozialarbeit in den Bereichen des Privat-, Verwaltungs- und Sozialversicherungsrechts auf geradezu erschreckende Art und Weise im Rückstand.

Neue Berufsprofile: ‹Konsulent(in)/Erbringer(in) von Dienstleistungen› und ‹juristische(r) Mitarbeiter(in)›

Konsulent(innen)/Erbringer(innen) von Dienstleistungen sind grösstenteils mit der Behandlung der Finanzhilfe/Sozialleistungen beschäftigt. In diesem Rahmen verifiziert, validiert und re-examiniert die Fachkraft Angaben und Unterlagen, genehmigt Auszahlungen, plant Massnahmen und verweist, informiert und klärt Klienten und Klientinnen über ihre Rechte und Pflichten auf. Was das Sozialhilfegesetz betrifft, so drückt die kommunale Autonomie ihren Stempel auf die Berufsaktivitäten des Konsulenten/der Konsulentin. Weil die Gemeinden die Ergänzungen zu den Basisleistungen bestimmen können, sind Konsulenten und Konsulentinnen aufgefordert, die Bedingungen, welche jeweils für die Festlegung der Ergänzungen massgebend sind, zu registrieren und zu erörtern. Je differenzierter dieses Zuschlags-System ist, desto komplexer ist die Abwicklung und desto grösser ist die Fehlerwahrscheinlichkeit.

Man wird die Fachkräfte aber nicht nur auf Fehler ansprechen, sondern auch auf die Politik der Behörden und die für die Ausführung zuständigen Organisationen – eine Tendenz, welche infolge der Dezentralisierung von Aufgaben und Befugnissen noch verstärkt wird.

Die Fachkraft repräsentiert – in der Optik der Klienten und Klientinnen – sozialpolitische Massnahmen und eine Organisation; diese Organisation ihrerseits erwartet von der Fachperson, dass diese die Massnahmen legitimiert und sich mit ihnen identifiziert. Stärker als früher werden die Berufshandlungen der Konsulenten und Konsulentinnen mitbestimmt durch die Art und Weise, wie Betrug geahndet und verhindert wird. In diesem Zusammenhang ist bereits mehrmals auf die kontrollierenden Aufgaben der Fachkraft hingewiesen worden.

Berufliche Aktivitäten, die aus einer Politik hervorgehen, welche bezweckt, Klienten und Klientinnen zu überweisen und ihnen den Wiedereinstieg in den Arbeitsprozess zu ermöglichen, werden als «Hinführung zum (Arbeits-)Weg» oder als «Strecken- oder Etappenbegleitung» bezeichnet. Die Aufgaben eines Konsulenten/einer Konsulentin sind diesbezüglich:

· Klienten und Klientinnen in Anbetracht ihrer Chancen auf dem Arbeitsmarkt zu kategorisieren;
· Klienten und Klientinnen über offene Stellen zu informieren, sie bei Stellenvermittlungsbüros anzumelden, ihnen speziell geschaffene Arbeitsplätze zu vermitteln und sie bei der Stellensuche zu begleiten;
· für schwer vermittelbare Arbeitslose Strecken- oder Etappenpläne auszuarbeiten.

In welchen Gemeinden die Konsulenten und Konsulentinnen für Sozialhilfe obige Dienstleistungen erbringen können, hängt davon ab, wie die Kooperation mit den regionalen Arbeitsämtern bzw. Sozialdiensten gestaltet werden kann.

Die Tatsache, dass im beruflichen Handeln der Fachkräfte die wirtschaftliche Sozialhilfe als Kernfunktion erscheint, führt zu folgenden Aufgaben:

- Planung von Massnahmen;
- Begleitung von Klienten und Klientinnen zu den Fürsorge-Organisationen;
- Unterstützung von Klienten und Klientinnen bei der Schuldensanierung.

Die Berufshandlungen juristischer Mitarbeiter werden durch die Back-Office-Position bestimmt. Dementsprechend wickeln sie Berufungs- und Beschwerdeverfahren ab, bearbeiten Reklamationen, vertreten ihre Organisation in Gerichtsverfahren, bekämpfen Missbrauch, verifizieren und kontrollieren Unterlagen und begleiten Klienten und Klientinnen bei der Arbeitssuche. [28]

Professionalität und Sozialarbeit

Falls Sozialarbeiter(innen) bei einer der Sozialhilfe-Organisationen arbeiten, so sind sie verpflichtet, deren sozialpolitische Linie und Umsetzungspraxis der Gesetze und Ausführungsbestimmungen einzuhalten. Innerhalb dieses Kontextes verfügten sie bis vor kurzem über eine partielle Entscheidungsautonomie und konnten dank dem Vorhandensein eines bestimmten Handlungsfreiraumes ihre Arbeit (teilweise) nach eigenem Gutdünken gestalten. Dieser Freiraum war manchmal explizit vorhanden, manchmal auch blieb er unerwähnt, manchmal entstand er erst, nachdem ein Problem aus einer anderen (gesetzlichen) Perspektive angegangen wurde und manchmal kam es sogar vor, dass er in unzulässiger und eigenmächtiger Weise von Fachkräften monopolisiert wurde.

Das Vorhandensein solcher Ermessens- und Dispositionsfreiheiten gab den Sozialarbeitern und Sozialarbeiterinnen die Gelegenheit, ihr Berufsprofil und ihre Professionalität mit ihrer ausführenden (operativen) Position zu verbinden; ihnen standen genügend Möglichkeiten für Hilfeleistungen zur Verfügung. Im revidierten System der sozialen Sicherheit ist nun das Mass der Selbstbestimmung drastisch reduziert, sodass für helfende Aktivitäten weniger Platz bleibt. Durch die Juridizierung der sozialen Sicherheit und das dominierende Management-Klima ist der Eindruck entstanden, die Sozialarbeit sei sachlicher, nüchterner geworden. Diese Juridizierung manifestiert sich in der Entwicklung von Regelungen, der Verantwortung/Legitimation, der Kontrolle und Verifikation. In der aktuellen Management-Kultur stehen betriebsmässiges und resultatorientiertes Arbeiten,

28

I. v. Gaalen-Oordijk/
W. de Vries.
Eindrapport Onderzoek
HBO-Sociaal Juridische
Dienstverlening.
4. Juli, 1996,
S. 30–33

Beherrschbarkeit, Beurteilung des Outputs und das Ansteuern von Resultaten hoch im Kurs [29]. In Interviews lassen ausführende Beamte/Beamtinnen verlauten, dass sie sich von diesem Regime, das nur noch wenige Handlungen unbenannt gelassen hat, eingeengt fühlen. In einem Interview mit einem Arbeitsexperten kam jedoch auch zum Ausdruck, dass es wohl zu einfach ist, die (ungenügende) Qualität einer Dienstleistung nur auf den Versachlichungsaspekt zurückzuführen. Er vertrat die Ansicht, dass die nach der Revision noch verbliebenen Handlungsspielräume von den Beamten und Beamtinnen (oft) schlicht nicht genutzt werden, weil sie bestimmte, eigene Vorstellungen und Wünsche hätten oder weil es ihnen an Mut und Einsatz fehle. In anderen Befragungen aber skizzieren Beamte und Beamtinnen der Sozialdienste die Probleme als eine Folge der nie aufhörenden Veränderungen in Gesetzgebung und Ausführungsbestimmungen. Sie fühlen sich mangelhaft unterstützt, erfahren die Richtlinien als ungenügend und klagen über die geringe Zeit, die ihnen zur Verfügung stehe, um sich die Veränderungen anzueignen. Ausserdem habe sich das Arbeitsklima verändert und Produktionsnormen würden als Druck empfunden; die daraus resultierenden Fehler seien die Ursache für Rekursverfahren – bei denen die Beamten und Beamtinnen auch noch häufig ins Unrecht gesetzt würden. Sie geben an, in Bezug auf die Ausführung der neuen Gesetze, die fehlende Jurisprudenz und das eigenmächtige Auftreten der für die Sozialhilfe zuständigen Gemeinden verunsichert zu sein. Nach Vos dominiert in dieser Situation eine Atmosphäre der «Unschlüssigkeit und Zurückhaltung», infolge dessen «die Massnahmen, Richtlinien und internen Instruktionen nicht vollumfänglich berücksichtigt werden» [30]. Unentschlossenheit und Zurückhaltung bilden jedoch einen Nährboden für Willkür und führen zu Nichtberücksichtigung gesetzlicher Grundlagen, indem man entweder deren Möglichkeiten gar nicht kennt oder Angst vor der Anwendung bekundet. Vos präsentiert in diesem Zusammenhang einen (für die Niederlande) neuen Begriff, das «amtliche Handeln». Damit bezeichnet er eine Arbeitsweise, welche in erster Linie auf das Erfassen von allgemeinen Klientenmerkmalen abzielt. Diese Merkmale werden anschliessend verglichen mit «im Gesetz erwähnten, per definitionem globalen Kriterien» [31]. Diese Prüfung ist unpersönlicher Natur und nichts mehr als eine administrative Handlung [32]. Nach den spezifischen Verhältnissen des Klienten und der Klientinnen wird weder gefragt, noch werden sie für Beschlussfassungen berücksichtigt. Bei der Anwendung allgemeiner Regeln für besondere

29
Idem

30
J. Vos.
Recht hebben en recht
krijgen. Een Studie over
beleidsvrijheid, niet-gebruik
van rechten en verantwoord
ambtelijk handelen.
Koninklijke Vermande BV,
Lelystad, 1991,
S. 208–209

31
Idem

32
G. van der Laan.
«Tot zijn recht komen.» In:
Tijdschrift voor
Sociaal Juridische Dienst-
verlening.
Oktober, 5/1995

Situationen können Klienten und Klientinnen um die ihnen zuste-
henden Rechte gebracht werden. Das Individualitätsprinzip, welches
für das niederländische (Soziale Sicherheits-)Recht so bezeichnend
ist, wird mit dem obigen Vorgehen komplett ignoriert.
Der Begriff «verantwortliches amtliches Handeln» unterscheidet sich
im positiven Sinn von dem blossen «amtlichen Handeln» [33]. Zum
«verantwortlichen amtlichen Handeln» passt eine Auffassung von
Professionalität, welche gekennzeichnet wird durch «prozedurales,
korrektes Handeln, sorgfältige Beurteilung, Umsichtigkeit, eine qualifizierte Anwendung allgemeiner Regeln» [34] sowie durch die Distan-
zierung von den gängigen Betrachtungsweisen in Bezug auf gesellschaftliche Situationen.

Van der Laan bringt diese Grundform der Professionalität in einem
agogisch-professionellen Modell unter. Arbeiten gemäss diesem Modell setzt voraus, dass die Fachkraft alle Aspekte von den Fragen,
welche Klienten und Klientinnen an sie richten, berücksichtigt. In
ihrem Angebot an Klienten und Klientinnen werden deren Hintergründe, Biographie, Rechtslage, physische und/oder psychische Umstände und eventuell noch weitere Faktoren berücksichtigt. Dieses
Angebot, das im Einvernehmen mit Klienten und Klientinnen zustande
kommt, ist – wo immer möglich – zugeschnitten auf deren Anliegen,
Bedürfnisse oder Rechte. Das Instrumentarium, welches eine Fachkraft zur Verfügung hat, setzt sich zusammen aus Begleitung, Hilfsan-
geboten und/oder finanziellen Regelungen. Die Fachkraft ist dabei in
der Lage, ihr Angebot in- und extern zu vertreten und zu begründen.
Es sieht so aus, als bereichere der von Vos geprägte Begriff «verantwortliches amtliches Handeln» das agogisch-professionelle Modell
um den Aspekt der professionellen Attitüde. Diese umfasst die Ein-
satzbereitschaft und den Mut, die individuell bestimmbaren Spiel-
räume ausfindig zu machen, zu untersuchen und zu benutzen – und
ist somit eine Haltung, welche Fachpersonen in ausführenden wie in
intermediären Positionen sich aneignen müssen.

Es dürfte klar sein, dass die Berufsauffassungen, wie sie im «neuen»
amtlichen Handeln und im professionell-agogischen Modell zum Ausdruck kommen, in einem gespannten Verhältnis zu den aktuellen Entwicklungen im Arbeitsfeld der sozialen Sicherheit stehen können. Der
Eindruck besteht, dass – erstens – die Zeit für Hilfeaktivitäten eng be-
messen ist, und – zweitens – die Dienstleistung immer mehr durch

[33]
J. Vos.
Recht hebben en
recht krijgen.

[34]
G. v. d. Laan.
«Tot zijn recht komen.»

standardisierte Richtlinien reguliert wird. Es stellt sich die Frage, ob die Zeit, die für die Beurteilung und Berücksichtigung persönlicher Umstände erforderlich wäre, überhaupt noch beansprucht werden darf. Ehe man nun aber zur Schlussfolgerung gelangt, die aktuelle Dienstleistung des Arbeitsfeldes «Soziale Sicherheit» sei unvereinbar mit den Berufsauffassungen der Sozialarbeit, so möge man sich aber doch auch vergegenwärtigen, dass in mehreren Bereichen der Sozialhilfe und Sozialen Dienstleistungen – und somit auch in der Sozialarbeit – wichtige Veränderungen im Gang sind. Man denke an die Standardisierung und Protokollierung von Arbeitsprozessen, die zahlenmässige Begrenzung der Gespräche mit Klienten und Klientinnen, das Aufstellen von Leistungsnormen für u. a. juristische Settings (z. B. die Resozialisierung) oder an die Kontrolle des Leistungsumfangs oder der Einhaltung von Registrationsrichtlinien.

Im Sinne einer Abrundung

Im Berufsprofil der niederländischen Sozialarbeit wird ein konkretes und informatives Hilfsangebot als zweite von fünf Kernaufgaben erwähnt [35]. Konkrete Hilfe wird darin umschrieben als «das Anbieten von diversen Formen materieller Hilfe, ausgerichtet auf die Verbesserung existentieller Bedingungen» [36] und informative Hilfe als «das Sammeln und Zurverfügungstellen von Information im Rahmen der für Klienten und Klientinnen vorgesehenen Hilfeleistungen» [37]. Im ursprünglichen Berufsprofil konzentriert(e) sich die informative Hilfe noch auf das Erteilen von Auskunft über Gesetze und Regelungen [38]. Die Frage, ob die aktuellen Lehrgänge für Sozialarbeit die Studierenden in genügendem Mass auf ausführende (operative) und intermediäre Berufe und Funktionen im Arbeitsfeld der sozialen Sicherheit vorbereiten, kann, mit Blick auf das Berufsprofil Sozialarbeit, positiv beantwortet werden. Sozialarbeiter und Sozialarbeiterinnen erteilen ja Informationen und Ratschläge, klären auf, verweisen, vermitteln und vertreten die individuellen Interessen ihrer Klienten und Klientinnen. Der Nachteil, der einer solchen Aufzählung von Berufshandlungen anhaftet, liegt darin, dass diese wegen unpräziser Inhaltsangaben nicht sehr substantiell daherkommen. Deshalb werden jetzt die bereits dargestellten Profile – Mitarbeiter(in) Beratung und Information, Konsulent/(in)/Erbringer(in) von Dienstleistungen und juristische(r) Mitarbeiter(in) – und das Berufsprofil Sozialarbeit einander gegenüber gestellt, damit Gemeinsamkeiten und Unterschiede sichtbar werden. Zuerst werfen wir einen Blick auf die

35

R. Holstvoogd.
Maatschappelijk werk in kerntaken.
Bohn Stafleu Van Loghum, Houten/diegem, 4. Auflage, 1995,
S. 30–48

36

Idem, S. 30

37

Idem, S. 30

38

Beroepsprofiel van de Maatschappelijk Werker.
Verlag: Landelijke Vereniging van Maatschappelijk Werkers, Utrecht 1990,
S. 19

Gemeinsamkeiten zwischen den Profilen

Sie betreffen das berufliche Handeln und die für sie erforderlichen agogischen Fertigkeiten.

1

Wichtig ist vor allem, festzuhalten, dass die beruflichen Fertigkeiten, welche für das Arbeitsfeld Soziale Sicherheit nötig sind, grösstenteils mit dem Faktum des kontinuierlichen (gesellschaftlichen) Wandels zusammenhängen. Diese Tatsache verlangt von den Fachkräften, dass sie über analytische Kompetenzen verfügen, damit sie

- im Hinblick auf Anpassungen in Gesetzen und Bestimmungen schnell und effizient zu den relevanten Informationen kommen;
- Berufshandlungen ausführen können, wie das Überprüfen von Hilfsgesuchen anhand von (Indikations-)Kriterien. Analytische Fähigkeiten sind in diesem Rahmen von Bedeutung, um die medizinische, soziale und psychische Situation eines Klienten oder einer Klientin in die Beschlussbildung miteinbeziehen und gezielte Hilfe und/oder Dienste anbieten zu können.

Des Weiteren ist analytische Kompetenz von Belang bei der praktischen Verwendung von Personalien und Unterlagen im Hinblick auf:

a) Empfehlungen bezüglich sozialpolitischer Massnahmen;
b) das Verbessern der Klientensituation;
c) das Erteilen von Information über und Erläuterungen zu den (Aus-) Wirkungen von Gesetzen und Bestimmungen.

2

Die Veränderungen innerhalb des Arbeitsfeldes der sozialen Sicherheit haben auch zu Retuschen bei den Funktionen und deren Inhalten geführt – was zur Folge hat, dass jene Kenntnisse und Fertigkeiten, über die Fachkräfte sowohl in Front-Office- wie auch in Back-Office-Positionen verfügen müssen, aufgewertet werden. Bei Front-Office geht es in erster Linie um kommunikative Qualitäten. Die Ausführung der Gesetze über die Soziale Sicherheit ist ohne Information von und für Klienten nicht möglich – Information, die für die Gestaltung einer juristischen Argumentation, einer Beschwerdeschrift oder für die Prüfung eines Gesuches anhand von Gewährungskriterien erforderlich ist. Alle Beschlüsse müssen einem Klienten oder einer Klientin mitgeteilt werden und (ihm oder ihr gegenüber) vertretbar sein.

Kommunikative Kompetenz ist erforderlich, um

· Klienten und Klientinnen über Gesetze, Regelungen und Massnahmen zu informieren, zu beraten und aufzuklären;
· ihnen ihre Rechte und Verpflichtungen zu erläutern und sie im
  Falle von Schritten oder Interventionen zu beraten. Hier stellt
  sich aber die Frage, ob dazu das juristische Fundament des
  Sozialarbeiters wohl stark genug ist.

3

Schon früher in diesem Kapitel wurde auf die Tendenz hingewiesen,
Konflikte in einem vor-juristischen Stadium lösen zu wollen. Dazu
sind Vermittlungs- und Verhandlungskompetenz erforderlich. In diesem Zusammenhang ist auch die «Mediation» als Methode erwähnt
worden. Auf Basis dieser Vermittlungs- und Verhandlungskompetenz
sollten nun, ohne Einmischung des Gerichts, Lösungen gefunden
werden, die für alle Beteiligten befriedigend sind. Möglicherweise
können in diesem Bereich auch die Berufsqualifikationen der Sozialarbeiter und Sozialarbeiterinnen eine konstruktive Rolle spielen.

39
L. Witte.
«Beroepskwalificaties in een
veranderende arbeidsmarkt.»
In: Tijdschrift voor Sociaal
Juridische Dienstverlening,
Januar, 1/1996

4

Mindestens ebenso wichtig wie die methodischen sind jedoch die
Verhaltenskompetenzen. Die Unbeständigkeit des Arbeitsfeldes erfordert eine lernende Fachkraft, die willens ist, ihren Beruf à jour zu
halten und daraus Genugtuung schöpft. Weitere Kernbegriffe im Bereich der Verhaltenskompetenz sind:
Selbstständigkeit, Flexibilität und vielseitige Einsetzbarkeit [39] – alles
Fähigkeiten, welche nötig sind, um sich als Fachkraft in einem dich-
ten Kraftfeld, wie es der Sektor Sozialarbeit nun mal ist, zurecht-
zufinden. Ausserdem wird von der Fachkraft verlangt, dass sie
imstande ist, die sozialpolitischen Linien und Massnahmen zu assi-
milieren und einzuhalten, aber auch, dass sie diesen gegenüber eine
eigene Meinung bilden und Position beziehen kann. Es geht hier also
um eine Haltung, die in klarer Opposition zur widerstandslosen Hin-
nahme der Ereignisse steht. Von Fachkräften wird eben erwartet,
dass sie Verantwortlichkeit übernehmen, z. B. indem sie die Wirkung
der Sozialpolitik signalisieren und greifbar machen.

Soviel zu den Übereinstimmungen zwischen den Profilen. Nun zu den
Unterschieden; sie sind (vor allem) eine Folge der Juridizierung der
sozialen Sicherheit.

Unterschiede zwischen den Profilen

1 Die Behandlung von Anträgen auf Sozialhilfe

Damit die Fachkräft Anträge auf Sozialhilfe bearbeiten kann, muss sie über Kenntnisse im Privat-, Verwaltungs- und Sozialrecht verfügen. Anträge müssen nämlich nach gewissen Kriterien beurteilt und geprüft werden.

Positive und negative Beschlüsse werden Klienten und Klientinnen als «der Beschwerde unterliegend» mitgeteilt, d.h. Klienten und Klientinnen haben die Möglichkeit, Einspruch zu erheben. Auch muss die Fachkraft Klienten und Klientinnen auf ihre (rechtlichen) Verpflichtungen hinweisen und deren Einhaltung kontrollieren. Ist der Klient oder die Klientin säumig, so müssen Sanktionen ergriffen werden. Bei zu viel oder zu Unrecht bezahlten Sozialgeldern sind Rückforderungen oder Schadenersatzansprüche möglich.

Wichtig ist, dass die Fachkräfte juristisch breit anstatt «nur» funktionsorientiert ausgebildet sind. Durch die Dynamik der Gesetzgebung im Bereich der sozialen Sicherheit sind funktionsorientierte Fachkräfte stärker der Gefahr ausgesetzt, für die Erfüllung ihrer Arbeit (plötzlich) nicht länger geeignet zu sein.

Sozialarbeiter und Sozialarbeiterinnen, die im obigen Sinne tätig sind, können nicht umhin, sich folgende Fragen zu stellen (und zu beantworten):

· Passen die geschilderten Aufgaben in mein Berufsprofil?
· Bin ich als Sozialarbeiter(in) überhaupt die geeignete Person, solche Aufgaben anzupacken?

2 Beschwerde und Berufung

Auf jeden Fall werden juristische (und agogische) Kenntnisse für das Abfassen und Behandeln von Beschwerde- und Berufungsschriften vorausgesetzt. Die Fachkraft muss aufgrund der Information von Klienten und Klientinnen zu einer juristischen Beweisführung fähig sein oder die Argumentation einer solchen Beweisführung auf ihren Wert beurteilen können. In ihre Rolle als Zwischenperson müssen Sozialarbeiter und Sozialarbeiterinnen in der Lage sein, ihre Klienten und Klientinnen über Chancen und Konsequenzen des von ihnen erhobenen Protestes zu informieren.

3 Anwaltschaftliche Funktion

Juristische Qualitäten werden ebenfalls vorausgesetzt, wenn Sozialarbeiter und Sozialarbeiterinnen ihre Klienten oder ihre Organisation bei Gerichtsinterventionen und/oder Anhörungen zu vertreten haben. Von ihnen wird dabei erwartet, dass sie Verteidigungsschriften abfassen und behandeln, Anhörungen leiten, diesbezüglich Protokolle schreiben, Beschlüsse dokumentieren sowie in Berufungsverfahren auftreten können.

4 Behandlung von Klagen

Für das Behandeln von Klagen bildet ein juristischer Hintergrund sicherlich eine gute Voraussetzung; besonders dort, wo es um die Prüfung der Klagen in Bezug auf Zulässigkeit, Zuständigkeit oder Verfahrensfragen geht. Dies soll aber nicht heissen, dass Sozialarbeiter und Sozialarbeiterinnen bei der Erledigung von Klagen, welche politische und soziale Organisationen oder den Umgang mit Klienten betreffen, keine Rolle spielen können.

Legen wir nun noch einmal das Berufsprofil der Sozialarbeit und die Profile des Arbeitsfeldes der sozialen Sicherheit nebeneinander, so können wir die folgenden Schlüsse ziehen.

a) Das Berufsprofil der Sozialarbeit stellt durch die formale Beschreibung ihrer zweiten Kernaufgabe (= konkrete und informative Hilfe) die Möglichkeiten der Berufsgruppe in ein zu günstiges Licht. Dadurch, dass zu wenig stark Bezug auf den Inhalt der Aufgaben genommen wird, ist es nicht möglich, die Relevanz der Sozialarbeit in Bezug auf das Arbeitsfeld der sozialen Sicherheit realistisch einzuschätzen.

b) Falls Sozialarbeiter und Sozialarbeiterinnen eine Rolle im Arbeitsfeld der sozialen Sicherheit anstreben, bleibt ihnen nichts anderes übrig, als ihre juristischen Kenntnisse zu vergrössern.

c) Es besteht der Eindruck, dass sich viele Tätigkeiten und Funktionen im Arbeitsfeld der sozialen Sicherheit wegen ihres juristischen Charakters in die Randgebiete der Sozialarbeit bewegen. Immer häufiger stellt sich darum die Frage, ob denn diese Tätigkeiten und Funktionen noch als Tätigkeiten im Sinne der Sozialarbeit zu betrachten seien. Das Einzige, was zurzeit dazu gesagt werden kann, ist wohl, dass die einzelnen Berufsqualifikationen der Sozialarbeit für das Arbeitsfeld der sozialen Sicherheit *zumindest* bedeutsam sind.

Literatur

«Amsterdam zoekt met z'n drieën naar het enige loket.» In: Bijstand, Dezember 1995

AV, GSD en BV: «de samenwerking groeit in de praktijk.» In: Bijstand, Oktober 1995

C. v. Basten. «Eigen risico of verzekeren? Werkgevers berekenen hun keuze.» In: Intermediair, Dezember 1994 (51)

H. Basten. «Een wedstrijd tegen de tijd. Divosa-congres Herinrichting ABW.» In: Sociaal Bestek, 1/1995

P. v. d. Berg. «Klachtenlijn over Ziektewet voert ‹lange› gesprekken.» In: De Volkskrant, 21. September 1996

P. v. d. Berg. «Ziek, en dan hoeft je baas je niet meer.» In: De Volkskrant, 22. Okt. 1996

P. v. d. Berg/G. Herderschêe. «Ziek zijn beter worden, werken.» In: De Volkskrant, 21. Sept. 1996

L. Berkhout. «Geïntegreerde indicatiestelling.» In: Sociaal Bestek, 6/1993

Beroepsprofiel van de Maatschappelijk Werker. Uitgave Landelijke Vereniging van Maatschappelijk Werkers, Utrecht, 1990

H. Bosselaar. «Sociale Activering.» In: Sociaal Bestek, 1995 (7/8)

B. Duynstee. «Ruzieën zonder rechter.» In: Intermediair, 1995

J. v. d. Dussen/F. v. d. Heuvel. «Sociale Zekerheid anders gestuurd.» In: Sociaal Bestek, 9/1995

J. P. G. Dijck/ A. P. W. Konings. Werken met sociale zekerheid. DELWEL Verlag, Den Haag, 2. Druck 1995

P. v. Dijk. «Samenhang in de sociale zekerheid.» In: Sociaal Bestek, 1995 (7/8)

«Eén loket, maar dan ook één soort dienstverlening.» In: Bijstand, September 1995

«Er moet een samenhangende uitvoeringspraktijk ontstaan.» In: Bijstand, Juli/August 1995

I. v. Gaalen-Oordijk/W. de Vries. Eindrapport Onderzoek HBO-Sociaal Juridische Dienstverlening. 4. Juli, 1996

L. Geleijnse/J. Peters Sengers. «Concurrentie maakt pensioen betaalbaar.» In: De Volkskrant, 17. Juli 1996

H. te Grotenhuis/R. Scherrenburg. «Drukke tijden in afwachting van de nieuwe bijstandswet.» In: Siciaal Bestek, 10/1995

G. Herderschêe. «Cadans, of hoe de nood de wet brak.» In: De Volkskrant, 3. August 1996

G. Herderschêe. «Verwijtbaar werkloze krijgt minder snel uitkering.» In: De Volkskrant, 31. Juli 1996

J. J. Heij. «De markt als panacee. Kabinet verwacht heil van geprivatiseerde Ziektewet en WAO.» In: Intermediair, 23. Dezember 1994, Jahrgang 30, Ausgabe 51

J. J. Heij. «Wie wil er vechten met de beer? Particuliere arbodiensten in het nauw.» In: Intermediair, 25. November 1994, Jahrgang 30, Ausgabe 47

R. Holstvoogd. Maatschappelijk Werk in Kerntaken. Bohn Stafleu Van Loghum, Houten/Diegem, 4. Auflage 1995

L. Jansen/R. Geerling/M. v. d. Krogt. «Herinrichting van de ABW is slechts een tussenstap.» In: Sociaal Bestek, 1/1995

M. van de Krogt. «De toekomstige uitvoering van de sociale zekerheid. Drie ontwikkelingsscenario's met de gemeenten.» In: Sociaal Bestek, 1/1995

M. v. d. Krogt. «Op weg naar een ‹nieuwe totaalconstellatie›. Krijgt ‹geïntegreerd adminstreren› een kans?» In: Sociaal Bestek, 1/1995

R. Kwekkeboom. «Samen op weg naar een geïntegreerde indicatiestelling.» In: Sociaal Bestek, 4/1996

G. v. d. Laan. Leren van gevallen, over het ut van de reconstructie van casuïstiek voor praktijk en wetenschap. B. V. Verlag SWP, Utrecht 1995

G. v. d. Laan. «Tot zijn recht komen.» In: Tijdschrift voor Sociaal Juridische Dienstverlening, Oktober 1995, Ausgabe 5

E. Lof. «wie wat bewaart, heeft niets.» In: Intermediair, 26. Februar 1993, Ausgabe 8

F. Martens. «Gemeentelijk beleid voor de nieuwe bijstandsnormen.» In: Sociaal Bestek, 78/1995

A. L. van der Meij. «Daar de poort naar de wet openstaat zoals altijd», Rockanje, April 1996

Praktische Informatie Sociale Zekerheid, Kluwer, 13. Druck, Deventer 1996

H. Rotenstreich. «De nABW is geen paleisrevolutie.» In: Sociaal Bestek, 4/1996

E. Schols-van Oppen. «Oud worden in Nederland: de AOW onder vuur.» In: Rechtshulp, 4/1994

E. Smolenaars/W. Oorschot. «Minimabeleid kampt met effectiviteitsprobleem.» In: Sociaal Bestek, 4/1994

Sociaal en Cultureel Rapport 1994. Sociaal en Cultureel Planbureau, Rijswijk, 1994

Sociaal Memo Januar 1996. Kluwer, Deventer 1996

Sociale Nota 1996. SDU Uitgeverij Plantijnstraat, Den Haag 1996

STAP Helmond: «Eén loket voor alle zorgen van werk.» In: Bijstand, Oktober 1995

A. Thijsse. «Het wetsontwerp voorzieningen gehandicapten.» In: Rechtshulp, 3/1994

J. Vos. Recht hebben en recht krijgen. Een studie over bleidsvrijheid, niet-gebruik van rechtren en verantwoord ambtelijk handelen. Koninklijke Vermande BV, Leleystad 1991

P. J. Wijngaarden/F. G. van den Heuvel. «Privatisering sociale zekerheid ter discussie.» In: Sociaal Bestek, 12/1995

L. Witte. «Beroepskwalificaties in een veranderende arbeidsmarkt.» In: Tijdschrift voor Sociaal Juridische Dienstverlening, Januar 1996, Ausgabe 1

L. Witte. Beroepstaken, beroepshandelingen en beroepsvaardigheden voor Sociaal Juridisch Hulp- en Dienstverlener. Hogeschool van Amsterdam, September 1995 (concept)

«Wijzer in wet en raadgeving» Brochure Landelijke Vereniging Sociaal Raadslieden, Culemborg

3 Strukturen und Berufsfelder der Sozialarbeit

Harry Wouters

Aktuelle Entwicklungen

Gesellschaftlicher Wandel

Inhalt und Organisation der Sozialarbeit werden von den Veränderungen in der Gesellschaft beeinflusst. Nach van Riet und Wouters (1997 A) sind für die Sozialarbeit zurzeit drei gesellschaftliche Veränderungen von besonderer Bedeutung:

Die *erste* betrifft den Übergang von einer *Sicherheits-* zu einer *Risikogesellschaft.*
Dieser Wandel hat ihren Ursprung im Individualisierungsprozess, welcher Freiheit, Autonomie und Selbstartikulation in den Vordergrund rückt. In einer Risikogesellschaft erodieren die traditionellen Gemeinwesen und sozialen Bindungen, das Individuum ist grösstenteils sich selber überlassen und wird gewissermassen zum Architekten des eigenen Lebensentwurfs; ein sich zurückziehender Staat und das Verschwinden ökonomischer Sicherheiten verstärken diesen Prozess noch. Auf vielen Gebieten (Beziehungen, Arbeit, Umwelt usw.) machen sich Risiken, Unsicherheit und Nicht-Prognostizierbarkeit breit. Bedeutsam daran ist, dass es uns aber nicht gelingt, das Leben derart zu gestalten, dass wir diesen Risiken nicht länger ausgesetzt sind (Beck, 1997). Risiko impliziert ebenfalls, dass langfristig nichts mehr von Dauer sein wird. Diese Unbeständigkeit bietet zwar grossartige Möglichkeiten, schafft aber auch massive Probleme. Unter dem Schlagwort Flexibilität wird von den Menschen Anpassung an eine ganze Reihe sich verändernder Situationen verlangt – aber bei weitem nicht alle Leute verfügen über Möglichkeiten, sich dieser Herausforderung zu stellen. Die Bewegung in Richtung Risikogesellschaft bedeutet, dass für immer mehr Personen in vielen Lebensbereichen

das Abseits droht. Leute jedoch, die ausgeschlossen sind, schaffen es häufig nicht mehr, selber (erneut) den Anschluss zu suchen oder ihn wiederherzustellen. Darum wird die Sozialarbeit diese Leute aufsuchen müssen, um ihnen die Gelegenheit bieten zu können, ihre Teilnahme an der Gesellschaft in einer für sie sinnvollen Art und Weise aus- oder wiederaufzubauen.

Die *zweite* Veränderung markiert den Übergang von der *Sozial-* zur *Marktgesellschaft.* An sich ist die Marktwirkung nichts Besonderes, aber in der gegenwärtigen gesellschaftlichen Entwicklung spielt sie weltweit eine dominierende Rolle. Diese so genannte Globalisierung führt zu einer Konsumgesellschaft, die sich weitgehend auf eine unkontrollierte, internationale Marktökonomie abstützt, in welcher marktorientiertes Denken, die Notwendigkeit ökonomischen Wachstums und technologischer Fortschritt die Pfeiler sind.

In einer Marktgesellschaft wird erwartet, dass alle die Rolle eines «Unternehmers» zu spielen verstehen. Nutzenmaximierung und Effizienz sind dabei die neuen Normen und Menschen werden vor allem nach ihrem Marktwert beurteilt. Diejenigen, die diesem Kriterium nicht genügen, bleiben in gesellschaftlicher Hinsicht auf der Strecke. Was nun hat die Sozialarbeit solchen bedrängten Personen zu bieten? Vorerst zeitigt die Annäherung an die Marktgesellschaft auch für die Sozialarbeit selber Folgen. Einerseits wird sie in zunehmendem Mass über Effektivität und Effizienz ihrer Aktivitäten und Hilfeleistungen Rechenschaft abzulegen haben, wobei Effektivität und Effizienz nicht nur in Beziehung zur Mikroebene ihrer Dienstleistungen zu setzen sind, sondern auch aus einer Meso- und Makroperspektive betrachtet werden müssen. Es geht ja nicht (länger) bloss um die persönlichen Anstrengungen der einzelnen Sozialarbeiter und Sozialarbeiterinnen, sondern auch um den Beitrag einer (ganzen) Berufsgruppe an die Wohlfahrt.

Andererseits sollte die Sozialarbeit aber auch in der Lage sein, der sich in allen Bereichen des menschlichen Lebens vollziehenden Rationalisierung ein Gegengewicht zu bieten – dies eingedenk der Tatsache, dass der Mensch mehr ist als bloss sein Marktwert.

Eine weitere Folge von Marktwirkung und Privatisierung in den Bereichen Sozialhilfe (Fürsorge) und Gemeinwohl ist das Erscheinen verschiedener neuer Formen von Hilfe- und Dienstleistungen. Diese werden in anderer Art und Weise organisiert und finanziert als die

«herkömmlichen» Leistungen. Dies kann dazu führen, dass Sozialarbeiter und Sozialarbeiterinnen die Rolle eines «enabler» annehmen
müssen (enabler = jemand, der Bedingungen kreiert, Möglichkeiten
schafft).

Marktwirkung bedeutet ebenfalls, dass die Beziehung zum Klienten
und zur Klientin nunmehr auf Kontraktbasis aufgebaut wird – aus
Klienten und Klientinnen werden Kunden und Kundinnen. Dies wird
zwar nicht immer der Fall sein, dennoch besteht aber die Erwartung,
dass diese Tendenz sich durchsetzen wird. Nun sind aber bei weitem
nicht alle Klienten und Klientinnen fähig, als Kunde und Kundin
aufzutreten. Die Sozialarbeit muss deshalb klare Vorstellungen entwickeln über die eigenen Arbeitsweisen, damit sie

- dem Selbstbestimmungsrecht der Klienten und Klientinnen soviel
  wie möglich Rechnung tragen kann;
- die Klienten und Klientinnen «durch den Markt zu lotsen»
  vermag, ohne dass dabei deren eigentliche Anliegen auf der
  Strecke bleiben.

Die *dritte* Veränderung schliesslich ist die von der *Wissens-* zu der
Lerngesellschaft. Unsere Gesellschaft ändert sich derart schnell, dass
es unumgänglich geworden ist, den Leuten beizubringen, dass sie
vorrangig Lern- und Erkenntnisprozesse (das Wie) und nicht so sehr
das ständig wechselnde Wissen und die kurzlebigen Fakten (das Was)
zu bewältigen haben. Menschen in einer Risiko- und Marktgesellschaft können sich (darin) nur behaupten und ihre Probleme meistern,
wenn sie «gewohnheitsmässiges/eingefahrenes Denken» durch «mu-
tierendes Denken» ersetzen (Wildemeersch, 1995). Lernen, wie mit
Veränderungen umzugehen ist, übernimmt somit den Platz der mecha-
nischen Lernkonzepte. Beim mutierenden Denken ist das Individuum
nicht länger der passive Rezipient von Umgebungseinflüssen oder
bloss ein «leeres Fass» (Freire, 1972), sondern jemand, der sucht, sich
herantastet, Bedeutungen verleiht und aktiv in seine Lebenswelt ein-
greift, dabei Elemente dieser Welt aufnimmt und mit den eigenen Bedürfnissen in Einklang bringt. Durch diese aktive Partizipation kommt
ein Prozess der produktiven Wirklichkeitsverarbeitung zustande, wobei das Individuum «die Wirklichkeit assimiliert» (Hurrelmann, 1986).
Dies gelingt aber nicht jedermann. So hat sich in den Niederlanden
die Zahl der Personen, die an die seelisch-geistige Hilfe appelliert
haben, innerhalb eines Jahrzehnts verdreifacht.

Eine der Voraussetzungen dafür, dass in einer sich stark verändernden Gesellschaft die psychisch bedrängten Leute nicht ins Hintertref-
fen geraten, ist die Entwicklung und (Re-)Aktivierung ihres sozialen
Lernvermögens. Sozialarbeiter und Sozialarbeiterinnen sollten imstande sein, dabei die Rolle einer Lehrperson zu übernehmen – und
zwar nach dem Prinzip: helfen = lehren (Van Riet/Wouters, 1997 B).
Aber auch Sozialarbeiter und Sozialarbeiterinnen müssen lernen, und
zwar wie die eigene Professionalität in einer dynamischen Gesellschaft planmässig und wirkungsvoll eingesetzt werden kann.

Veränderungen bei der Hilfe- und Dienstleistungen
Im Gesundheits- und Sozialwesen sind eine Reihe genereller Verän-
derungen zu beobachten, die in allen Ausprägungen der Hilfe- und
Dienstleistungen vorhanden sind:

Einführung der Marktmechanismen
Im Jahre 1987 ist der Bericht der Kommission Struktur und Finanzierung des Gesundheitswesens erschienen. Die wichtigsten Punkte
darin sind:

· das Plädoyer zugunsten einer zentralen Anlaufstelle;
· die Schlussfolgerung, dass nicht das Angebot, sondern die Nachfrage an zentraler Stelle zu stehen hat.

Die Auswirkung dieses Berichts war (und ist) gross und hat sich nicht
nur auf den Gesundheitssektor beschränkt.
Durch die Einführung der Marktwirkung werden die Einrichtungen
quasi gezwungen, auf demselben Markt miteinander in Konkurrenz zu
treten – dies mit der Absicht, dass Klienten und Klientinnen genau
das bekommen, was sie verlangen – oder, wie schon gesagt: nicht
das Angebot, sondern die Nachfrage seitens Klienten und Klientinnen
steht im Mittelpunkt. Ein Beispiel dazu findet sich im Bereich der
häuslichen (nicht-stationären) Gesundheits- und Sozialhilfe: Dadurch,
dass Klienten und Klientinnen ein personengebundenes Budget bewilligt wird, können diese ihre Hilfeleistungen selber «einkaufen» –
und haben dabei in Bezug auf Form und Zeitpunkt völlig freie Hand.

Funktionsgerichtete Ordnung der Hilfe
Die Idee einer funktionellen Einteilung der Hilfe ist das Resultat des
Konzeptes der zentralen Anlaufstelle. Die angestrebte Wirkung be-

steht darin, dass Klienten und Klientinnen nicht für allerhand Teilprobleme auf Helfer und Helferinnen aus unterschiedlichen Einrichtungen angewiesen sind. Die Hilfe wird nach «Funktionen» bestimmt. Diese Funktionen sind als ein Cluster inhaltlich zusammenhängender Aktivitäten zu betrachten, welche für eine bestimmte Form von Hilfe- oder Dienstleistungen charakteristisch sind. Eine funktionelle Aufteilung kommt zurzeit vor allem in der Jugendhilfe (in multifunktionellen Organisationen oder MFOs) und in der Psychiatrie (in multifunktionellen Einheiten oder MFEs) zur Anwendung. Die Hilfeleistungen nehmen aber nicht nur als Funktion Gestalt an. Innerhalb der Funktionen selber werden Programme entwickelt, um die Funktionen «übersetzen» und operationalisieren zu können. Eine solche Verfahrensweise kann aber in Widerspruch geraten zum Ausgangspunkt, dass die Nachfrage des Klienten und der Klientin an zentraler Stelle zu stehen habe.

Die Priorität der Nachfrage
Im Bereich der zentralen Anlaufstelle ist noch eine weitere Entwicklung im Gang. In einer Reihe von Gemeinden sind sogenannte «Nachfrage-Stellen» eröffnet worden – dies mit zweifacher Absicht:

a) Man möchte die «Angebotsstellen», wo die Nachfrage der Klienten und Klientinnen in ein vorhandenes Angebot eingepasst wird, aufheben.

b) Zugleich aber werden Anstrengungen unternommen, Klienten und Klientinnen mit jenen Leistungen, die verhältnismässig wenig verlangt werden, bekannt zu machen – dies, weil nicht ganz klar ist, über wieviel Information Klienten und Klientinnen hinsichtlich der ihnen gebotenen Möglichkeiten nun tatsächlich verfügen.

Dezentralisierung
Der Staat ist bereits während längerer Zeit damit beschäftigt, möglichst viele Aufgaben und Kompetenzen an die Lokalbehörden abzutreten. Ausserdem steht Dezentralisierung für das Bestreben, die Hilfeleistungen möglichst nahe dem Wohnort von Klienten und Klientinnen zur Verfügung zu stellen. In der Jugendhilfe z.B. hat dies zu einer landesweiten Streuung stationärer Einrichtungen geführt. Mindestens ein Paradox ist bei diesen Entwicklungen unübersehbar: Die Dezentralisierung verursacht eine gewaltige Fusionswelle und Clusterbildung mit hohen Anteilen an «Multifunktionalität».

Dadurch drohen abermals Labyrinthe zu entstehen; der Unterschied zu den bereits bestehenden ist, dass sich jetzt am Eingang immerhin Tafeln befinden, worauf zu lesen ist, was für ein Labyrinth man demnächst betreten wird.

Von stationären zu ambulanten Hilfe- und Behandlungsformen

In Bezug auf Heime und Einrichtungen ist zurzeit eine Verlagerung zugunsten von flexibleren, offeneren Versorgungs- und Hilfeangeboten im Gang. Auch hier kann festgestellt werden, dass im Sog dieser Massnahmen neue Probleme entstehen – ganz speziell im Bereich der Jugendhilfe, wo es infolge Heimschliessungen an Plätzen für schwer zu behandelnde Jugendliche mangelt sowie in der ambulanten Hilfe und Sozialpsychiatrie für chronische Patienten(innen), wo man über zu wenig Kapazität verfügt, um die aus psychiatrischen Einrichtungen entlassenen Personen betreuen zu können.

Spezifische Veränderungen in der Sozialarbeit

Neben den eher allgemeinen sind auch spezifische Neuerungen auszumachen. Dabei handelt es sich um folgende Schwerpunkte:

Vom Individuum zum Individuum-in-seinem-Umfeld

Dem Lebenskontext der Menschen wird grössere Aufmerksamkeit gewidmet. Dies kommt zum Ausdruck in einer sozialökologischen Betrachtungsweise, aber auch in der Hilfe, die den Leuten beim Aufbauen oder bei der Aktivierung ihrer eigenen sozialen Netzwerke geboten wird.

Von Problemen zu Bedürfnissen

Stellt man die Bedürfnisse/Wünsche der Klienten und Klientinnen ins Zentrum einer Hilfeleistung, so zeigt sich, dass auf dem Weg zur Erfüllung gewisse Probleme auftreten können, welche anschliessend (pragmatisch, ad hoc) beseitigt werden müssen. Es hat sich herausgestellt, dass dieser positive Zugriff (Bedürfnisbefriedigung als Ziel) mehr Lösungen bietet als das Akzentuieren von Schwierigkeiten (Problembeseitigung als Ziel).

Von Hindernissen zu Möglichkeiten

Der Switch von Hindernis zu Möglichkeit bedeutet den Verzicht auf ein Defizitmodell wie es in der Sozialarbeit lange Zeit verwendet worden ist.

Von Kompensation zu Aktivierung

Anschliessend an die praktischen Möglichkeiten, welche Klienten und Klientinnen zur Verfügung stehen, ist die Sozialarbeit bestrebt, sie zu aktivieren und zu Partnern und Partnerinnen bei der Hilfeleistung zu machen.

Von Rechten zu Rechten **und** Pflichten

Mindestens zwei Entwicklungen sind hier zu beobachten. Erstens auf der Ebene der sozialen Sicherheit: Die Sozialhilfeberechtigten haben nicht länger nur noch Rechte, sondern müssen in zunehmendem Mass auch die damit verbundenen Pflichten erfüllen. Zweitens entstehen Klienten und Klientinnen «Pflichten» aus den Sozialhilfe-Kontrakten, welche zwischen Sozialarbeitern/Sozialarbeiterinnen und Klienten/Klientinnen abgeschlossen werden. Darin verpflichten nicht nur die Sozialarbeiter und Sozialarbeiterinnen sich, bestimmte Handlungen zu tätigen, sondern ebenso die fordernde Seite, so z. B. im Falle der an Auflagen geknüpften Unterstützung im Rahmen einer Schuld(en)sanierung.

Von prozessmässiger zu prozess- **und** planmässiger Arbeit

War prozessmässige Hilfe (verstanden als sich phasenweise ausformende Leistungen) früher oft ein Synonym für «Kontakte mit offener Laufzeit», wobei bloss der Start fixiert war, so wird heute prozessmässige Hilfe in allen Fachbereichen in einen planmässigen Rahmen eingebettet, d. h. in einen Sozialhilfeplan, in dem Ziele und Schritte festgehalten sind.

Von Optionen zu «messbaren» Zielen

Im Anschluss an die planmässige Arbeit besteht die Möglichkeit, Ziele zu formulieren, die auf Effizienz und Effektivität geprüft werden können. Darin liegt die Grundlage für die Qualität der Hilfe.

Von einer tranchierten zu einer integrierten Verfahrensweise

Eine komplexe Problematik, mit deren Lösung sich mehrere Helfer und Helferinnen zu befassen haben, verlangt eine integrierte Verfahrensweise, welche die verschiedenen Aspekte der Hilfeleistung gegenseitig verquickt. Durch den so entstandenen Zusammenhang wird das Engagement von Klienten und Klientinnen gesteigert.

Von «meinen» zu «unseren» Klienten und Klientinnen

Eine der Folgen des integrierten Vorgehens ist, dass keine(r) der involvierten Helfer und Helferinnen weiterhin von «meinen» Klienten und Klientinnen reden kann. Das Hilfsteam arbeitet jetzt mit «unseren» Klienten und Klientinnen – die aber immer auch selber – entsprechend ihren Möglichkeiten – die Hilfe mitzugestalten haben.

Angelegenheiten, mit denen die Sozialarbeit in zunehmendem Mass konfrontiert wird

Disziplinierung

Disziplinierung erfolgt durch die Arbeit mit Protokollen und Programmen. Die Hilfe wird durch Pläne und die Anwendung von straff strukturierten Intakemodellen mehr und mehr standardisiert.

Bürokratie

Namentlich Sozialarbeiter und Sozialarbeiterinnen, die bei den kommunalen Sozialdiensten für die Sozialhilfe(-leistungen) zuständig sind, stellen fest, dass sich ihre Arbeit immer stärker im Durchführen von Kontrollen zu erschöpfen droht – mit der Folge, dass sie sich ausserstande sehen, ihre Klienten und Klientinnen so zu unterstützen, dass diese (wieder) auf die Sozialhilfe verzichten könnten.

Das Treffen von Entscheidungen

Nicht nur die Einrichtungen müssen in Bezug auf die Frage, wem auf welche Weise wie lange geholfen werden kann oder darf, zu Entscheidungen kommen; auch der einzelne Sozialarbeiter/die einzelne Sozialarbeiterin muss sich je länger, je mehr mit der Frage auseinandersetzen, welche Hilfeleistungen er/sie anbieten kann. Dies führt bisweilen zu schmerzhaften Beschlüssen – schmerzhaft, weil in bestimmten Situationen der Kontakt zu Klientinnen und Klienten, die noch länger Hilfe nötig hätten, abgebrochen werden muss.

In diesem Zusammenhang darf auf die so genannte «managed care» in den Vereinigten Staaten verwiesen werden, wo der Versicherer auf jeden Fall über die Dauer der Hilfe und – in wachsendem Mass – auch über deren Inhalt entscheidet.

Einige Verschiebungen in Bezug auf Verantwortung und Hilfspraxis

Legitimierung

Die amerikanische «managed care» demonstriert, wie wichtig es ist, dass Helfende ihre Legitimation fundieren, indem sie explizieren, was sie machen und aufzeigen, welche Effekte ihre Hilfeleistung zeitigt. Ausserdem wird die Sozialarbeit in wachsendem Mass und von mehreren Seiten (u. a. von Klienten/Klientinnen, Medien und der richterlichen Gewalt) aufgefordert, glaubhaft zu begründen, wieso sie in bestimmten Situationen eingegriffen oder eben nicht eingegriffen hat.

Netzwerkentwicklung und Klärung der Anträge auf Hilfe
Unter Einfluss der Effizienz- und Effektivitätsanforderungen wird im Hilfe-Sektor immer grösseres Gewicht gelegt auf mehr Einsicht in die Anträge auf Hilfe, wobei zwischen *Wunsch* nach und *Antrag* auf Hilfe unterschieden wird.
Der *Wunsch nach Hilfe* ensteht aufgrund einer von Klienten und Klientinnen selber ausgeheckten Lösung(smöglichkeit), welche sie aber allein nicht umsetzen können und die deshalb nun selber zum Problem wird.

Beim *Antrag auf Hilfe* hingegen wird ausgegangen von jenen Bedürfnissen der Klienten und Klientinnen, bei deren Erfüllung sowohl sie selbst wie auch ihre soziale Umgebung möglicherweise eine aktive Rolle spielen können. Durch die Klärung des Antrages auf Hilfe haben professionelle Helfer und Helferinnen Gelegenheit, ihr Vorgehen auf drei Basisfragen abzustützen:

a) Was können Klienten und Klientinnen in Bezug auf ihre Situation selber beisteuern?
b) Welchen Beitrag kann die soziale Umgebung der Klienten und Klientinnen eventuell leisten?
c) In Anbetracht der Punkte a) und b): Wieviel und was für Unterstützung sollen professionelle Helfer und Helferinnen dabei noch zur Verfügung stellen?

Dieses Vorgehen führt, was Klienten und Klientinnen betrifft, zur Aktivierung anstatt Kompensierung und was die soziale Umgebung betrifft, zur Entwicklung und Pflege von Netzwerken.

Organisation und Koordination der Hilfe
Sind zur Bewältigung komplexer Problematik mehrere Disziplinen und/oder Einrichtungen involviert, so kommt es immer häufiger zu integralen Formen von Hilfe. Diese müssen aber klar organisiert und koordiniert werden. In gewissen Arbeitsfeldern (u. a. in der Arbeit mit geistig Behinderten und in der Gefangenenfürsorge/Resozialisierung) übernehmen Sozialarbeiter und Sozialarbeiterinnen das Casemanagement.

Der Kern des Casemanagements ist das Organisieren von (professionellen oder nicht-professionellen) Hilfe- und Dienstleistungen in Bezug auf komplexe und/oder sich in die Länge ziehende Problematik. Das Ziel ist, die Hilfsbedürftigkeit und Abhängigkeit der Klienten und Klientinnen so gering wie möglich zu halten (Van Riet/Wouters, 1996).

Kooperieren und Verhandeln
Für integrale Hilfe werden Zusammenarbeit und Verhandlungen mit Klienten/Klientinnen, Beteiligten aus deren sozialer Umgebung und mit Fachkräften verschiedener Disziplinen und Einrichtungen vorausgesetzt. Diesem Umstand wird in zunehmendem Mass Aufmerksamkeit geschenkt.

Literatur

U. Beck. Risikogesellschaft. Auf dem Weg in eine andere Modere. Suhrkamp, Frankfurt 1986

U. Beck. Interview met Ulrich Beck door Joop Meijnen: «Niemand weet hoe het verder moet».
In: NRC Handelsblad, 17. März 1997. Bereidheid tot verandering. Commissie Structuur en Financiering Gezondheidszorg.
Den Haag 1987

P. Freire. Pedagogie van de onderdrukten. Baarn 1972

K. Hurrelmann. Einführung in die Sozialisationstheorie: über den Zusammenhang von
Sozialstruktur und Persönlichkeit. Beltz Weinheim 1986

N. van Riet/H. S. Wouters. Casemanagement. Een leer-werkboek over de organisatie en
coördinatie van zorg-, hulp- en dienstverlening. Van Gorcum, Assen 1996
Dieser Band erscheint in deutscher Fassung unter dem Titel «Case Management». Luzern 2000

N. v. Riet/H. S. Wouters. Met het oog op morgen. Studie Toekomstverkenning in opdracht van de projectgroep (H)erkende
Kwaliteit MDW. Hogeschool van Amsterdam 1997

N. v. Riet/H. S. Wouters. helpen = Leren. Emanciperende hulpverlening als methode van het maatschappelijk werk.
Van Gorcum, Assen 1997

D. Wildemeersch. «International Journal of Lifelong Education.» In: International Journal of
Lifelong Education, Ausgabe 10 (2), Seiten 151–158

D. Wildemeersch. «Een verantwoorde uitweg leren. Over sociaal-agogisch handelen in de
risicomaatschappij.» Inaugurele Rede, Nijmegen

Geert van der Laan

Allgemeine Sozialarbeit:
Sozialpolitik für individuelle Hilfe

Die Allgemeine Sozialarbeit (= algemeen maatschappelijk werk/AMW) in den Niederlanden ist eine eigenständige Disziplin und hat sich von alters her aus der privaten/freien Sozialinitiative entwickelt. Sie ist auf lokaler Ebene tätig, tiefschwellig, bewegt sich im Grenzgebiet der Sozial- und Gesundheitspolitik und richtet sich auf beziehungsmässige, materielle und psychische Probleme oder auf deren Verquickungen.

Die Allgemeine Sozialarbeit umfasst gut 150 Einrichtungen, in denen etwa 2500 Sozialarbeiter und Sozialarbeiterinnen tätig sind, die ungefähr eine halbe Million Klienten und Klientinnen pro Jahr erreichen – was mehr als 3% der niederländischen Bevölkerung entspricht.

Seit eh und je bestehen Spannungen zwischen der Sozialarbeit und der Sozialpolitik sowie zwischen der Sozialarbeit und dem Gesundheitssektor – Spannungen, welche bei den aktuellen Neuorientierungsbestrebungen der sozialen Sicherheit und der Einführung des Marktprinzips prägnant ans Licht treten. Von der Sozialarbeit wird erwartet, dass sie, unter Berücksichtigung der Konsumentenwünsche, Massarbeit liefert, zugleich aber die Bürger und Bürgerinnen auf ihre Selbstverantwortung in einem sanierten Sozialstaat aufmerksam macht.

Dies bedeutet aber, dass der Forderung an die Sozialarbeit, sie solle doch bitte vermehrt nachfrageorientiert auftreten, eine doppelte Bedeutung innewohnt. Die positive Bedeutung liegt darin, dass von Seiten der Sozialpolitik nicht länger in Kategorien gedacht, sondern mit Individuen gerechnet wird – was dem individuellen Wohlfahrtserlebnis der Bürger und Bürgerinnen zweifellos entgegenkommt. Das

Trügerische daran ist aber, dass diese Individualisierung zugleich (auch) das Resultat der Sanierungspolitik in Bezug auf den Sozialstaat ist. Das Kollektivrisiko wird ersetzt durch das Einzelrisiko, die staatliche Protektion fällt dahin und jede Einzelperson muss jetzt selber schauen, dass oder wie sie als Konsument(in) auf dem Markt überleben kann. Mit anderen Worten: Die Abhängigkeit vom Staat wird von einer Marktabhängigkeit abgelöst.

Für die Sozialarbeit bedeutet nun dies, dass sie sich in Anbetracht der sich verändernden gesellschaftlichen Verhältnissen erneut Gedanken über ihre professionelle Rolle machen muss.

Der Stellenwert von Wohlfahrt im Erleben der Bürger und Bürgerinnen

In einer Untersuchung nach dem Wohlfahrtserlebnis in der niederländischen Stadt Dordrecht (Hortulanus et al., 1992) haben Forscher der Universität Utrecht den Versuch unternommen, die subjektive Seite der Sozialpolitik greifbar zu machen. Die Gemeinde Dordrecht hatte sie gebeten, ausfindig zu machen, inwieweit die Bürger und Bürgerinnen sich mit der lokalen Sozialpolitik identifizieren konnten. Die Resultate des Forschungsprojektes bedeuteten nicht nur für Dordrecht, sondern auch für weitere niederländische Gemeindeverwaltungen eine herbe Enttäuschung. In ihren allgemeinen Zügen basierte in Dordrecht die Sozialpolitik (wie in vielen anderen Gemeinden) auf der Annahme, dass eine Kumulierung gesellschaftlicher Probleme zu Gefühlen des Unbehagens führen müsse. Die traditionellen Indikatoren für Problemkumulierung sind: niedriger Ausbildungsstand, geringes Einkommen, Arbeitslosigkeit und Wohnen in einem rückständigen Quartier. In der Sozialpolitik kursieren demzufolge Meinungen und Überzeugungen wie:

- sozialer Rückstand habe einen negativen Effekt auf gesellschaftliche Partizipation;
- Menschen mit niedrigem Einkommen, schlechter Ausbildung und ohne Arbeit seien gesellschaftlich isoliert.

Die Forscher fanden aber heraus, dass die supponierte Problemkumulation nur für eine kleine Gruppe von Bürgern und Bürgerinnen Gültigkeit hatte. Verallgemeinernd wurde festgehalten, dass die objektiven Lebensbedingungen bei weitem nicht immer quasi zwangsläufig zu subjektiven Deprivationsgefühlen und sozialer Aussperrung führen müssen. Viele Leute in rückständigen Gebieten haben überhaupt nicht das Gefühl, benachteiligt zu sein. So fühlen sich z. B. Betagte, Kranke und Arbeitslose nicht stärker isoliert als andere; die einzige Gruppe, für die (in Dordrecht) soziale Isolierung eine wichtige Rolle spielte, waren alleinerziehende Eltern. Die Forscher konnten glaubhaft darlegen, dass Leute, die sich sozial isoliert vorkommen, Argumente ins Feld führen, die stark von den objektiven Rückständigkeitsindikatoren abweichen. Die Betroffenen gaben an, dass soziale Isolierung mit einer Reihe von Faktoren wie Qualität der primären/ direkten Beziehungen, fehlender Selbstachtung oder traumatischen Erfahrungen in Verbindung stehe. Die Forscher präsentierten ihre Resultate in Form eines Schemas, das aus einem von Schalen umgebenen Kern besteht. Dieser «harte» Kern nun ist das Wohlfahrtsgefühl (-erlebnis), eine subjektive Kategorie pur sang, und er entspricht mehr oder weniger jener Definition, womit der Amsterdamer Soziologe Schuyt Wohlfahrt einmal bezeichnet hat (Wohlfahrt = die fundamentale Bejahung des Daseins).

Um diesen Kern herum befindet sich eine Anzahl Schalen, die gemäss ihrer Einwirkung auf die (seelische) Befindlichkeit der Bürger(innen) angeordnet sind: grob gesprochen repräsentieren die Schalen von innen nach aussen betrachtet psychologische, sozialpsychologische und soziologische Faktoren. Die Schlussfolgerung der Forscher ist also, dass psychologische Faktoren mehr Einfluss auf Gefühle des Unbehagens bzw. der Zufriedenheit haben als soziologische. Namentlich die hypothetische Beziehung zwischen struktureller Arbeitslosigkeit und Unbehagen wird von den Forschern scharf zurückgewiesen. Bemerkenswert ist, dass im Untersuchungsbericht wiederholt lobende Bemerkungen an die Adresse der Sozialarbeit geäussert werden, weil sie eine der wenigen Arbeitsbereiche sei, die sich um die individuelle Wohlfahrtsempfindung (Lebensqualität) der Bürger und Bürgerinnen kümmere. Sozialarbeiter und Sozialarbeiterinnen pflegen ja bekanntlich ihre Klienten und Klientinnen zu fragen: «Wie geht es Ihnen?» oder «Was meinen Sie eigentlich selber dazu?».

Dieser «sanfte» Weg der Sozialarbeit – in der Öffentlichkeit wiederholt Gegenstand von Witz und Spöttelei – wird im Forschungsbericht lobend erwähnt. Anstatt des Topdown-Verfahrens der Sozialpolitik mit Hilfe dessen die Bürger und Bürgerinnen in Kategorien untergebracht werden (in denen die Erfassten sich selber übrigens – laut Untersuchung – nicht zurückzufinden vermochten) präferiert die Sozialarbeit eine subjektivere Ansteuerung der Sozialproblematik. Die Sozialarbeit orientiert sich an Fragen und Problemen, liefert individuelle Massarbeit innerhalb der Lebenswelt der Klienten und Klientinnen und spricht dabei dieselbe Sprache wie sie. In der Kritik, welche die Sozialpolitik in den vergangenen Jahren an die Adresse der Sozialarbeit geäussert hat, wurde ihr angelastet, sie richte sich zu stark auf das individuelle Erleben und könne in Bezug auf effektive Lösungen für jene Problembereiche, welche von den harten Indikatoren angezeigt worden seien, zu wenig Resultat verbuchen. Die Richtigkeit dieser Kritik wird nun aber von den Forschungsresultaten ernsthaft in Frage gestellt.

Natürlich muss verhindert werden, dass diese Untersuchungsergebnisse anfangen, ein eigenes Leben zu führen und dass die Sozialpolitik und die von ihr ergriffenen Massnahmen den subjektiven Faktor zu einer «Therapeutokratie» anschwellen lässt. Gleich werden wir nämlich sehen, dass die niederländische Sozialarbeit ihre eigentliche Aufgabe eine Zeit lang vernachlässigt hat, indem sie über Gebühr an der Psychotherapie orientiert gewesen ist. Ausserdem haben die unerwarteten Komplimente seitens der Soziologen in Bezug auf die individualisierende Vorgehensweise für die Sozialarbeit noch einen weiteren Haken, passt doch gerade Individualisierung hervorragend in den Rahmen der Restrukturierung des Sozialstaates. Dessen Neuorientierung bedeutet eine Bewegung von der institutionalisierten/ öffentlichen zu einer zurückhaltenden («residualen») Sozialpolitik (De Gier, 1998) und damit zu Entsolidarisierung.

Bei institutionellen sozialpolitischen Massnahmen geht es um Solidarität und die gemeinsame Haftung für Risiken. Das Solidaritätsprinzip ist in den Niederlanden in der Gesetzgebung über die Altersversorgung verankert; die jetzige Generation der Arbeitenden finanziert die Altersrenten ihrer Eltern. Das Prinzip kollektiv zu tragender Risiken findet sich u. a. bei den Erwerbsunfähigkeitsversicherungen. Der so genannte residualen Sozialpolitik aber geht es um individuelle Verantwortlichkeit und individuelles Risiko. Es bleibt den Bürgern und Bürgerinnen überlassen, sich gegen eventuelle Notlagen oder Engpässe abzusichern, sei es durch das Nachgehen einer bezahlten Arbeit, sei es durch das Abschliessen privater Versicherungen (vgl. Abb. 1).

Abb. 1

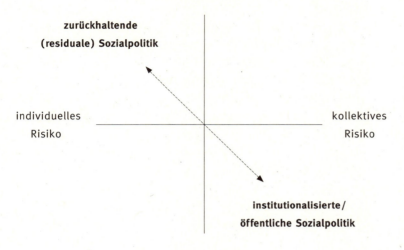

Persönliche/individuelle
Verantwortlichkeit

zurückhaltende
(residuale) Sozialpolitik

individuelles
Risiko

kollektives
Risiko

institutionalisierte/
öffentliche Sozialpolitik

Solidarität

Die Sanierung der sozialen Sicherheit wird in den Niederlanden also gekennzeichnet durch eine Bewegung, die jener der 50er und 60er Jahre entgegenläuft. Beim Aufbau des Sozialstaates verlief die Entwicklung weg von der Individualisierung in Richtung Kollektivierung; die Sanierung des Sozialstaates geht – wenn auch zaghaft – den umgekehrten Weg. Deshalb ist Individualisierung ein ausgeprägt zweideutiger Begriff. Trotzdem hebt die Untersuchung in Dordrecht einen interessanten Aspekt hervor, aktualisiert sie doch die in den Niederlanden einigermassen ins Abseits geratene Auffassung dessen, was Sozialarbeit (auch) sein sollte, nämlich eine *Sozialpolitik die auf individuelle Hilfe ausgerichtet ist.*

Eine Sozialpolitik für individuelle Hilfe

Koenis hat vor einigen Jahren die doppeldeutige Position der Sozialarbeit bei der Entstehung des Sozialstaates charakterisiert (Koenis, 1993). Sowohl der Sozialstaat wie auch die Sozialarbeit entstammen der Armenpflege des 19. Jahrhunderts. Die Ambiguität liegt nun darin, dass der Sozialstaat sich auf das Finden von *kollektiven* Lösungen für materielle Notlagen konzentrierte, während sich die Sozialarbeit (quasi ergänzend) mit deren *individuellen* Aspekten zu befassen hatte. Die fortschreitende Kollektivierung führte somit zu einer Art

Restfunktion für die Sozialarbeit; sie hatte sich jener Fälle anzunehmen, für die noch keine kollektive Lösung ausgehandelt worden war. Laut Koenis liegt die Kontinuität der Sozialarbeit denn auch im Spannungsfeld zwischen Partikularisierung (= Sozialarbeit) und Kollektivierung (= Sozialpolitik); oder – wie es der Soziologe van Doorn in den 60er Jahren formulierte – zwischen Einzelfall und Institution. Daher die Aufmerksamkeit für die individuelle Hilfe *(casework)*. Daher aber auch das wachsende Interesse an der immateriellen Problematik. Die Einführung des Allgemeinen Sozialhilfegesetzes Mitte der 60er Jahre bedeutete für die Sozialarbeit eine Wende zu den immaterielleren Seiten sozialer Not.

Am Rande erwähnt Koenis noch eine dritte Tendenz: die Kollektivierung des Rechts auf Wohlfahrt. Die Gegenüberstellung von Wohlstand und Wohlfahrt – sie war besonders in den 60er und 70er Jahren aktuell – führte dazu, dass die immaterielle Seite, d. h. die Wohlfahrt, unter die Fittiche der Allgemeinen Wohlfahrts- oder Sozialarbeit kam. Der Slogan «Wohlfahrt für alle!» war übrigens nur kurz en vogue und verschwand bei den ersten Krisenerscheinungen des Sozialstaates schnell wieder in der Versenkung.

Abb. 2

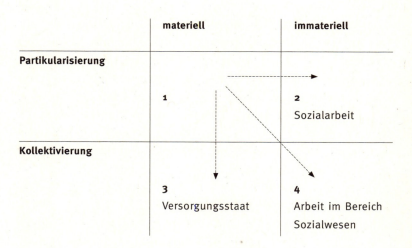

	materiell	immateriell
Partikularisierung	1	2 Sozialarbeit
Kollektivierung	3 Versorgungsstaat	4 Arbeit im Bereich Sozialwesen

Es ist wichtig, kurz bei der konkreten Ausarbeitung der Sozialpolitik in den Niederlanden und bei der Rolle, welche die Sozialarbeit darin spielte, zu verweilen (vgl. van der Laan, 1997).

Das Resultat des Kollektivierungsprozesses war, dass die kommunalen Sozialdienste angewiesen wurden, das Sozialhilfegesetz zur An-

wendung zu bringen. Bei den Sozialdiensten (-ämtern) wurden viele
Personen mit einer Ausbildung in Sozialarbeit angestellt, welche die
Ausführung des Gesetzes in die Hand nehmen sollten. Diese waren
aber nach Ansicht des Berufsverbandes für Sozialarbeit nun doch
eher Beamte und Beamtinnen als professionelle Sozialarbeiter und
Sozialarbeiterinnen. Jahrelang wurde gerungen um eine Antwort auf
die Frage, ob Sozialarbeiter und Sozialarbeiterinnen, die in der öffentlich-rechtlichen Sozialhilfe (Fürsorge) tätig sind, Mitglied des Berufsverbandes sein dürften. Diese Auseinandersetzung wiederholt sich
zurzeit in Bezug auf die Position der Absolventen und Absolventinnen des Studienganges *Sozialjuristischer Dienstleistung.*

Von jenem Moment an, als die Sozialdienste die kollektivierte materielle Hilfe übernommen hatten, richteten die – aus nicht-staatlichen
Initiativen entstandenen – Einrichtungen für Allgemeine Sozialarbeit
sich immer mehr auf die immaterielle Not von Individuen und Familien. Auf diese Weise entstand eine Trennung zwischen materieller
und immaterieller Hilfe, wobei aber die Allgemeine Sozialarbeit teilweise die gleiche Personenkategorie ansprach oder erfasste wie die
Sozialdienste(-ämter).

Immer häufiger wurden die Bezieher(innen) von wirtschaftlicher Sozialhilfe für die Umsetzung ihres Rechts auf Einkommen beim Sozialdienst vorstellig, während sie sich bei Beziehungsproblemen und
psychischen Schwierigkeiten an die Allgemeine Sozialarbeit wende-
ten. Bis auf den heutigen Tag dauert diese «Spaltung» an, obwohl
seit der Einführung des neuen Sozialhilfegesetzes im Jahre 1995
wieder mehr Aufmerksamkeit für die Verquickung von materieller
und immaterieller Problematik besteht. Die Allgemeine Sozialarbeit
kommt jetzt in zunehmendem Mass zum Einsatz bei Schuldensanie-
rungen, Wohnproblemen sowie Massnahmen zur Reintegration von
Sozialhilfebeziehern und -bezieherinnen in den Arbeitsprozess.

Individualisierung und Kollektivierung

Die Spannung zwischen Individualisierung und Kollektivierung sowie
die Trennung von materieller und immaterieller Not haben seit der
Entwicklung der Sozialsicherungsgesetzgebung die Gemüter erhitzt.
Aus einer Analyse Schells zur Geschichte des Allgemeinen Sozialhilfegesetzes geht hervor, dass es dabei auch immer schon widersprüch-
liche Tendenzen gegeben hat (Schell, 1995).

Als nach dem Zweiten Weltkrieg der weitere Ausbau der sozialen
Sicherheit von der Auffassung getragen wurde, «Bedürftige» seien

vollwertige Mitglieder der Gesellschaft, mutierten diese in der Folge vom Objekt der Hilfe zu Trägern von Rechten. Im Bereich der materiellen Hilfe wurde die nicht-staatliche Aktivität (d. h. die Sozialarbeit) allmählich weiter ins Abseits gedrängt. Schell schreibt über diese Phase der Allgemeinen Sozialarbeit: «Man machte sich auf die Suche nach neuen Beschäftigungen und fand sie vor allem bei den immateriellen Hilfeleistungen. Dadurch nahm die Differenzierung zwischen finanzieller und nicht-finanzieller Hilfe konkrete Gestalt an» (Schell, 1995).

Es sollte aber noch bis Mitte der 60er Jahre dauern, ehe den modifizierten Ansichten und praktischen Tätigkeiten hinsichtlich Armutsbekämpfung durch das Allgemeine Sozialhilfegesetz ein juristisches Fundament zuteil wurde.
In diesem Gesetz war jedoch nur die finanzielle Sozialhilfe geregelt worden – die immaterielle Sicherheit lag ausserhalb dessen Wirkungsbereiches. Nach Auffassung der damaligen Minister basierte die alte Praxis der Armenpflege, welche der Sozialarbeit beim Verquicken von materiellen und immateriellen Angelegenheiten viel Spielraum belassen hatte, auf einer ungeeigneten Grundlage, hatten doch Soziologen immer mit Überzeugung betont, dass die Ursachen der Armut in der Regel nicht bei den Betroffenen selber und/oder ihrer Lebenswelt zu orten seien. Auch zeigte sich, dass bei denjenigen, die der Sozialarbeit bedurften, oft ebenso sehr andere Dienstleistungsformen wie Gesundheitshilfe, berufliche Hilfe und soziokulturelle Arbeit erwünscht waren. Und damit stellte sich unweigerlich auch die Frage, wieso denn eigentlich die finanzielle Unterstützung (just) an die Sozialarbeit gekoppelt werden sollte. Andererseits aber wollte man die gegenseitige Beziehung zwischen materiellen und immateriellen Problemen keineswegs leugnen. Bei der (materiellen) Sozialhilfe war deshalb «ein persönliches Interesse an den Klienten und Klientinnen» erforderlich. Und dies hatte Folgen für die Aufgaben der bei den Sozialdiensten tätigen Sozialarbeiter und Sozialarbeiterinnen, denn ausgerechnet diese Sozialdienste wurden mehr und mehr zu «Finanzhilfefabriken» umgeformt. Darüber gleich mehr. Plädoyers für eine landesweit gültige Normierung der Sozialhilfe und solche für Individualisierung, d. h. für Massarbeit auf lokaler Ebene, wechselten sich im Lauf der Jahre ständig ab.
Und immer ging es dabei um die Standardfrage: Ist das Recht auf Sozialhilfe für Personen ohne Einkommensquellen ein kollektiver

Rechtsanspruch – oder soll jeder Antrag individuell geprüft werden? In den 90er Jahren ist diese Diskussion erneut entbrannt.

So behauptet Kees Schuyt in seinem Buch über das Herz des Wohlfahrts- oder Sozialstaates (Schuyt, 1991), dass in den Niederlanden ein System der administrativen (verwaltungsmässigen) Solidarität gewachsen sei: «(...) das Grundprinzip der Solidarität als moralische Basis des Sozialstaates hat sich verengt zu einer administrativen Norm, welche in allerlei stark verselbständigten und fragmentierten Büros, Stellen und Ämtern von Dienstleistungsexperten in unpersönlicher Art und Weise gehandhabt wird.» Ein besonderes Merkmal des gegenwärtigen Sozialstaates ist laut Schuyt denn auch «das Unvermögen, die am dringendsten auf Hilfe Angewiesenen sowie die Schwächsten der Gesellschaft mit anderen Mitteln als mit administrativen, anonymen Personen-Kategorien zu erfassen».

Den Höhepunkt in dieser Entwicklung erreichten die Sozialdienste in den 80er Jahren. Am Anfang jenes Jahrzehnts gerieten sie wegen der enormen Zunahme von Leistungsempfängern und -empfängerinnen unter starken Druck. Die Wirtschaftsrezession, die Sparmassnahmen bei den Staatsausgaben und die Durchführung der in den 70er Jahren hinausgezögerten Restrukturierung der Wirtschaft führte zu Massenentlassungen und zur Entstehung neuer Armutsformen. Viele Sozialdienste überliessen die letzten Reste immaterieller Hilfe der Allgemeinen Sozialarbeit oder der seelisch-geistigen Gesundheitshilfe und konzentrierten sich auf ihre Kernaktivität, das Verschaffen von materiellen Sozialleistungen. Sie entwickelten sich wie erwähnt zu veritablen «Finanzhilfefabriken». Soziale Einrichtungen wurden nunmehr oft als «Fertigungsstrassen» charakterisiert. Diese Metapher entstammt übrigens nicht bloss den Routinetätigkeiten, welche in zunehmendem Mass in den Einrichtungen anzutreffen waren; Mitte der 80er Jahre wurde auch lauthals für Marktwirkung im sozialen Sektor plädiert – mit der Folge, dass eine betriebswissenschaftliche Terminologie Einzug hielt. Anfang 1986 z. B. gab der Sozialdienst der Stadt Groningen bekannt, er werde die immaterielle Hilfe aus seinem Dienstleistungspaket streichen. Die Stichwörter, die mit dem Kurswechsel in seiner Sozialpolitik einher gingen waren: «Beherrschung des Produktionsprozesses», «gute Betriebsführung», «zweckmässigere Organisation» und «flexiblere Personalpolitik».

Die neue Sozialpolitik war eingeführt worden, weil – laut Angaben eines Befragten – der massive Zustrom von Klienten und Klientinnen zu «unhaltbaren Verhältnissen geführt hatte». Dies wiederum habe

«beim Personal entweder Depressionen oder Aggressivität herauf-
beschworen».

Parallel zu diesem Zustrom änderten sich bei den in den Sozialämtern tätigen Sozialarbeiter und Sozialarbeiterinnen auch die Ansichten hinsichtlich der Relation zwischen materieller und immaterieller
Hilfe. Ein Befragter: «Vor acht Jahren stand ich jenen näher, die
sagten, materielle und immaterielle Hilfe liessen sich nicht trennen.»
Inzwischen sei er aber zur Überzeugung gelangt, der wachsende Zustrom von Klienten und Klientinnen erfordere einen neuen Ansatz:
«Man muss die Personenflut, die Tag für Tag in das Gebäude strömt,
besser kanalisieren und kontrollierbar machen.» Wobei er aber
nichts von einer radikalen Kehrtwende wissen wolle: «Nein, ich habe
meinen Glauben nicht abgelegt. Ich habe nur meine Antennne anders
eingestellt. Ich betrachte immaterielle Hilfe als ebenso wertvoll wie
materielle. Schafft man aber die immaterielle Hilfe ab, so lässt sich
die Qualität der materiellen steigern. Was wir wollen, ist ein besse-
res Produkt liefern.»

Mittlerweile hat die neue Sachlichkeit im Sozialamt von Groningen
offenbar Erfolge verbuchen können. Der Presse war zu entnehmen,
dieser Sozialdienst gehöre zu den besten des Landes. Laut einer
Untersuchung des Verbraucherverbandes in 21 niederländischen Sozialämtern hat sich der Groninger Dienst vor allem beim «Informieren
der Klienten und Klientinnen» einen Namen gemacht.

Die Massnahmen und Leitlinien der in obigem Stil operierenden Sozialdienste liessen sich folgendermassen auf den Punkt bringen:
*Keine unzufriedene Klienten und Klientinnen mehr – nur noch zufrie-
dene Konsumenten und Konsumentinnen!*

Obwohl es den Sozialdiensten immer ein Anliegen gewesen war, im
Schnittpunkt der finanziellen und der immateriellen Sozialpolitik zu
agieren, ist unübersehbar, dass seit den 80er Jahren die Funktion
Wohlfahrtsarbeit von der wirtschaftlichen Sozialhilfe zur Seite ge-
drückt worden ist.

Zurück zur Individualisierung

Ende der 80er Jahre stellten die Behörden fest, dass sich die Bilanz
zu stark in Richtung nationaler Normierung verschoben hatte. Man
tendierte zur Auffassung, es sei am Individualisierungsprinzip, einer
der wesentlichsten Grundlagen des Sozialhilfegesetzes, gerüttelt
worden. Ausserdem sollte die Funktion der Sozialhilfe nicht bloss auf

das Beheben von Defiziten in den Existenzgrundlagen beschränkt bleiben, sondern sollte auch auf das Verschaffen von Möglichkeiten an Klienten und Klientinnen ausgerichtet sein, damit diese selber wieder ihren Lebensunterhalt bestreiten können. Diese Stossrichtung passt in eine Behördenpolitik, die Sozialhilfe-Bezieher und -bezieherinnen zur Annahme bezahlter Arbeit stimulieren will.

Die Einführung des neuen Sozialhilfegesetzes im Jahre 1995 markiert eine Massnahmenkorrektur in Richtung einer individuelleren Interpretation der sozialen Sicherheit – was sich z. B. kundtut in der neuen Regel, dass alleinerziehenden Müttern mit Kindern über 5 Jahre zugemutet werden darf, wieder bezahlte Arbeit zu verrichten. Zu diesem Zweck müssen Hindernisse, wie psychosoziale Probleme, mit Unterstützung der Hilfeinstanzen beseitigt werden. Die neue Sozialpolitik ist bestrebt, das Auffangnetz des Sozialstaates, welches zu stark als «Hängematte» verwendet wurde, durch ein «Trampolin» zu ersetzen. Dies heisst, dass die im Arbeitsfeld der (staatlichen) Sozialhilfe (Fürsorge) noch verbliebenen Sozialarbeiter und Sozialarbeiterinnen wieder stärker auf ihre eigentliche Berufsidentität angesprochen werden und dass auch die Allgemeine Sozialarbeit sich vermehrt an den Bestrebungen der Sozialämter beteiligt, Sozialhilfebezieher und -bezieherinnen in die Gesellschaft zu reintegrieren – und zwar vor allen Dingen dadurch, dass diese wieder in Lohnarbeit tätig sein können. Und weil die Sozialarbeit seit eh und je auf die Förderung der gesellschaftlichen Partizipation ihrer Klienten und Klientinnen ausgerichtet gewesen ist, gelangt man für diese Aufgabe gewiss mit gutem Grund an sie.

Die Überleitung zu bezahlter Arbeit ist aber seit der Restrukturierung der niederländischen Wirtschaft in den 8oer Jahren problematisch geworden. In den Niederlanden ist – verglichen mit ihren Nachbarländern – die Rede von einer hohen Arbeitsproduktivität mit zu gleicher Zeit – dies die Kehrseite – einer niedrigen Arbeitspartizipation. Kurz: Jener (verhältnismässig) kleine Bevölkerungsteil, der arbeitet, ist sehr effizient und leistungsfähig, der grosse Rest aber befindet sich auf dem Abstellgleis, weil für Personen mit geringer Schulbildung die Arbeit fehlt oder weil viele Leute schlicht nicht (länger) imstande sind, mit dem hohen Tempo Schritt zu halten. Arbeit gleicht heute dem Spitzensport – aber wegen der höheren Ansprüche sind die «Athleten und Athletinnen» auch verletzungsanfälliger geworden oder landen nach ungenügenden Leistungen auf der Ersatzbank.

Unter anderem unter dem Einfluss all dieser Entwicklungen wird die Sozialarbeit immer mehr auf ihre gesellschaftlichen Aufgaben angesprochen; wie z. B. auf Vermittlung beim Wiedereintritt in den Arbeitsprozess, Sanierung von Schulden, das Regeln von Unterkunft oder das Bekämpfen von asozialen Verhaltensweisen.

Dies bedeutet, dass die therapeutischen Fertigkeiten der Sozialarbeiter und Sozialarbeiterinnen auf ganz andere Weise eingesetzt werden müssen. Sie können sich nicht länger auf Sprechzimmer-Therapien mit motivierten Klienten und Klientinnen beschränken. Ein «Outreaching» wäre vonnöten, d. h. man sollte auch wieder mit unmotivierten Klienten und Klientinnen arbeiten. Therapeutische Fertigkeiten müssen künftig vor allem «am Küchentisch» zum Einsatz kommen, z. B. bei der Budgetbetreuung anhand des «Haushaltsbüchleins» oder bei der Tilgung problematischer Schulden.

Ein zweiter Punkt ist, dass die «Aktivierung der Sozialhilfebezieher und -bezieherinnen zu gesellschaftlicher Partizipation», wie es im sozialpolitischen Programm heisst, in der Praxis etliche Hürden zu nehmen hat; es hat sich herausgestellt, dass viele der auf Sozialhilfe Angewiesenen nicht nur mit psychischen und beziehungsbedingten Problemen, sondern auch mit delikaten Schuldenkonstellationen zu kämpfen haben. Es zeigt sich, dass eine stattliche Prozentzahl jener, die im Prinzip für spezielle Arbeitsprojekte in Betracht kämen, dermassen in Finanzproblemen verstrickt ist, dass diese vorrangig, d. h. noch vor der Arbeitsvermittlung, gelöst werden müssen.

Die Therapeutisierung der Allgemeinen Sozialarbeit

Seit der Einführung des Sozialhilfegesetzes Mitte der 60er Jahre hat die Allgemeine Sozialarbeit allmählich Aufgaben, die mit materieller Hilfe im Zusammenhang stehen, abstossen können, wie z. B. die Aufsicht über das Finanz- und Wohnverhalten jener Leute, die auf Armenpflege angewiesen waren – und sie hat sich wieder vermehrt auf die «sichere Mitte» (Draaisma, 1979) richten können. Draaisma konstatierte bei der Allgemeinen Sozialarbeit eine Verschiebung in Richtung von «– aus professioneller Warte betrachtet – fruchtbaren Gebieten» (wie z. B. die Persönlichkeitsbildung und Selbstverwirklichung von Personen aus den mittleren Bevölkerungssegmenten). Ende der 70er Jahre schreibt er:

«Anstatt sich weiterhin primär auf «einfache» Problemlösungen, wie das Erteilen von Information und Ratschlägen, das Leisten von Hilfe bei der Inanspruchnahme von Einrichtungen, Regelungen, Sozial-

hilfe, Unterstützung oder beim Ausfüllen von Formularen usw. auszurichten, befasst sich die Sozialarbeit immer mehr mit u. a. Beziehungstherapien (...) und bewegt sich dadurch in Richtung der seelisch-geistigen Gesundheits(für)sorge.»

In den 8oer Jahren (während der Wirtschaftskrise) erhielt das Ansteuern der «sicheren Mitte» einen neuen Impuls; die Sozialarbeit
hat – vor allem, nachdem auch bei ihr das Marktprinzip eingeführt
worden war – landesweit damit angefangen, sich stärker auf immaterielle Problematik als eine von ihr zu besetzende Domäne zu
richten. Ihre Aufmerksamkeit galt dabei insbesondere der zum Gesundheitssektor gehörenden «Funktion der psychosozialen Hilfe».
Die Sozialarbeit rechnete sich nämlich bessere Überlebenschancen
aus, wenn es ihr gelingen würde, sich in Tuchfühlung mit den medi-
zinisch-therapeutischen Berufen zu profilieren. Mit anderen Worten:
das soziale Image (Wohlfahrtsimage) hatte einem Gesundheitsimage
zu weichen. Die damalige Wirtschaftsrezession war aber auch dafür
verantwortlich, dass allmählich mehr Aufmerksamkeit für materielle
Hilfe entstand. Laut einer Veröffentlichung des Wissenschaftsrates
für die Regierungspolitik waren Arbeitslosigkeit und Armut die beiden wichtigsten Sozialprobleme der 8oer Jahre, vor allem in den
Grossstädten.

In den Niederlanden stieg besonders in der Periode 1981–85 die wirtschaftliche Rezession stark an – nahezu 50% der Berufsbevölkerung
war davon tangiert.

Diese gesellschaftlichen Entwicklungen kommen in den Registrations-
zahlen der Allgemeinen Sozialarbeit ebenfalls zum Ausdruck; so
zeigte die erste Hälfte der 8oer Jahre eine kräftige Zunahme der auf
Sozialhilfe angewiesenen Klienten und Klientinnen. Auch wurde eine
schnelle Steigung der Finanzprobleme beobachtet. Aus Analysen der
Entwicklungen (am) Ende der 8oer und Anfang der 9oer Jahre geht
hervor, dass die Sozialarbeit ein Spiegelbild der grossen gesellschaftlichen Trends ist. Anfang der 8oer Jahre wurden die Niederlande mit einer sehr stark zunehmenden Arbeitslosigkeit konfrontiert. Nach einschneidenden Sanierungen in der Industrie
stabilisierte sich die Arbeitslosigkeit Mitte der 8oer Jahre. Gegen
Ende des Jahrzehnts ging sie etwas zurück. 1993 stieg sie dann
plötzlich wieder, ist aber seit 1996 im Sinken begriffen.

Abbildung 3 zeigt – in Prozentzahlen – die Trends bezüglich Sozialhilfebezieher und Arbeitslosen unter den Klienten und Klientinnen
der Sozialarbeit. Aus statistischen Analysen (Zeitreihen) geht hervor,

dass diese Trends ein exaktes Abbild der gesellschaftlichen Entwicklungen sind.

Abb. 3

**Einkommensquellen der Klienten/Klientinnen
(nationale Registration der Allgemeinen Sozialarbeit)**

Klienten/Klientinnen
in Prozentzahlen

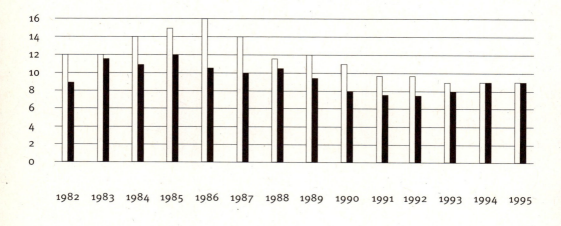

□ Sozialhilfe   ■ Arbeitslose

Die steigende Zahl der Sozialhilfeempfänger und -empfängerinnen
Anfang der 8oer Jahre führte bei der Sozialarbeit zu einer Zunahme
der Anträge auf Finanzhilfe. Wir stellen also fest, dass beim Prozentsatz der Sozialhilfeempfänger und -empfängerinnen unter der
(ganzen) Bevölkerung, beim Prozentsatz der Sozialhilfeempfänger
und -empfängerinnen unter den Klienten und Klientinnen der Sozialarbeit sowie bei der Zahl der Finanzhilfegesuche die gleichen Fluktuationen zu beobachten sind. Auf der Basis der registrierten Daten
lässt sich deshalb folgern, dass die Sozialarbeit in bestimmten Hin-
sichten ein Spiegel der Gesellschaft bildet. Wegen der Zunahme von
Anträgen auf materielle Hilfe in der ersten Hälfte der 8oer Jahre hat
eine Reihe von Einrichtungen der Allgemeinen Sozialarbeit beschlos-

sen, den konkreten Hilfeleistungen grössere Aufmerksamkeit zu widmen. Namentlich in den Grossstädten (Utrecht, Den Haag) wurde daraufhin ein Teil der Sozialarbeitskapazität für Informations- und Beratungsfunktionen sowie für materielle Hilfe eingesetzt.

Dadurch, dass die Zahl der Klienten und Klientinnen mit akuten materiellen Problemen immer weiter anstieg, geriet die herkömmliche Ausrichtung der Allgemeinen Sozialarbeit (= prozessmässige Hilfe bei gegenseitig verquickten materiellen und immateriellen Problemen) unter Druck. Zwei Impulse waren also für die Aufteilung der Allgemeinen Sozialarbeit in einen «materiellen» und einen «immateriellen» Flügel massgebend: einerseits die Marktideologie, die in den 8oer Jahren der therapeutischen Version der Sozialarbeit eine konkurrenzträchtige Position zu garantieren schien; andererseits der Markt selber, weil die «Nachfrage» nach materieller Hilfe wegen der Wirtschaftskrise am Anfang der 8oer Jahre explosiv gestiegen war.

Es sieht so aus, als werde das klassische Dilemma der Allgemeinen Sozialarbeit (= die Wahl zwischen Gesundheits- und Sozialhilfe und die damit verquickte Entscheidung entweder für einen mehr *therapeutischen* Einfallswinkel zur Lösung von *immateriellen* Problemen oder für eine *konkrete, mehr direkte* Arbeitsweise zur Beseitigung von *materiellen* Problemen) auch nach der Jahrtausendwende aktuell bleiben.

Das Profil von Klienten und Klientinnen der Sozialarbeit

In diesem Abschnitt wird, anhand von registrierten Zahlen, in geraffter Form geschildert, wie in der Allgemeinen Sozialarbeit das globale Klienten- und Klientinnenprofil aussieht.

In den Niederlanden wird seit Anfang der 9oer Jahre in der Allgemeinen Sozialarbeit ein national einheitliches Informationssystem verwendet, in dem die wichtigsten Angaben in Bezug auf die Hilfeleistungen gespeichert sind. Im Rahmen der Diskussionen über das Verhältnis zwischen materieller und immaterieller HIlfe dürfte es interessant sein, ausfindig zu machen, durch welches Problemprofil nun die Klienten und Klientinnen der Sozialarbeit repräsentiert werden.

Abbildung 4 zeigt, wie Mitte der 9oer Jahre die Frequenzverteilung der Klientenproblematik aussah. Zum Beispiel: Fast 10% der Betroffenen kämpfte mit psychischen Problemen (Bemerkung: Im Informationssystem können auf einen Klienten oder eine Klientin mehrere Probleme entfallen).

Abb. 4

**Problematik von Klienten/Klientinnen der allgemeinen Sozialarbeit
(nationale Registration der Allgemeinen Sozialarbeit)**

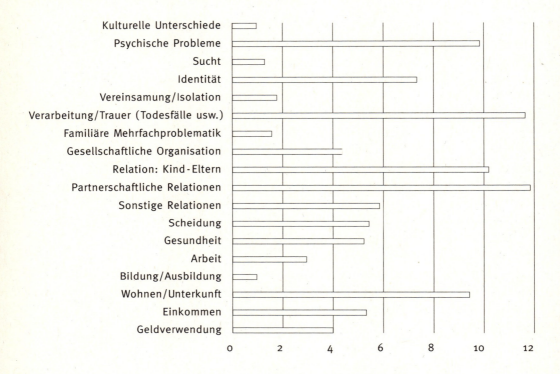

□ % der totalen Anzahl Klienten/Klientinnen

Beachtenswert ist, dass häufig von immateriellen Problemen die
Rede war. Das dürfte ein erstes Indiz dafür sein, dass in Bezug auf
materielle Probleme bei der Allgemeinen Sozialarbeit nur ein geringes Engagement vorhanden ist. Damit aber nicht vorschnell geurteilt
und interpretiert wird, dürften vorab einige Feststellungen und Rand-
bemerkungen dienlich sein:
Erstens geht aus vertieften Analysen hervor, dass materielle und immaterielle Probleme stark verquickt sind. Deshalb scheint die Folge-
rung plausibel, dass materielle Probleme nur deshalb keinen hohen
Stellenwert haben, weil an ihnen nicht gezielt gearbeitet wurde. Anzunehmen ist, dass viele Sozialarbeiter und Sozialarbeiterinnen die
immateriellen Probleme als Hebel verwenden, um längerfristig mate-

riellen Problemen abhelfen oder vorbeugen zu können (z.B. indem sie Beziehungstherapien einsetzen, damit ein Ehepaar lernt, seine Familienausgaben besser in den Griff zu bekommen).

Akute Finanzprobleme werden jedoch oft spezialisierten Stellen oder Diensten überlassen.

Auch muss darauf hingewiesen werden, dass das Landesbild ziemlich verschieden ist von jenem der Grossstädten, wo viel mehr materielle Probleme vorhanden sind. (Es darf übrigens nicht unerwähnt bleiben, dass einige Grossstädte der nationalen Datenbank nicht angeschlossen sind.)

Die Problemkategorien in Abbildung 4 sind mit Hilfe einer HOMALS-Analyse des Statistikprogramms SPSS zweidimensional projiziert worden. Dies ermöglicht es, sowohl die «Distanzen» zwischen den einzelnen Kategorien wie auch die Position, die sie einander gegenüber einnehmen, schnell zu überblicken.

HOMALS ist eine Technik, mit der nominale Daten bezüglich einer oder mehrerer Dimensionen miteinander verglichen werden können. Man muss sich das folgendermassen vorstellen: Wenn z.B. bei einer grossen Zahl von Klienten(innen) Einkommensprobleme mit Wohnproblemen einher gehen, so werden diese Kategorien auf der Fläche nahe beieinander projiziert. Auf diese Weise entsteht ein räumliches Bild der Problematik.

Finden wir nun in der Projektion zwei Problemkategorien, zwischen denen nur eine geringfügige Distanz besteht (wie es eben bei Wohnen und Einkommen der Fall ist), so ist es wahrscheinlicher, dass Klienten und Klientinnen, die mit Wohnproblemen an die Sozialarbeit herantreten, auch Einkommensschwierigkeiten kennen, sich aber nicht – oder weniger – mit einem der sonst noch aufgelisteten Problemaspekten konfrontiert sehen.

Aus der Analyse geht hervor, dass HOMALS die Problemkategorien quasi nach drei Richtungen, welche wir gleich benennen werden, auseinander zieht (Abbildungen 5 und 6).

Abb. 5

**Problemkategorien der landesweiten Registration
der Allgemeinen Sozialarbeit**

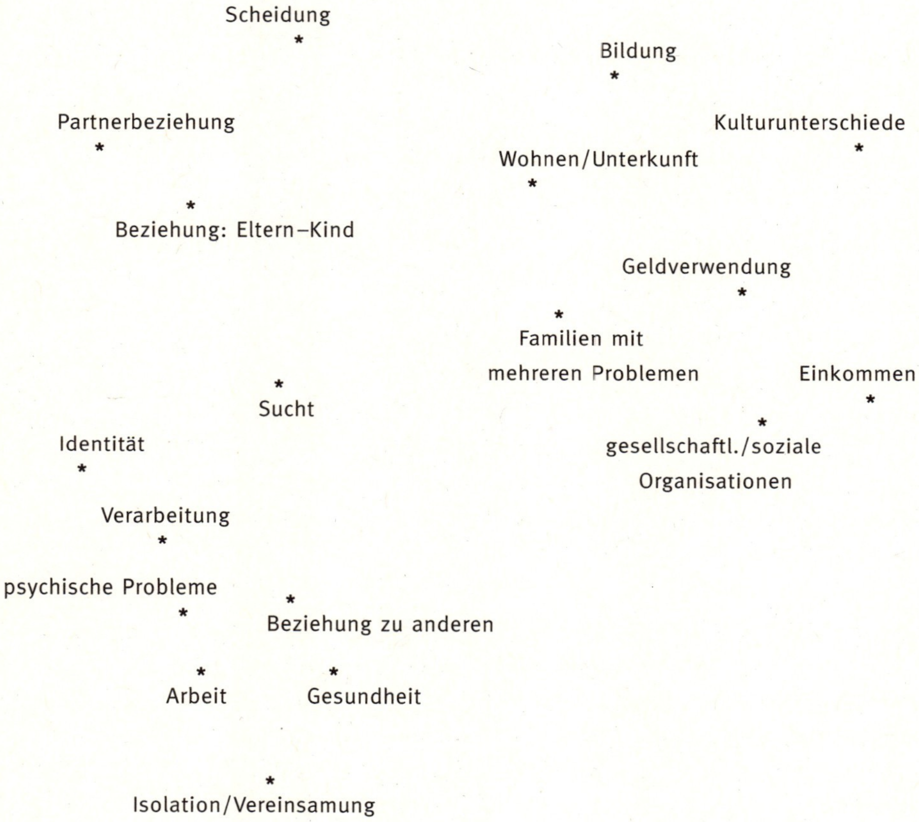

Scheidung
*

Bildung
*

Partnerbeziehung
*

Kulturunterschiede
*

Wohnen/Unterkunft
*

*
Beziehung: Eltern–Kind

Geldverwendung
*

*
Familien mit
mehreren Problemen

Einkommen
*

*
Sucht

gesellschaftl./soziale
*
Organisationen

Identität
*

Verarbeitung
*

psychische Probleme
*

*
Beziehung zu anderen

*
Arbeit

*
Gesundheit

*
Isolation/Vereinsamung

Die Analyse macht den Eindruck, gut interpretierbar zu sein. Nur die «Familien mit mehreren Problemen» bildet eine etwas unklare Kategorie (Anmerkung: Kategorien, die eigentlich nicht so richtig dazugehören, werden jeweils in der Mitte platziert).

Probleme (Konflikte) mit sozialen Organisationen/Instanzen befinden sich in der Nähe von materiellen Problemen (Bildung, Einkommen usw.). Dasselbe gilt für die Kulturunterschiede. Eine ähnliche Lokalisierung ist auch in anderen Registrationsbeständen anzutreffen.

Arbeitsprobleme werden mit psychischen und gesundheitlichen Problemen assoziiert. Diese Verbindung ist in der Registration der Sozialarbeit ebenfalls häufig anzutreffen. Wird nun an der HOMALS-Verteilung eine Clusteranalyse vorgenommen, so erhalten wir anhand dreier Cluster ein klares globales Problemprofil der Klientel der allgemeinen Sozialarbeit.

Abb. 6

Problemkategorien zusammengefasst in 3 Clustern

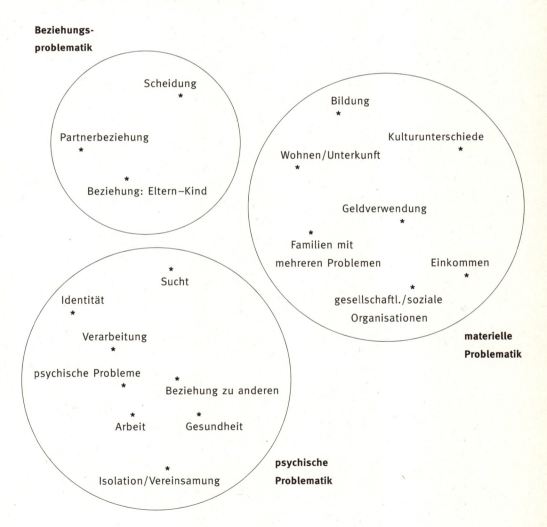

Nehmen wir die Merkmale der einzelnen Cluster unter die Lupe, so beobachten wir

im Cluster der Beziehungsprobleme
- relativ häufig Familien
- häufig Einkommen aus Erwerbsarbeit
- ein Alter, das oft zwischen 30 und 50 Jahren liegt
- häufige Erwähnung der Betreuungs-/Begleitungsmethodik

im Cluster der materiellen Probleme
- relativ häufig Männer
- viele Arbeits- oder Erwerbsunfähige
- viele Sozialhilfe-Empfänger(innen)
- einen hohen Anteil an Methoden der Information, Beratung, konkreter Dienstleistungen und Vermittlung
- Kontaktaufnahmen mit der Sozialarbeit, welche auf Initiative von Klienten oder Klientinnen zustande kommen
- einen hohen Anteil an Klienten und Klientinnen, die von den Sozialdiensten und Wohnungsämtern überwiesen worden sind
- verhältnismässig häufig Kooperationen mit dem Sozialdienst und den Kreditinstanzen

im Cluster der psychischen Probleme
- einen hohen Betagtenanteil
- viele Alleinstehende
- viele Arbeits- oder Erwerbsunfähige
- häufige Applikation der Gruppenarbeit-Methodik sowie häufiges Vorkommen von Betreuungsaufgaben
- häufig Überweisungen auf Anregung von Seiten der Polizei, Hausärzte, Instanzen im Bereich Arbeit und des Riagg (Regionales therapeutisches Institut für ambulante Gesundheits[für]sorge)

Vernetzung von materiellen, psychischen und beziehungsmässigen Problemen
Die Abbildung 6 mit den drei wichtigsten Problemclustern könnte zur Annahme verführen, die drei seien möglichst sauber getrennt zu behandeln. Eine tiefere Analyse zeigt jedoch, dass dies nur sehr bedingt der Fall ist. Auch wenn es gelingt, drei möglichst reine Problemtypen zu konstruieren, so sagen diese über die Anzahl der Klienten und Klientinnen mit ausschliesslich materiellen, psychi-

schen oder beziehungsmässigen Problemen noch gar nichts aus. Durch die Projizierung weiterer Cluster wird ersichtlich, dass die ersten drei immer noch da sind – zugleich aber zeigen sich auch unscharf profilierte Cluster, welche die Vernetzung der drei Hauptcluster repräsentieren. Das Bemerkenswerte daran ist aber, dass die meisten Klienten und Klientinnen sich just in diesen verschwommenen Clustern befinden. Die allgemeine Schlussfolgerung ist denn auch, dass der grössere Teil der Sozialarbeit-Klientel sich mit komplexen, vernetzten und nicht mit eindimensionalen Problemen konfrontiert sieht.

Auch zwischen den Problemaspekten innerhalb der einzelnen Cluster machen sich etwelche Unterschiede bemerkbar.

Aus Untersuchungen nach internen Verknüpfungen bei den von der Allgemeinen Sozialarbeit in Groningen registrierten Finanzengpässen – dies mit Hilfe einer erweiterten Liste von Problemkategorien – ist z. B. hervorgegangen, dass es zwei Formen von Finanzschwierigkeiten gibt. Einerseits wird im Zusammenhang mit dem Erwerb von Einkommen um Hilfe gebeten, andererseits bestehen Probleme, die sich auf die Budgetierung von Ausgaben beziehen.

Offenbar sind diese beiden Aspekte beim gegenseitigen Zusammenhang der Finanzproblematik die Pole, um die herum sich die weiteren finanziellen Schwierigkeiten (Wohnlasten, Schulden, Konkurse usw.) gruppieren. Dieser Eindruck verstärkt sich noch, wenn wir uns die «Exponenten» dieser Problemaspekte anschauen:

- Probleme beim Erwerb von Einkommen gibt es – verhältnismässig – häufiger bei: Frauen, Alleinstehenden, Familien mit nur einem Elternteil, Sozialhilfebeziehern und Einperson-Klient(en)-systemen. Diese Kategorie kennt im Durchschnitt nur eine geringe finanzielle Verschuldung. Wir nennen sie: *Typus A*.
- Probleme in Bezug auf die Verwendung des Geldes gibt es häufiger bei: Männern, intakten Familien, Lohnempfängern und Klient(en)-systemen, die aus mehr denn 2 Personen bestehen. Schulden sind relativ oft vorhanden. Diese Konfiguration nennen wir: *Typus B*.

Global betrachtet gibt es also zwei «Gruppen» von Klienten und Klientinnen mit finanziellen Engpässen: eine, die zu viel Geld ausgibt und eine, die zu wenig empfängt. Der Überschneidungsanteil ist von untergeordneter Bedeutung. Wie aber steht es um die Verquickung von materieller und immaterieller Problematik? Bei den in Groningen registrierten häufig vorkommenden Finanzproblemen liess sich exakt angeben, mit welchen nicht-finanziellen Schwierigkeiten sie am häufigsten zusammen auftraten/auftreten. Es fällt auf, dass Probleme bezüglich Einkommenserwerb sehr oft, bezüglich Verwendung am wenigsten mit Erziehungsschwierigkeiten einher gehen. Diese Feststellung gibt nun dem Typus A ein klares Profil. Insbesondere die hohe Zahl der Alleinerziehenden trägt zur Konturierung bei. (Alleinerziehende sind wohl in erster Linie Sozialhilfe beziehende Mütter.) Weiter zeigt sich, dass von allen Finanzproblemen solche im Bereich des Einkommenserwerbs des öfteren in Kombination mit Ehescheidungs-, aber am wenigsten mit Beziehungsproblematik (innerhalb bestehender Relationen) auftreten.

Sämtliche in Groningen registrierten Finanzschwierigkeiten erscheinen häufig in Verbindung mit nervösen Beschwerden, Konflikten mit Instanzen, sozialer Isolierung, Alkoholkonsum, Suizidverhalten und Arbeitslosigkeit.

Verallgemeinernd lässt sich festhalten, dass die gegenseitige Verquickung von Finanzproblemen nicht ausgeprägter ist als jene von Finanz- und anderen (primär immateriellen) Problemen. Es sieht so aus, als sei Armut im engeren (d. h. im finanziellen) Sinne immer auch stark verknüpft mit Deprivation in anderen Lebensbereichen. Das führt uns zum folgenden Schluss: Anträge auf materielle und immaterielle Hilfe sind in der Sozialarbeit eng miteinander verknüpft; eine klare Trennung der Problembereiche ist deshalb bloss für einen kleinen Teil der Klienten und Klientinnen vertretbar.

Und dennoch – in den Niederlanden ist es nach wie vor unüblich, integral vorzugehen. Die wachsende Frage nach Hilfe im Bereich der Schuldensanierung z. B. ist immer noch eine Angelegenheit der Spezialisten und Spezialistinnen; dies obwohl die Untersuchung etliche Hinweise darauf enthält, dass auch die Sozialarbeit darin eine wichtige Rolle spielen könnte. Just die Tatsache, dass es bei Schulden nur in den wenigsten Fällen um reine Finanzprobleme geht, ist ein gutes Argument für eine stärkere Anbindung an «therapeutische» Techniken.

Die Rückkehr der materiellen Problematik in die Sozialarbeit

De Greef kam in seiner Untersuchung nach problematischen Verschuldungssituationen zu ähnlichen Kliententypen wie die oben erwähnten (de Greef, 1994), nämlich: Klienten und Klientinnen, die zu viel ausgeben und solche, die zu wenig einnehmen.

De Greef redet von «Schulden, entstanden durch zu hohe Konsum- oder Investitionsausgaben» (ungedeckte Schulden), welche vor allem in jenen Kategorien von Personen vorkommen, die mehr als ein Mindesteinkommen zur Verfügung haben. Das Gegenstück bilden die «Kompensationsschulden» (man denke hierbei z. B. an die so genannten Trosteinkäufe) sowie «Überlebensschulden». Sie sind in Form kumulierter Wohnlasten bzw. Versandhausschulden speziell bei Familien oder Alleinstehenden mit den niedrigsten Einkommen anzutreffen. Als vierte Variante nennt de Greef «Anpassungsschulden», welche vorwiegend im Sog veränderter Lebensbedingungen (Arbeitslosigkeit, Krankheit, Scheidung usw.) entstehen.

Des Weiteren signalisierte de Greef den Trend, dass es (die Rede ist vom Ende der 80er und Anfang der 90er Jahre) immer schwieriger wurde, problematische Schulden zu tilgen, weil diese an Komplexität und Umfang zunahmen. Der Schuldenberg wuchs in den 80er Jahren derart stark an, dass insbesondere in Haushalte mit einem Mindesteinkommen die Relation zwischen vorhandener Rückzahlungskapazität und Schuldenlast völlig aus dem Lot geriet. Zur Zeit der Untersuchung (1990) konnte nur für ein Viertel der Problemschulden eine Lösung gefunden werden. Ausserdem ergab sich, dass es bei 30% der Haushalte, für die eine Sanierungsregelung getroffen worden war, zu einem Rückfall kam. Es waren vor allem Haushalte mit Einkommen über der Mindestgrenze, die mehrmals in Probleme gerieten. Zur Wiederholung negativer Spiralen kam es in erster Linie, weil die Haushalte ihren Lebensstil nicht korrigiert und/oder sich geweigert hatten, Abmachungen einzuhalten.

In den Niederlanden sind mehrere Instanzen in der Verschuldungshilfe aktiv. Die wichtigsten sind: die Kommunale Kreditbank, der Kommunale Sozialdienst, die Allgemeine Sozialarbeit sowie Plan & Praxis für Konsument und Haushaltung (Planpraktijk Consument en Huishouden/PCH), eine private Profitorganisation, die gegen Entgelt Schulden saniert.

Genaugenommen ergänzen sich die Angebote der obigen Einrichtungen – in der Praxis manifestieren sie sich in einer Reihe von Mischformen.

Die Produkte oder Leistungen dieser Einrichtungen lassen sich ordnen nach

• der Vorgehensweise (Ausrichtung entweder auf Verhaltensänderung oder auf Regelungen);

• der Variationsbreite (Hilfe materieller oder materiell-immaterieller Natur)

Schematisch sieht dies folgendermassen aus:

Abb. 7

Variationsbreite ▼	Träger der Hilfeleistungen	
	Ausrichtung auf Regelgebung	Ausrichtung auf Verhaltensänderung
nur materielle Probleme	Kommunale Kreditbank	Planpraxis Konsument und Haushaltungen
materielle und immaterielle Probleme	Kommunaler Sozialdienst	Allgemeine Sozialarbeit

Anlässlich seiner Untersuchungsresultate schliesst de Greef, dass die Allgemeine Sozialarbeit in der Verschuldungshilfe eine wichtige Rolle spielen könnte:

Erstens, weil sich herausgestellt hat, dass Klienten und Klientinnen mit dem Vorgehen der Allgemeinen Sozialarbeit in Sachen Schuldensanierung durchwegs sehr zufrieden sind. Sie sind sogar der Meinung, dass die Sozialarbeit am meisten zu einer effektiven Lösung der Schuldenproblematik beiträgt – und sind somit noch zuversichtlicher als die Sozialarbeit selber.

Zweitens, weil die Sozialarbeit in der Lage ist, sich auf die Verquickung von materiellen und nicht-materiellen Problemen zu richten.

Laut de Greef erfahren Haushalte die Vorgehensweise der Sozialarbeit dank der Art und Weise, wie sie mit ihren Klienten und Klientinnen umgeht, als die effektivste.

«Tatsächlich bringt die Sozialarbeit im Bereich der finanziellen Dienstleistungen die besten Qualifikationen mit, menschliches Verhalten beurteilen und beeinflussen zu können. Demzufolge entspricht die Praxis der Sozialarbeit den Bedürfnissen von Haushalte mit Problemschulden am ehesten» (de Greef, 1994:10).

Aus der obigen Forschungarbeit erhalten wir also Indizien dafür, dass der Status der materiellen Hilfe, wie sie von der Sozialarbeit geleistet werden kann, zu Unrecht gelitten hat. Dies ist, strategisch gesehen, ein Handicap, weil doch gleichzeitig Aussenstehende immer deutlicher fordern, die Sozialarbeit solle sich um Problemschulden, Arbeitslosigkeit und Streitigkeiten im Wohn- oder Siedlungsbereich kümmern.

Die Allgemeine Sozialarbeit und der Markt

In den 8oer Jahren habe ich erstmals darauf hingewiesen, dass Sozialarbeiter und Sozialarbeiterinnen in zunehmendem Mass mit der Tatsache konfrontiert werden, dass lokale Energiebetriebe säumige Abonnenten und Abonnentinnen erst wieder mit Gas und Elektrizität zu beliefern bereit sind, nachdem diese mit der Sozialarbeit einen Budgetierungskontrakt abgeschlossen haben. In den letzten Jahren haben solche Konstruktionen auch immer mehr in die Alltagspraxis der Kooperation zwischen Sozialarbeit und kommunalen Diensten Einzug gehalten. In den Niederlanden gibt es mehrere (Pilot-)Projekte, die zum Ziel haben, das Verhältnis zwischen Behörden, Hilfearrangements und Bürgern/Bürgerinnen zu revidieren. Manche dieser Projekte kennen bereits eine lange Vergangenheit, aber erst seit den 9oer Jahren ist durch die Art und Weise, wie sie «auf den Markt gebracht werden» eine deutliche Konkretisierung spürbar.

Bei den Projekten mit schwer vermittelbaren Wohnungssuchenden ist z.B. die Rede von einem verbindlichen Kontrakt zwischen der Allgemeinen Sozialarbeit und den kommunalen Baugenossenschaften. Kurz, es wird integrierte Hilfe angeboten, wobei eine mögliche Kündigung der Wohnung als Druckmittel eingesetzt wird. Bei der Sozialarbeit spricht man darum von «bedingter» oder «auflagengebundener» Hilfe. Eigentlich müsste von «bedingter Unterbringung» die Rede sein, erhalten doch bei dieser Form von Projekten jene Personen, denen gemäss den Vorschriften der Wohnungsbaugenossenschaften gekündigt worden ist oder die nicht länger für eine Wohnung in Betracht kämen, noch eine letzte Chance auf Wohnraum – aber unter der Voraussetzung, dass sie einen Vertrag über Hilfeleistungen unterzeichnen. Ein ähnlicher Trend lässt sich bei der Arbeitsvermittlung feststellen. In gewissen Projekten werden Sozialarbeiter und Sozialarbeiterinnen dafür bezahlt, dass sie arbeitslose Klienten und Klientinnen anhand psychosozialer Hilfe so weit bringen, dass diese auf dem Arbeitsmarkt wieder Chancen haben. Die Kürzung von Leistungen wird als Sanktionsmittel benutzt, um die Betroffenen zu motivieren. Die Aufgabe der Sozialarbeit besteht darin, jene Hindernisse, die den Weg zu bezahlter Arbeit blockieren, zu beseitigen. In manchen Fällen zahlt der Sozialdienst für die von der Sozialarbeit erbrachten Leistungen – dies allerdings häufig auf der Grundlage einer *Erfolgsverpflichtung/-garantie*. Auch bei einer Reihe von Projekten bezüglich Schuldensanierung entsteht eine verbindliche Beziehung zwischen Klient(in) und Helfer(in). Familien mit sehr problematischen Verschuldungssituationen können sich für oder gegen Hilfe aussprechen. Aber nur im ersten Fall werden Kontakte mit Gläubigern geknüpft, um eine Einfrierung oder Sanierung der Schulden zu bewerkstelligen. In mehreren Sektoren, z. B. in der Randgruppenarbeit, kennt man die Praxis des vertraglich geregelten Verhältnisses schon seit längerer Zeit – ein spezifisches Gepräge hat sie indes erst durch marktorientierte Impulse bekommen. Gegenwärtig ist es so, dass der Fortbestand der Einrichtungen teilweise von solchen «marktorientierten» Projekten abhängig ist. Das führt dazu, dass die Diskussion über die Machtausübung in der Sozialarbeit nicht länger in erster Linie innerhalb der Berufsgruppen oder auf denen nahestehenden Bühnen Platz findet, sondern dass «der Markt» ihren Verlauf bestimmt.

Zum Schluss

Die sich sowohl unter den Marktgesetzen wie auch durch den neuen Ansatz in der sozialen Sicherheit verändernde Position der Berufskräfte sollte zu einer gründlichen Reflexion über Mandat und Aufgaben der Sozialarbeit Anlass geben. Dabei geht es u. a. um Antworten auf folgende Fragen:

a) Inwiefern ist die Sozialarbeit bereit, «Einzelleistungen/-produkte» zu liefern, welche pro «Stück» und unter im Voraus ausgehandelten Erfolgsgarantien in Rechnung gestellt werden?

b) Inwieweit ist die Sozialarbeit gewillt, soziale Probleme (Kriminalität, sozialer Unfriede im Quartier, problematische Verschuldungssituationen, Arbeitsunfähigkeit und Arbeitslosigkeit) unter dem Nenner der Verhaltensänderung anzugehen und professionelle Kompetenzen einzusetzen, um den Bürgern und Bürgerinnen die von den Auftraggebern erwünschten Veränderungen schmackhaft zu machen?

c) Inwieweit ist die Sozialarbeit bereit, dabei eine führende Rolle des Marktes zu akzeptieren?

Das Spezielle an der gegenwärtigen Situation ist, dass diese Fragen langsam aber sicher unzertrennlich miteinander verknüpft sind. Deshalb geht es nicht länger um eine von der Berufsgruppe in relativer Eigenständigkeit zu führende normative Diskussion – diese Chance hat die niederländische Sozialarbeit mehr oder weniger schon dadurch verschenkt, dass sie der Diskussion über die Disziplinierung jahrelang ausgewichen ist. Ihr bleibt zurzeit nicht viel mehr übrig, als die Tatsache zu akzeptieren, dass es der Markt ist, wo die Normen bestimmt und durchgesetzt werden. Das aber bedeutet:

- für die *organisierte Berufsgruppe* grosse Anstrengungen, um die *eigenen* Berufsstandards beibehalten zu können. Eine Fachkraft sollte ja eine eigene gesellschaftliche Position zwischen den Anforderungen der Klienten/Klientinnen und den Auflagen der Geldgeber innehaben.
- für die *Bildungsinstitutionen,* dass Studenten und Studentinnen darauf trainiert werden, einen sorgfältigen Umgang mit bedingter Hilfe und professioneller Anwendung von Macht zu pflegen.
- für *Arbeitgeber,* dass für das Ansteuern der Ziele und in der Qualitätspolitik der Unterschied zwischen Beruf und Funktion klar erkannt werden muss. Überdies sollte der prinzipielle Unterschied zwischen Produkt und Dienstleistung akzeptiert werden.
- für die (organisierten) *Klienten und Klientinnen* die Herausforderung, auf ihre Rechte zu pochen – und zugleich die den Fachkräften obliegende Verantwortlichkeit zu akzeptieren, wenn diese Anträge auf Hilfe zu beurteilen haben.
- für die *Unterstützungs- und Untersuchungsfunktion,* dass gewissenhaft geprüft werden muss, welche Instrumente (Selektion, Entgelt usw.) geeignet sind, Auswüchsen der Marktwirkung vorzubeugen.
- für *Behörden und Geldgeber* das sorgfältige Abwägen der kalkulierten und nicht-kalkulierten Folgen, welche eine Einführung marktkonformer Steuerungs- und Kontrollinstrumente mit sich bringt.

Anstatt sich immer mehr zurückzuziehen, würde es den Behörden gut anstehen, sich (wieder) vermehrt und aktiver um die Beurteilungs- und Entscheidungsproblematik zu kümmern.

Literatur

A. Draaisma. «Ordening in de g. g. z.; beleidsvragen op macro niveau. Beleid en maatschappij.» Januar 1979

E. de Gier. «Terug naar af. Heroriëntatie van maatschappelijk werk.» In: Intermediair, 31. März 1989

E. de Gier. «Risico's en sociaal bleid.» In: Filosofie en Praktijk. 10/1 1989

R. P. Hortulanus/P. Liem/A. Sprinkhuizen. Welzijn in Dordrecht. Rijksuniversiteit Utrecht, 1992

M. de Greef. «Schuldhulpverlening.» In: Sociale Interventie 1994/2

S. Koenis. De precaire professionele identiteit van sociaal werkers. NIZW Utrecht, 1993

G. v. d. Laan. Legitimationsfragen in der Sozialarbeit. Prag, 1997

G. v. d. Laan. «Van der Quality of information and quality of communication.» In: Rafferty et al. (editors). Human services in the information age. Haworth Press, New York 1995, pp 339–352

G. v. d. Laan. «An etiquette for social workers.» In: Gehrmann et al. (editors). Social work and social work studies. Deutscher Studien Verlag, Weinheim 1994

G. v. d. Laan. «Sozialarbeit in den Niederlanden.» In: Sozialmagazin 1997/4

J. L. M. Schell. De algemene bijstandswet. Deventer 1995

C. Schuyt. Op zoek naar het hart van de verzorgingsstaat. Leiden 1991

Nora van Riet

Sozialarbeit im ambulanten und stationären Gesundheitswesen

In diesem Beitrag möchte ich die Position der Sozialarbeit im Bereich des niederländischen Gesundheitswesens unter die Lupe nehmen. Ich spreche bewusst von «Position», weil die Sozialarbeit im Gesundheitsbereich nie allein, nie auf eigene Faust agiert, sondern immer in Kooperation mit anderen Disziplinen – was auch impliziert, dass die Sozialarbeit in der stationären Gesundheits(für)sorge oft stark von diesen anderen Disziplinen abhängig ist.

Zunächst befasse ich mich mit der Entstehung der spitalinternen (klinischen, medizinischen) Sozialarbeit in den Niederlanden, deren Entwicklung sich anhand von Impulsen aus Amerika und Grossbritannien vollzogen hat. Anschliessend schildere ich Position und Aufgabe von Sozialarbeitern und Sozialarbeiterinnen im Gesundheitssektor – und zum Abschluss werfen wir einen Blick auf die Zukunft und Perspektiven der spitalinternen Sozialarbeit.

1. Sozialarbeit und Gesundheitswesen; ein historischer Abriss

Das Band zwischen der Sozialarbeit und dem Gesundheitssektor besteht schon lange. Schauen wir zurück auf den «Ursprung» der Sozialarbeit, so sehen wir, dass sie sich von alters her an der Betreuung von Kranken und Behinderten beteiligt hat. In Grossbritannien und Amerika bilden die «spitalinternen Sozialarbeiter(innen)» eine der ältesten Spezialisierungen innerhalb der Sozialarbeit. Und weil die hiesige spitalbezogene Sozialarbeit zu einem wichtigen Teil auf den Entwicklungen in Grossbritannien und Amerika basiert – in den Anfangsjahren waren diese Einflüsse besonders stark –, ist es sinnvoll, zuerst einige Bemerkungen über die Entwicklungen in diesen Ländern zu machen. Die angelsächsische Sozialarbeit im Krankenhaus [1] ist nicht in erster Linie aus sozialer «Betroffenheit» entstanden. Ende des 19. Jahrhunderts gab es in Grossbritannien die so genannten Voluntary Hospitals, grosse Spitäler, die auf privater Basis betrieben wurden. Eines Tages läuteten die dort tätigen Ärzte und Ärztinnen die Alarmglocke, weil sie ihre Arbeit in den überfüllten Polikliniken nicht länger bewältigen konnten. Sie waren der Ansicht, dass viel zu häufig finanzkräftige Patienten und Patientinnen von den Gratisbehandlungen der Spitäler Gebrauch machen würden. Um die Lage wieder in den Griff zu bekommen, müsse man also diese Profiteure entlarven. Daraufhin wurde eine Krankenhausfürsorgerin (lady almoner), Mary Stewart, angestellt, die eine Untersuchung durchführen sollte. Ihr wurde schon rasch klar, dass 95% der poliklinischen Patienten und Patientinnen unterstützungsbedürftig waren. Diese kehrten immer wieder in die Poliklinik zurück, weil sie dermassen verarmt waren, dass sie sich ausserstande sahen, die Vorschriften der Ärzte und Ärztinnen zu befolgen. Zudem behinderten schlechte Wohn- und Arbeitsverhältnisse ihre Genesungsprozesse. Anlässlich dieser Untersuchung wurde 1895 im Londoner Royal Free Hospital die erste Fürsorgerin angestellt; ihr Auftrag war es, dafür zu sorgen, die Lebensbedingungen der Patienten und Patientinnen so zu verbessern, dass ihnen die medizinische Behandlung grösseren Nutzen bringen konnte. In dem Masse, wie die Zahl der «almoners» stieg, wuchs auch der Bedarf an Schulung/Ausbildung. Deshalb wurde der «Almoners' Council» gegründet, welcher ein Schulungprogramm für Fürsorger(innen) erarbeitete und seit 1907 den in Spitälern tätigen Sozialarbeitern und Sozialarbeiterinnen Zertifikate ausstellte.

In Amerika ist eine ähnliche Entwicklung beobachtbar. 1906 wurde Ida Cannon im Massachusetts General Hospital als Krankenhaus-Fürsorgerin eingestellt. Die Erkenntnis, dass Patienten und Patientinnen, die in sehr schlechten sozialen Verhältnissen leben mussten, nur ungenügend von den medizinischen Behandlungen, welche ihnen in den Spitälern und Polikliniken zuteil wurden, profitieren konnten, spielte auch hier eine Rolle. In Amerika waren es insbesondere Ärztinnen, die einen bedeutenden Beitrag zur (Einführung der) Krankenhaus-Fürsorge lieferten.

Schløgl [2] (1963) sagt dazu: «Es gab Ärztinnen, die in Städten Polikliniken für Hebammen, Säuglinge und Kleinkinder gründeten. Um

[1]
Der englische Terminus ist «almoner»

[2]
I. Schløgl war damals Präsidentin des Berufsvereins für Sozialarbeiter D.O.B.B.I.

mit dem (Alltags-)Leben ihrer Patienten und Patientinnen bekannt zu werden, setzten sie Medizinstudenten und -studentinnen ein, die Hausbesuche abstatteten. Ihr grosses Vorbild war Dr. Emerson, der bereits 1870 mit Hausbesuchen angefangen hatte.»

Querido [3] (1963) hat dargelegt, wie wichtig es ist, die Verquickung von somatischer und psychosozialer Problematik bei Spitalpatienten und -patientinnen aufmerksam zu verfolgen. Er verwies diesbezüglich auf Untersuchungen, welche Richard Cabot, Internist am Massachussets General Hospital in Boston, durchgeführt hatte. Dieser schrieb: «Ich kann keine Diagnose treffen und erst recht keine Therapie vornehmen, solange ich nicht weiss, woher meine Patienten und Patientinnen kommen und wohin sie gehen.»

In den Niederlanden war 1913 erstmals von einer Form der spitalinternen Sozialarbeit die Rede, als eine Krankenpflegerin, Ordensschwester J. J. ter Meulen, sich im Wilhelmina Krankenhaus in Amsterdam für die Verbesserung der sozialen Situation der Patienten und Patientinnen stark zu machen begann. Dabei ging es insbesondere um Bekämpfung der Armut, schlechter hygienischer Verhältnisse und ungenügender Unterkunft, aber auch um alle weiteren Bedingungen, die das Entstehen von Krankheiten beeinflussen konnten. Ter Meulen war während ihrer Ausbildung im Wilhelmina Krankenhaus von der persönlichen und materiellen Not der Patienten und Patientinnen unangenehm berührt worden. Als sie dann 1911 auf einen Artikel in der Zeitschrift für Krankenpflege stiess, worin Mary E. Wadley, Sozialarbeiterin am Bellevue Hospital in New York, darlegte, wie die Sozialarbeit in einem Spital aufgebaut werden könnte, benutzte sie diese Vorlage für die Einführung der Sozialarbeit im Wilhelmina Gasthuis. Um ter Meulen finanziell unter die Arme greifen zu können, wurde 1916 in Amsterdam der *Verein für Sozialarbeit in (den) Kommunalen Krankenhäusern* gegründet; weil aber dieser Verein sich ausserstande sah, das benötigte Geld zusammenzubringen, übernahm der *Kommunale Medizinische Gesundheitsdienst* zu Amsterdam 1917 diese Aufgabe.

Auch in anderen Städten (Haarlem 1916, Groningen 1917, Rotterdam 1924, Utrecht 1930 und Leyden 1935) entstanden Vereine für spitalinterne Sozialarbeit. Dabei ging aber jeder Verein von den eigenen Zielsetzungen aus, d. h. sie operierten unabhängig voneinander. Das Einzige, was sie gemeinsam hatten, war der permanente Geldmangel. Und gerade in diesen beiden Zügen liegt (auch) der grosse Unterschied zur englischen und amerikanischen Situation.

[3]
Professor Dr. A. Querido war damals Professor für Sozialmedizin an der Universität Amsterdam

Schløgl dazu: «In Grossbritannien ist die spitalinterne Sozialarbeit aus der Armenpflege entstanden. Die almoners wurden im C.O.S. (Charity Organization Society), dem zentralen Institut für die Armenpflege, in dem der ärztliche Sektor bereits vertreten war, als gleichberechtigte Gruppe aufgenommen. Dieses Institut bestimmte die allgemeine Politik zur Entwicklung der spitalinternen Sozialarbeit, betreute und begleitete sie, beschaffte die finanziellen Mittel, vereinte Kräfte und praktische Erkenntnisse. Dank dem Ansehen, welches die Charity Organization Society genoss, konnte ihre Politik auch praktisch umgesetzt werden. Die almoners schlossen sich zu einer festen Berufsgruppe zusammen, welche zur Entwicklung der Arbeit viel beigetragen hat. In Amerika ist die spitalinterne Sozialarbeit von Dr. Cabot aus Boston, einem hochangesehenen Arzt, eingeführt worden. Die Belohnung für die gemeinsame Anstrengung von Medizin und professioneller Sozialarbeit besteht darin, dass die spitalinterne Sozialarbeit sich eine eigene Position im amerikanischen Gesundheitswesen erobert hat. Auch hat die Berufsorganisation der professionellen Entwicklung und Ausbildung starke Impulse gegeben. In den Niederlanden hingegen hatte eine Krankenpflegerin in eigener Regie und auf eigene Rechnung mit der spitalinternen Sozialarbeit angefangen und ihr zum Durchbruch verholfen, obwohl sie zunächst weder in der Welt der Medizin noch in der Armenpflege (heute Sozialarbeit genannt) eine zuverlässige Einrichtung vorfand, auf die sie hätte zurückgreifen können. Wir haben hier also eine Privatinitiative vor uns, die ohne Planung, Steuerung, Begleitung, Finanzmittel und Ansprechpartner auskommen musste. Während in Grossbritannien und Amerika die spitalinterne Sozialarbeit von einer Konzentration der Kräfte und Kenntnisse profitieren konnte, blieb in den Niederlanden eine solche Entwicklung weitgehend aus. Statt dessen kam es durch die Gründung von allerhand autonomen Vereinen, die überall im Lande mit spitalbezogener Sozialarbeit anfingen, zu einer veritablen Zersplitterung. Das Resultat: isoliert agierende Schwestern für Sozialarbeit, die dank ihrer persönlichen Kontakte zu den Ärzten, Ärztinnen und Oberschwestern die Arbeit in Schwung zu halten hatten.» «Schwestern für Sozialarbeit» waren also die ersten Sozialarbeiterinnen in den Spitälern. Ausser sozial engagierten Frauen waren es oft auch Krankenpflegerinnen, die z.B. wegen Rückenprobleme nicht länger imstande waren, die schwere Versorgungsarbeit auszuführen und deshalb Zeit und Gelegenheit hatten, «am Bett der Patienten und Patientinnen zu verweilen». Geruhsam oder beschaulich ging es dabei allerdings nicht zu, war doch das Markenzeichen dieser Schwestern für Sozialarbeit ihre umsorgende und rührige Einstellung. Zweifellos befanden sie sich punkto Berufshaltung und Hintergrund oft mehr auf der Linie des Pflegepersonals als auf jener der Sozialarbeit – und das nun hatte Konsequenzen für die Identität ihrer Tätigkeit.

Darauf verweist auch Querido (1963), wenn er schreibt: «Die Krankenpflegerin ist zur Dienerin der Ärzte und Ärztinnen geworden. Teilweise ist diese Tatsache auf ein Ausbildungsproblem zurückzuführen. Die Ausbildung der Ärzte und Ärztinnen war damals (2. Hälfte des 19. Jahrhunderts/NvR) unendlich viel besser als jene des Pflegepersonals. Und jetzt werden die spitalinternen Sozialarbeiterinnen aus eben jenen Pflegerinnen rekrutiert, die vollumfänglich in dieser Unterordnungstradition erzogen wurden und ihr entsprechend gearbeitet haben, was meines Erachtens ausserordentlich zu bedauern ist, wird es in der doch schon seit längerer Zeit etablierten und traditionell verankerten Krankenpflege-Ausbildung unglaublich schwierig sein, dieses Gefüge zu ändern – wenn es überhaupt möglich ist. Hätte von Anfang an eine Relation (diplomierte/r) Sozialarbeiter/in-Mediziner/in bestanden, so wäre unter Umständen die Möglichkeit vorhanden gewesen, die spezifische Fachkompetenz der Ersteren zu akzeptieren – neben jener der Ärzte und Ärztinnen –, weil die *moderne* Sozialarbeit eine viel kürzere Vergangenheit hat.»

Der von Querido angedeutete Weg zur Emanzipation der spitalinternen Sozialarbeit ist bis heute bei weitem nicht realisiert worden. Immer noch bestehen Situationen, in denen Sozialarbeiter(innen) spüren oder gar wissen, dass sie den Ärzten und Ärztinnen unterstellt sind. Aber daneben hat die Sozialarbeit sich zum Glück an vielen Orten auch zu einem wertvollen und unentbehrlichen Bestandteil des Spitalsektors entwickeln können.

Anfang der 50er Jahre begann die spitalinterne Sozialarbeit 4 sich zu einer genuinen Form der Sozialarbeit zu entwickeln. Damals wurde auf allen Gebieten der Sozialarbeit die Methodik der sozialen Einzelhilfe, wohl das klarste Bekenntnis zur Professionalisierung, eingeführt – auch in den Spitälern. Das Arbeitsgebiet der Sozialarbeit im Gesundheitssektor expandierte in der Folge über die Mauern der Spitäler hinaus. Heutzutage findet man nicht nur in sozusagen allen stationären Einrichtungen, sondern auch in der ambulanten Sphäre gut ausgebildete Sozialarbeiter und Sozialarbeiterinnen. Und dennoch – am Horizont türmen sich schon wieder drohende Wolken. Im

4
Der Terminus «medisch maatschappelijk werk» ist zwar gängig in den Niederlanden, aber nicht ganz korrekt, handelt es sich doch um Sozialarbeit in einem medizinischen Setting.

Abschnitt, der sich mit der Zukunft der spitalinternen Sozialarbeit befasst, gehe ich tiefer darauf ein.

Die Sozialarbeiter und Sozialarbeiterinnen, die im medizinischen Setting tätig sind, haben bereits im Frühstadium der Entwicklung ihres Arbeitsgebietes gegenseitige Unterstützung gesucht. Bereits seit 1922 existiert eine Art Berufsverein für Sozialarbeit im Spital; er wurde von den beim *Kommunalen Gesundheitsdienst Amsterdam* tätigen Schwestern für Sozialarbeit gegründet. Dieser Verein hatte die Grundzüge einer Diskussionsgruppe und führte den schillernden Namen D. O. B. B. I., was soviel heisst wie: Dank Dialog zu besseren Einsichten. Während des Zweiten Weltkrieges verschwand dieses Forum, wurde aber 1952 revitalisiert. Heute besteht der Verein nicht mehr, ist jedoch in Form verschiedener Funktionsverbände in den *Niederländischen Verband für Sozialarbeiter/innen* eingegangen.

2. Die Position der Sozialarbeiter und Sozialarbeiterinnen im Kontext der Gesundheitshilfe

Im ersten Abschnitt stand die Entstehung der Sozialarbeit im Gesundheitssektor im Zentrum. Schauen wir uns nun den aktuellen Stand der Dinge an, so müssten wir fast das Verschwinden der Sozialarbeit aus dem Gesundheitsbereich zu unserem Thema machen. Aber nur fast… denn ganz so schlimm steht es zum Glück noch nicht um die Sozialarbeit – dass jedoch von einschneidenden Veränderungen die Rede ist, mögen die folgenden Ausführungen belegen.

Im Vorwort zur Studie *Beroep: maatschappelijk werker* (= Beruf: Sozialarbeiter/in) von Brunenberg, Neijmeijer und Hutschemaeckers (1996) schreibt Professor Dijkhuis: «Die Resultate dieser Untersuchung belegen auf überzeugende Art und Weise, dass Sozialarbeiter und Sozialarbeiterinnen im Gesundheitswesen eine wichtige Rolle spielen – und ebenso deutlich ist, dass diese Position umstritten ist. Andere Berufsgruppen, darunter die Psychologie, die Pädagogik und die sozial-psychiatrische Pflege, übernehmen immer mehr Aufgaben der Sozialarbeit. Laut den Untersuchern besteht das Risiko eines allmählichen Verschwindens der Sozialarbeit aus der personenbezogenen Gesundheitshilfe – und dies erst recht, wenn das Aufgabenfeld der Sozialarbeiter und Sozialarbeiterinnen noch weiter eingeschränkt wird und für sie nur noch das Anbieten von praktischer und konkreter Hilfe übrigbleibt».

In der Studie finden sich gesammelte Informationen über die aktuellen Zahlen der im Gesundheitsbereich tätigen Sozialarbeiter und Sozialarbeiterinnen, über ihre Arbeitsorte, Aufgaben und die zu erwartenden Entwicklungen beim Angebot.

Ist von Sozialarbeit im Gesundheitswesen die Rede, so denkt man grundsätzlich an vier Gebiete:

· die Allgemeine Gesundheitshilfe (-fürsorge)
· die seelisch-geistige Gesundheitshilfe (-fürsorge)
· die Hilfe für körperlich Behinderte
· die Hilfe für geistig Behinderte

Die Resultate der Untersuchung finden sich auf der Folgeseite.

3. Die Tätigkeit von Sozialarbeitern und Sozialarbeiterinnen im Gesundheitssektor

Im Gegensatz zu z. B. der Allgemeinen Sozialarbeit sind die im Gesundheitssektor tätigen Sozialarbeiter und Sozialarbeiterinnen Teil eines anderen Überbaus. Dies bedeutet, dass sie, was die stationäre Hilfe anbelangt, zur Systemwelt Krankenhaus oder Einrichtung/ Anstalt gehören. Zudem aber müssen Sozialarbeiter und Sozialarbeiterinnen in der Lage sein, die Zielsetzungen ihrer Arbeit auch im Rahmen des Gesundheitswesens als Ganzes zu begründen. Die Geschichte der Sozialarbeit auf dem Terrain der Gesundheitshilfe zeigt, dass Definition und Ausprägung der Arbeit sich in wachsendem Mass entfernt haben von dem, was anfänglich deren eigentlichen Aufgabe war, nämlich eine ergänzende Tätigkeit für die somatische und psychiatrische Hilfe zu sein. Aber dort, wo Sozialarbeiter und Sozialarbeiterinnen ihre eigenen Aufgaben wahrnehmen, ist es sehr wohl möglich, anzugeben, was denn diese konkret beinhalten.

Van Riet und Mineur (1997) beschreiben, welche spezifischen Aufgaben und methodischen Handlungen zur Sozialarbeit innerhalb der (stationären) Gesundheitshilfe gehören. Dazu verwenden sie drei ordnende Cluster:
· Leitbild;
· Kenntnisse/Wissen;
· Fertigkeiten/Fähigkeiten.

Die Zahl der Sozialarbeiter und Sozialarbeiterinnen im Gesundheitssektor

	Rückmeldungs- quoten, Arbeit- geberquote (%)	Sozialarbeiter/Sozialarbeiterinnen		
		gezählt	geschätzt	Schätzung nach Korrektur
Geistig-seelische Hilfe (GGZ)				
Riagg's	68	451	663	615
APZ's	49	153	312	312
CPZ's:				
• Alkohol- und Drogenkliniken	88	61	69	69
• Kinder- und Jugendkrankenhäuser	50	29	58	58
• MKT's	69	31	45	45
• TBS's	57	27	47	47
Übrige Einrichtungen für geistige Gesundheitsfürsorge:				
• RIBW's/PWV's	51	32	63	63
• MKD's	43	76	177	177
• CAD's	39	340	340	340
• Weitere	95	92	97	97
Gesamtzahlen GGZ	**57%**	**1 292**	**1 871**	**1 823**
Allgemeine Gesundheitssorge				
Akademische und allg. Krankenhäuser	65	295	454	454
Kategoriale Krankenhäuser	35	95	271	271
Versorgungseinrichtungen	54	321	594	594
Total Allgemeine Gesundheitssorge	**54%**	**711**	**1 319**	**1 319**
Einrichtungen für körperlich und geistig Behinderte				
Einrichtungen für körperlich Behinderte	52	63	121	121
Sozialpädagogische Einrichtungen für geistig Behinderte	54	372	689	642
Semi-murale/intra-murale Einrichtungen für geistig Behinderte	42	165	393	393
Totale für körperlich und geistig Behinderte	**45%**	**600**	**1 203**	**1 156**
Totale Gesundheits-(für)sorge	**52%**	**2 603**	**4 393**	**4 298**

Abkürzungen:

- Riagg (regionale therapeutische Institute für ambulante Gesundheitsfürsorge)
- APZ (allgemeine psychiatrische Krankenhäuser)
- CPZ (kategoriale psychiatrische Krankenhäuser)
- MKT (Medizinische Einrichtungen für Kinder)
- RIBW (Regionale Einrichtungen für beschütztes Wohnen)
- PWV (Psychiatrische Wohnformen)
- MKD (Medizinisch betreute Kindertagesstätten)
- CAD (Konsultationsbüros für Alkohol- und Drogenabhängige)

Dies bedeutet, dass von den etwa 13 000 in den Niederlanden aktiven Sozialarbeitern und Sozialarbeiterinnen ungefähr ein Drittel in irgendeiner Form im Gesundheitswesen tätig ist. (In diesen Zahlen sind die von der Allgemeinen Sozialarbeit in die primären Gesundheitszentren entsandten Sozialarbeiter und Sozialarbeiterinnen nicht enthalten.)

3.1 Leitbild

Van Riet und Mineur weisen darauf hin, dass es für Sozialarbeiter und Sozialarbeiterinnen ausserordentlich wichtig ist, neben der Fähigkeit zum technischen Modelldenken, wie es in der medizinischen Welt üblich ist, über ein emanzipatorisches Leitbild zu verfügen. «Emanzipatorisch» heisst hier: bei der Kontaktnahme und dem Umgang mit Patienten/Patientinnen und deren Familien bestrebt zu sein, dass den Kranken möglichst viele Gelegenheiten geboten werden, selbstbestimmend zu agieren – dies als notwendiges Gegengewicht in einer Konstellation, in der medizinische Aspekte und Sichtweisen dominieren.

Dieser Standpunkt gründet auf der Definition von Gesundheit in der Präambel des Statuts der Weltgesundheitsorganisation:

«Gesundheit ist ein Zustand des umfassenden körperlichen, geistigen und sozialen Wohlbefindens und nicht bloss die Abwesenheit von Krankheit oder Mangelerscheinungen.»

Will der Gesundheitssektor dieser Präambel gerecht werden, so muss sein Hilfeangebot mehr umfassen als die kurative und/oder präventive Bekämpfung von Krankheit.

3.2 Wissen/Kenntnisse

Das Wissen der im Gesundheitssektor tätigen Sozialarbeiter und Sozialarbeiterinnen umfasst folgende Schwerpunkte:

- den kranken Menschen
- die Organisation, in der Sozialarbeiter und Sozialarbeiterinnen tätig sind
- medizinisch-ethische Fragen

A

Beim *Wissen über den kranken Menschen* geht es *erstens* und insbesondere um *Kenntnisse der psychosozialen Folgen von Krankheit, wobei sowohl die intrapsychischen Aspekte des Krankseins wie auch die gesellschaftlichen Folgen von Krankheit (in ihrer Allgemeinheit) in Betracht gezogen werden.*
Üblich ist, dass der Arzt/die Ärztin die Patienten und Patientinnen über den medizinischen Aspekt ihrer Krankheit aufklärt. Sozialarbeiter und Sozialarbeiterinnen haben die Aufgabe – zusammen mit den Betroffenen selber –, ausfindig zu machen, was nun dieses Kranksein für deren Lebenssituation und direkte Umgebung bedeutet. Dabei wird vorausgesetzt, dass den Sozialarbeitern und Sozialarbeiterinnen bewusst ist, welche Folgen eine Krankheit für den Alltag des Patienten/der Patientin haben kann. Aufgrund dessen, was die Sozialarbeiter und Sozialarbeiterinnen z.B. über die Anforderungen wissen, welche an bestimmte Berufstätigkeiten gestellt werden, können sie zusammen mit den Patienten und Patientinnen abklären, inwieweit es diesen möglich sein wird, wieder in den Arbeitsprozess zurückzukehren und was dazu alles geregelt werden müsste.
Ausserdem müssen Sozialarbeiter und Sozialarbeiterinnen wissen, was alles auf den/die Lebenspartner/in und/oder die anderen Familienmitglieder zukommt, wenn eine chronisch kranke oder auf Lebzeiten behinderte Person nach der Entlassung aus dem Spital wieder zu Hause, bei den Angehörigen lebt.

Zweitens geht es beim *Wissen über den kranken Menschen* um *Kenntnisse der psychosomatischen Aspekte des Krankseins und der darauf bezogenen Erklärungsmodelle.*
Manchmal sind Personen krank, ohne krank zu sein. Anders formuliert: Jemand hat somatische Beschwerden, ohne dass dafür aber konkrete

somatische Ursachen anzugeben wären. Zur Entstehung solcher Beschwerden sind mehrere Erklärungsmodelle entwickelt worden. Sozialarbeiter und Sozialarbeiterinnen sollten bezüglich dieser Erklärungsversuche im Bilde sein, damit sie den Krankheitszustand von Patienten und Patientinnen richtig verstehen und sich auf das Ausfindigmachen der für das Leiden verantwortlichen Faktoren richten können. Im Übrigen müssen Sozialarbeiter und Sozialarbeiterinnen anhand gründlicher Kenntnisse des Systems, in dem Patienten und Patientinnen leben, in der Lage sein, immer dort Gegensteuer zu geben, wo eine (vorschnelle) Psychologisierung des Krankheitsfalles droht.

Drittens schliesslich geht es um Wissen in Bezug auf *Entwicklungen und Meinungen zu psychologischen, soziologischen und philosophischen Themen (z. B. Sinngebung und medizinisch-ethischen Fragen), wie sich diese in der Gesundheitshilfe manifestieren.*
Im Gesundheitssektor sind zurzeit viele Entwicklungen im Gang. So wird z. B. darüber diskutiert, ob die dort anfallenden Entscheidungen nur immer von der Politik und der Ärzteschaft getroffen werden sollen. Es besteht die gegenteilige Ansicht, dass auch Sozialarbeiter und Sozialarbeiterinnen und erst recht jene, die in Spitälern tätig sind, darin eine Stimme haben sollten. Aufgrund ihres Berufes sollten sie sowohl für Teammitglieder wie auch für Patienten/Patientinnen und deren Verwandten ebenbürtige Gesprächspartner(innen) sein.
Ausserdem müssen die (spitalinternen) Sozialarbeiter und Sozialarbeiterinnen Bescheid wissen über Neuerungen in der Gesetzgebung und bei der Gesetzes-Implementierung – dies in Bezug auf Angelegenheiten wie Arbeitsunfähigkeit, Systemrevision der Sozialversicherung, Euthanasie, Wohnmassnahmen für Betagte oder Grundleistungen der Krankenversicherung. Auch müssen sie jederzeit in der Lage sein, die aktuelle Information dazu all jenen Patienten und Patientinnen zu vermitteln, die von den Änderungen betroffen sind.
In diesem Zusammenhang möchte ich jetzt einige Bemerkungen über «Sinngebung» anbringen. Sinngebung wird in der Gesundheitshilfe immer noch unterbewertet. Man bekommt den Eindruck, als sei dort kaum Zeit vorhanden, sich mit Sinngebung zu befassen – auch wenn immer häufiger von *bedeutungsvoller* oder *sinnerfüllter Hilfe* die Rede ist. Dabei hört man Ausdrücke oder Wendungen wie «Hilfe nach Mass» und «Nicht das Angebot, sondern die Nachfrage steht im Zentrum». Sinngebung ist eine individuelle Sache, eine eigenver-

antwortliche Wertzuweisung. Darum ist es eine paradoxe Situation, dass in den Bemühungen um fortschreitende Individualisierung gerade die subjektive Sinnakzentuierung in steigendem Mass negiert wird. Van Acker (1990) tangiert dieses Problem aus gesellschaftlicher Optik, welche er u. a. an der seelisch-geistigen Gesundheitshilfe misst. Er schreibt: «In epidemologischen Studien wird wiederholt gezeigt, dass ein grosser Teil der Bevölkerung ernste bis sehr ernste psychische Probleme aufweist und dass nur wenigen Betroffenen adäquat geholfen wird. Trotz des gewaltigen Höhenfluges, den die seelisch-geistige Gesundheitshilfe in den vergangenen zwanzig Jahren genommen hat, bleibt die Schwelle der Einrichtungen für viele zu hoch und sind weitere – problembeladene – Gruppen nach wie vor unerreichbar. Psychiater und andere Anbieter(innen) von Hilfeleistungen können Personen, die in seelischer Not sind, nur selten jene individuelle Aufmerksamkeit widmen, welcher diese bedürften. Allzu oft ist es der Fall, dass die kompetentesten oder am besten ausgebildeten Therapeuten und Therapeutinnen mit den einfachsten Patienten und Patientinnen arbeiten, d. h. mit solchen, die motiviert und intelligent sind und gute Einkommen geniessen. Das, was am meisten beunruhigt, ist die Ohnmacht der Einrichtungen für seelisch-geistige Gesundheitshilfe. Diese sind selber ein Produkt der aktuellen Gesellschaftskultur und sie helfen den Menschen nicht aus Solidarität, sondern weil diese wieder produktiv sein sollten oder wieder für sich selber Verantwortung übernehmen müssten. Es ist nicht leicht in Erfahrung zu bringen, wer in der seelisch-geistigen Gesundheitshilfe denn eigentlich sein Fachwissen einsetzt, um den Leuten wirklich zu helfen und zu diesem Zweck die Notlage der individuellen Patienten und Patientinnen als Basis nimmt. Engagement und Fähigkeiten gibt es zwar zur Genüge, aber auch Helfer und Helferinnen arbeiten innerhalb von Systemen, welche sie auf einen Irrweg führen oder ihre Rolle erheblich erschweren können.»

Es ist unvermeidbar, dass die im Gesundheitssektor tätigen Sozialarbeiter und Sozialarbeiterinnen in Bezug auf Sinngebung nicht nur mit Fragen von Patienten und Patientinnen, sondern auch mit ihren eigenen Fragen konfrontiert werden.

Damit Sozialarbeiter und Sozialarbeiterinnen mit Sinnfragen kompetent umgehen können und Personen, die sie stellen, nicht ignorieren, haben sie die Pflicht, sich zu vergegenwärtigen, dass für kranke Menschen solche Fragen wichtig sind. Anschliessend müssen sie bestrebt sein, für sich selber einen Weg zu finden, wie sie die Fragen beantworten können.

Im gesamten Gesundheitsbereich gehören *medizinisch-ethische Fragestellungen* quasi zum Alltag. Auch innerhalb der eigenen Berufsgruppe wird der Art und Weise, wie man in der Praxis mit Problemen wie Euthanasie und Suizid konfrontiert wird, Aufmerksamkeit gewidmet. Diesbezüglich ist 1989 ein Bericht unter der Federführung des *NVMW (= Niederländischer Verband für Sozialarbeiter/innen)* erschienen. Darin finden sich u.a. folgende Ausführungen:

«Die Ausgangslage für Sozialarbeiter und Sozialarbeiterinnen ist die Ehrfurcht vor dem Menschen. Gerade deshalb möchten sie Spielraum für Selbstbestimmung und Eigenverantwortlichkeit schaffen. Wollen sie auf den Todeswunsch eines Klienten oder einer Klientin adäquat reagieren können, so werden sie sich über die Emotionen, welche ein solcher Wunsch in ihnen selber hervorruft, im Klaren sein müssen. Ihre Professionalität verlangt von ihnen, dass sie auf Distanz gehen zur sozialen Konvention, welche ihnen untersagt, seriös auf einen Todeswunsch einzugehen. Just bei der Ausübung ihres Berufes ist es Sozialarbeitern und Sozialarbeiterinnen nicht möglich, sich der Auseinandersetzung zu entziehen; sie müssen den Todeswunsch ernst nehmen, auch wenn sie diesen in einem späteren Stadium des Hilfsprozesses möglicherweise etwas relativieren können. Es muss Sozialarbeitern und Sozialarbeiterinnen ein vorrangiges Anliegen sein, den Klienten oder den Klientinnen zu signalisieren, dass sie ihren Todeswunsch vernommen haben und bereit sind, darüber mit ihnen eine offene Diskussion einzugehen. Das kann z.B. geschehen, indem sie mit Nachdruck auf die Tatsache hinweisen, dass letztendlich immer nur die Klienten und Klientinnen die Verantwortung für Euthanasie oder Suizid zu tragen haben. Dies impliziert, dass Sozialarbeiter und Sozialarbeiterinnen weder in ihrem Verhalten noch in der Art und Weise, wie sie die Situation zusammen mit dem Betroffenen erleben, das Ziel haben können oder müssen, diesen das Leben zu retten, stehen doch eine solche Überzeugung und das daraus resultierende Verhalten im Widerspruch zum Grundsatz, dass man Klienten und Klientinnen zu respektieren habe.

Wir markieren diese falsche Zielsetzung, weil viele Sozialarbeiter und Sozialarbeiterinnen in Einrichtungen für seelisch-geistige Gesundheitshilfe tätig sind, in denen die Mentalität «des Lebensretters» – sie entspringt den grundsätzlichen Auffassungen über Gesundheitshilfe und Krankheitsbekämpfung – an zentraler Stelle steht».

B

Beim *Wissen über die Organisation, in der Sozialarbeiter und Sozialarbeiterinnen tätig sind,* handelt es sich um folgende Schwerpunkte:
Die Tätigkeit in einer Organisation mit einer nicht auf Sozialarbeit ausgerichtete Zielsetzung erfordert von den dort angestellten Sozialarbeitern und Sozialarbeiterinnen, dass diese über das Funktionieren jener
Organisation Bescheid wissen. Wie ist sie aufgebaut? Welche Aufgaben
und Funktionen erfüllen die dort angesiedelten Disziplinen? Wie is deren Haltung der Sozialarbeit gegenüber? Wie werden die Arbeitsge-
biete aufeinander abgestimmt bzw. voneinander abgegrenzt? Wie sind
Überschneidungssituationen ohne Kompetenz- und Revierkämpfe zu
bewältigen? Und so weiter. Wissen, wie all diese Fragen zu beantworten sind und wie mit Befugnissen und Verantwortlichkeit umgegangen
werden muss, ist von essentieller Bedeutung, wollen Sozialarbeiter
und Sozialarbeiterinnen in einer so komplexen Arbeitskonstellation,
wie etwa ein Spital es ist, die richtige Position einnehmen können.
Die Sozialarbeit im Gesundheitssektor gehört zu der sogenannten
«Integrierten Sozialarbeit». Nach Biewenga (1989) müssen folgende
Kriterien erfüllt sein, damit von Integrierter Sozialarbeit die Rede
sein kann:

a) Es muss sich um eine Form von Sozialarbeit handeln, die der
   Definition im Berufsprofil entspricht;
b) Die Sozialarbeiter und Sozialarbeiterinnen müssen bei einer Organisation angestellt sein, die andere Ziele verfolgt als die psychosoziale Hilfeleistung. Biewenga denkt dabei an Ausbildungs- und
   Gesundheitsorganisationen, Nonprofitunternehmen und Begleit-
   instanzen für die Umsetzung sozialer Versicherungsgesetze.

Verallgemeinernd können wir zwei Formen der integrierten Sozialarbeit unterscheiden:

· Sozialarbeit, die auf das (bessere) Funktionieren einer Organi-
  sation ausgerichtet ist. Hier zielt die Sozialarbeit primär auf das
  Wohlbefinden der Organisationsbelegschaft.
· Sozialarbeit, die als Bestandteil des Dienstleistungspakets einer
  Organisation zum Tragen kommt. Dieser Form begegnen wir u. a.
  in den Spitälern.

Wichtig ist dabei die Feststellung, dass die Sozialarbeit an dem teil-
nimmt, was van der Laan (1992) die *Systemwelt* nennt. Eines der
Merkmale dieser Welt ist laut ihm die Assoziation: System-strategi-

sches Handeln. Strategisches Handeln zielt seiner Meinung nach nicht auf einen Konsensus, sondern auf das «Erreichen von gewissen Verhaltenseffekten bei anderen Personen. Dazu müssen (die) Mittel in einer Art und Weise angewendet werden, dass die Chance, eine Wirkung zu erzielen, maximal ist. Dadurch erhält die zwischenmenschliche Interaktion den Charakter einer Ziel-Mittel-Relation.»

Es dürfte klar sein, dass die Rolle der Sozialarbeit in Organisationen, die im Bereich der Gesundheit operieren und deren Ziel-Mittel-Relation vor allem durch die Verknüpfung: Krankheit-Heilung bestimmt wird, nicht leicht zu benennen ist – oder: leicht zu benennen vielleicht schon noch, aber gewiss nicht leicht zu bestimmen.

C

Abschliessend noch ein paar Bemerkungen zum *Wissen über die medizinische Ethik.*
Die Integrierte Sozialarbeit darf bei ihrer Aufgabe das *Wissen um die Grenzen, Verpflichtungen und Möglichkeiten ihrer Profession* nie aus den Augen verlieren.
Eines der Probleme bei der integrierten Sozialarbeit ist nämlich das Ausloten und Markieren eigener Grenzen und Möglichkeiten. Dies heisst: Sozialarbeiter und Sozialarbeiterinnen müssen in der Lage sein, die allgemeinen Ausgangspunkte und Basisbedingungen ihres Berufes auf den medizinischen Rahmen, in dem sie tätig sind, zu übertragen. In diesem Rahmen sind fast immer Faktoren vorhanden, die bewirken, dass das eigene Berufsverständnis (zumindest) in Frage gestellt wird. So entsteht in einem multidisziplinären Team leicht eine Situation, in der es als selbstverständlich gilt, dass Daten, welche Patienten und Patientinnen betreffen, nach Belieben ausgetauscht werden können. In Gesprächen, die Sozialarbeiter und Sozialarbeiterinnen mit ihren Patienten und Patientinnen führen, können jedoch Angelegenheiten auf den Tisch kommen, die zwar für eine gute Hilfeleistung von Bedeutung sind, aber nicht nach aussen getragen werden dürfen. Sozialarbeiter und Sozialarbeiterinnen müssen ganz genau wissen, welche von den Angaben, die sie von Patienten und Patientinnen oder deren Familie erhalten haben, im multidisziplinären Team zur Sprache gebracht werden dürfen oder gar müssen und welche nicht. Es geht hier also um die Fähigkeit der Sozialarbeiter und Sozialarbeiterinnen, zu unterscheiden zwischen einerseits der für die Zusammenarbeit notwendigen Vertraulichkeit

und andererseits dem Berufsgeheimnis, an das sie sich gebunden wissen. Es handelt sich um das, was Janssen (1991, S. 155) die «optimale Verschwiegenheit oder Diskretion» nennt, das jeweils höchst Erreichbare unter den gegebenen Umständen!

3.3 Fertigkeiten und Fähigkeiten

An diesem Ort noch einige Bemerkungen zu den spezifischen Fertigkeiten, wie sie u. a. im methodischen Handeln der im Gesundheitswesen tätigen Sozialarbeiter und Sozialarbeiterinnen zum Ausdruck kommen. Für sie ist vor allem von Bedeutung, dass sie, neben der Fähigkeit zur Anwendung gängiger Methoden der Sozialarbeit, über «zwei Sprachen» verfügen können.

Damit will hingewiesen sein auf die Tatsache, dass sich Sozialarbeiter und Sozialarbeiterinnen im Gesundheitsbereich mit zwei Systemen konfrontiert sehen, nämlich mit dem *Patienten-* und mit dem *Gesundheitssystem.*

In Bezug auf die beiden Systeme haben Sozialarbeiter und Sozialarbeiterinnen häufig eine Dolmetscher- bzw. Übersetzerfunktion inne – denn die Systemsprachen unterscheiden sich und bezeichnen zwei unterschiedliche Welten, nämlich eine Lebens- und eine Systemwelt. Bezugnehmend auf Habermas sagt van der Laan5 (1992): «Habermas hantiert gewissermassen… mit einer Disziplinierungsidee; er redet von ‹Kolonialisierung›. Dies heisst: Das Vordringen der Medien des (Sozial)-Systems in die Lebenswelt der Menschen. Unter ‹Lebenswelt› versteht Habermas eine ‹Ganzheit aus kulturell übertragenen, sprachlich organisierten Interpretationssphären. Diese Einheit bildet einen unproblematischen Fundus, aus dem geschöpft werden kann, insofern dies für die Definition einer spezifischen Situation relevant ist.›

‹Sprachlich› heisst hier: mit den Mitteln der Sprache; mit ‹unproblematisch› ist gemeint, dass eine gewisse Selbstverständlichkeit sowohl in Bezug auf die Bedeutungen, welche bestimmte Äusserungen in einer (Sub-)Kultur jeweils tragen, wie auch auf die Art und Weise, wie es zu gemeinsamen Situationsdefinitionen kommt, vorhanden sein muss.

Um gegenseitiges Verständnis zu erreichen, ist eine ideale Gesprächssituation nötig, in der man sich unbehelligt auf das Erreichen einer Konkordanz in Bezug auf Handlungsaktivitäten konzentrieren kann. Mit ‹Handlungsaktivitäten› ist gemeint: kommunikatives Handeln, das auf gegenseitiges Verständnis angelegt ist. Ein solches Verständnis setzt voraus, dass man sich in einem Kontext, in dem auf Paritätsbasis miteinander verkehrt wird, ernst nimmt. Dies bedeutet, dass die Beteiligten eine symmetrische Beziehung pflegen müssen.» Soweit van der Laan.

Jeder, der die medizinische Domäne einigermassen kennt, weiss, dass es sich dabei um eine sehr dominante Systemwelt handelt, welche ohne Pardon die Lebenswelt der individuellen Patienten und Patientinnen aufsaugt und dominiert. Insbesondere gilt dies für den stationären Gesundheitsbereich. Nicht nur das Krankenhausregime, welches sich (primär) in Ver- und Geboten manifestiert, sondern auch der Mangel an kommunikativen Handlungen und symmetrischen Beziehungsstrukturen bestimmen das Wesen dieser Systemwelt. Daran ist gewiss nicht nur das Spital allein Schuld; auch die Patienten/ Patientinnen selber sowie deren Familien geben oft von vornherein ihre Autonomie widerstandslos auf – mit der Folge, dass auch ihrerseits von Bemühungen um eine symmetrische Beziehung gar keine Rede sein kann.

Sozialarbeiter und Sozialarbeiterinnen aber partizipieren auch an dieser Systemwelt und dessen müssen sie sich klipp und klar bewusst sein; sie gehören zum und arbeiten im Behandlungsteam. Nur müssen sie, aufgrund ihres Berufes und ihrer Funktion, in der Lage sein, zwischen der Lebenswelt der Patienten/Patientinnen einerseits und der Systemwelt andererseits eine «Brücke» zu schlagen. Oft heisst dies das Einnehmen einer Randposition – sowohl hinsichtlich des Behandlungsteams wie auch des Patientensystems. Aber just von dieser peripheren Position aus können sie eine der wichtigsten Funktionen der Sozialarbeit ausüben, nämlich: *Klienten und Klientinnen zu ihren Rechten verhelfen.*

Für die Praxis bedeutet dies, dass Sozialarbeiter und Sozialarbeiterinnen diejenigen sind, die konstant zwischen den Systemen vermitteln. Ihr zentrales Anliegen ist dabei, sowohl für Patienten und Patientinnen wie auch für das Behandlungsteam Ausdrucksformen, Begriffe und Verhaltensmodi des Gegenübers zu «übersetzen» – mit dem Resultat, dass beidseitig Probleme geklärt, verdeutlicht und Hilfsangebote geschaffen werden können.

4. Aussichten

Zum Schluss möchte ich noch kurz verweilen bei der Zukunft der Sozialarbeit im Gesundheitssektor. Sie sieht, in Anbetracht der aktuellen Entwicklungen in diesem Arbeitsfeld, nicht allzu rosig aus.

Zunächst kann festgestellt werden, dass sich Sozialarbeiter und Sozialarbeiterinnen, vor allem auf dem Terrain der ambulanten seelisch-geistigen Hilfe (= RIAGG) im Laufe der Jahre zu Psychotherapeuten und -therapeutinnen gemausert haben, ohne aber in allen Fällen über die dazu erforderlichen Diplome zu verfügen. Sie waren als Kotherapeut(in)/Assistent(in) neben qualifizierten Psychotherapeuten/-therapeutinnen oder Psychiatern tätig und zeigten wenig Bereitschaft, sich noch länger mit dem «tieferen» Status der Sozialarbeit zu begnügen. Damit dennoch die notwendige Komplementärarbeit ausgeführt werden konnte, hat in den letzten Jahren die Zahl des sozialpsychiatrischen Pflegepersonals in der GGZ (= Hilfe zur seelisch-geistigen Gesundheit) stark zugenommen. Es verrichtet nunmehr einen (grossen) Teil der Aufgaben der Sozialarbeit, nämlich das Verbessern oder Kreieren von Optionen und Konditionen im Umfeld der Patienten und Patientinnen, wodurch diese später – als Expatienten und -patientinnen –, die Möglichkeit haben, ihr Leben wieder selber in den Griff zu bekommen. Seit der Inkraftsetzung des Gesetzes über die Berufe in der Individuellen Gesundheitshilfe sind Sozialarbeiter und Sozialarbeiterinnen vom psychotherapeutischen Beruf ausgeschlossen, solange sie nicht eine dazu anerkannte universitäre Ausbildung absolviert haben.

Die eigentliche Aufgabe der Sozialarbeit auf dem Terrain der somatischen (stationären) Gesundheitshilfe besteht zurzeit zunehmend in der Schaffung von Randbedingungen, welche Expatienten/Expatientinnen die Gelegenheit bieten, so rasch wie möglich ihr normales Leben wieder aufzunehmen und weiterzuführen. Weil die klinischen Behandlungen immer kürzer dauern, nimmt auch die Zeit, welche Sozialarbeitern und Sozialarbeiterinnen für ihre Aufgaben zur Verfügung steht, ständig ab. Ihre Arbeit assimiliert – in sehr komprimierter Form zwar –, immer mehr Merkmale des Casemanagements. Darin spiegelt sich eine Entwicklung, die das gesamte Nachdenken über die Gesundheitshilfe durchzieht, nämlich die klare Trennung zwischen *cure* (heilen) und care *(fürsorgen, soziale Hilfe)*.

Cure steht dabei für die medizinische Behandlung, wie sie sowohl im somatischen wie auch im psychiatrischen Gesundheitsbereich von Spitälern und Spezialisten/Spezialistinnen angeboten wird. Die Tendenz ist, dass die Dauer der Heilungsprozesse immer kürzer, die Mittel immer technischer werden. Demgegenüber präsentiert sich das Terrain der care (= Rahmenhilfe, spitalexterne Betreuung, sozialer Auffang/Fürsorge) als immer umfangreicher und komplizierter.

Ein zusätzliches Problem für die Sozialarbeit in den Spitälern ist eine neue Form der Krankenpflege, die von den so genannten Verbindungs- oder Übergangspfleger/-pflegerinnen verkörpert wird; ihnen obliegt die Vorbereitung der medizinisch-technischen Nachbetreuung bestimmter Patientengruppen, wobei es oft schwierig ist, zwischen «medizinisch-technisch» und «sozial» eine Trennungslinie anzubringen. Sozialarbeiter und Sozialarbeiterinnen fühlen sich denn auch in ihrer Position nicht selten von diesem Pflegertypus bedroht, umso mehr, da von den Relationen: Arzt–Pflegeperson und Arzt–Sozialarbeiter die erstgenannte oftmals die einfachere («pflegeleichtere») ist.

Sozusagen seit der Entstehung der spitalinternen (klinischen) Sozialarbeit hat es Konkurrenz mit anderen Berufsgruppen gegeben. Neijmeijer (1994) beschreibt die von der Sozialarbeit als Rivalität empfundene Beziehung zu «benachbarten» Funktionen und Berufsgruppen wie z. B. zu jenen der seelisch-geistigen Betreuung oder der Psychologie. Namentlich auf dem Gebiet der psychosozialen Hilfe fühlen sich die Sozialarbeiter und Sozialarbeiterinnen unter Druck gesetzt.

Die Schlussbetrachtung in der Studie von Brunenberg c. s. geht in die gleiche Richtung: «Die Berufsgruppe Sozialarbeit im Gesundheitssektor befindet sich auf der Suche nach dem Kern ihrer Profession. Jedenfalls haben wir während unserer Untersuchung diesen Eindruck bekommen. Immer wieder, in den Interviews oder in den Marginalien zu den retournierten Enquêteformularen, haben uns die Auskunftspersonen klar gemacht, wie sehr die Berufsgruppe bestrebt ist, sich selber (wieder) zu finden und wie verunsichert sie sich in Anbetracht ihrer Zukunft momentan fühlt.»

Es ist wünschenswert und auch notwendig, dass Sozialarbeiter und Sozialarbeiterinnen, die im Gesundheitssektor tätig sind, die zurzeit dort stattfindenden Entwicklungen und Veränderungen nicht als Bedrohung erfahren, sondern – umgekehrt – als Möglichkeit und Herausforderung zur erneuten Profilierung ihrer Arbeit und ihres Berufs. Und eingedenk der Ideen, Kenntnisse und Fertigkeiten, über welche die Berufsgruppe verfügt, ist es zweifelsohne möglich, *aus der eigenen Profession heraus* diese Profilierung auch tatsächlich voranzutreiben.

Literatur

J. v. Acker. «De armoede van de welvaart.» Een essay over het absurde van de rede en de zin van het innerlijke. Utrecht 1990

T. Biewenga. «Ingebouwd maatschappelijk werk.» In: Handboek Maatschappelijk Werk. Alphen a. d. Rijn, 1989

W. Brunenberg/L. Neijmeijer/G. Hutschemaekers. Beroep: maatschappelijk werker. Utrecht 1996

Z. Butrym. Medisch maatschappelijk werk. Alphen a. d. Rijn, 1970

H. Hauer. «Social Work with Psychiatric Patient.» In: K. E. H. Hesser en W. Koole (Red.). Social Work in the Netherlands. Utrecht 1994

J. H. G. Janssen. De nieuwe code gedecodeerd. Nijkerk 1991

G. v. d. Laan. Legitimatieproblermen in het maatschappelijk werk. Utrecht 1992

M. J. Mineur. «Maatschappelijk werk in het ziekenhuis.» In: Dr. H. Nijenhuis (Red.) De lerende professie. Hoofdlijnen van het maatrschappelijk werk. Utrecht 1997

L. Neijmeijer. Vijf blikken psychosociaal. Utrecht 1994

A. Querido. «Vijftig jaar medisch-maatschappelijk werk.» In: Tijdschrift voor maatschappelijk werk. Jahrgang 17, Ausgabe 22, 20. Dezember 1963

N. v. Riet. «Opvang en begleiding van ontslagen en genezen patiënten.» In: Soteria. April 1965

N. v. Riet. «Maatschappelijk werk inhoudelijk gezien.» In: Soteria, Juli-August, 1965

N. v. Riet/M. J. Mineur. Maatschappelijk werk in de (intramurale) gezondheidszorg. Assen 1997

I. Schløgl. «De ontwikkeling van het medisch-maatschappelijk werk in Nederland, geprojecteerd tegen die in de Angelsaksische landen.» In: Tijdschrift voor maatschappelijk werk. Dezember 1963

Franz Trautmann, Han Kuipers

Sozialarbeit in der Drogenhilfe

Einleitung

Ein Kapitel über die niederländische Drogenhilfe bedarf einer etwas ausführlicheren Einführung. Man kann sich nicht auf ein kurzes Anreissen der Geschichte und des politisch-gesetzlichen Rahmens beschränken. Dazu spielt dieser Rahmen eine viel zu prominente Rolle in einer stark politisierten Diskussion über die niederländische Drogenpolitik. Von der einen Seite wird diese Politik verteufelt als Begünstigung des Konsums gefährlicher, illegaler Drogen. Von der anderen Seite idealisiert man sie als Höhepunkt einer humanen Sozialpolitik. Um Licht in dieses Dunkel politischen Wunschdenkens zu bringen, bedarf es einer näheren Erklärung dieses Rahmens. Darum wird in diesem Kapitel – nach einem kurzen historischen Exkurs – relativ ausführlich auf die charakteristischen Elemente der niederländischen Drogenpolitik eingegangen. Auf diesem Hintergrund gewinnen die Ausführungen zur (Sozialarbeit in der) niederländischen Drogenhilfe an Profil.

Zur Geschichte der Drogenhilfe

Das umfangreiche und differenzierte Drogenhilfeangebot, das man heute flächendeckend in den Niederlanden antrifft, findet seinen Ursprung in den Massnahmen, die ab Anfang dieses Jahrhunderts zur Bekämpfung der Alkoholabhängigkeit ergriffen wurden (Brijder 1979, van Amerongen 1988, van der Stel 1995). Den Hintergrund für die Entwicklung dieser Massnahmen – bei denen der Nachdruck eher auf Bekämpfung als auf Hilfe lag – bildete ein Komplex von Faktoren, dessen Erklärung hier zu weit führen würde. Einige Elemente, die in dieser Entwicklung eine Rolle gespielt haben, sind allerdings grundlegende Voraussetzung für ein Verständnis der Entwicklung der Drogenhilfe Ende der sechziger Jahre. Zu diesen Elementen gehört die Entdeckung der Sucht, die wissenschaftliche Definition und Legitimation des Suchtbegriffs, aber auch die immer mächtiger werdende Abstinenzbewegung, in der auf der einen Seite die «genussfeindlichen», vom Kalvinismus geprägten Protestanten genauso eine prominente Rolle spielten wie die sich der kapitalistischen Ausbeutung widersetzende Arbeiterbewegung. Übermässiger Alkoholkonsum war gerade unter den Arbeitern – im agrarischen genauso wie im industriellen Bereich – ein durchaus ernstzunehmendes Problem. Es war keine Ausnahme, dass ein Teil des Lohnes in flüssiger Form ausbezahlt wurde. Alkoholbekämpfung war der gemeinsame Nenner der Bestrebungen der Alkoholgegner, Abstinenz war die Norm sowohl in der «Alkoholpolitik» – auch in den Niederlanden gab es ein substantielles Potenzial von Befürwortern einer Alkoholprohibition – als auch in den Massnahmen gegen Alkoholmissbrauch und den ersten Ansätzen der «Alkoholhilfe».

Die Nachkriegsperiode

Nach dem Zweiten Weltkrieg gewinnt die «Alkoholhilfe» die Oberhand. Unter Einfluss der Auffassung Jellineks, dass Alkoholismus als Krankheit gewertet werden muss, verlagert der Akzent sich von Alkoholbekämpfung auf sogenannte «Rettungsarbeit». Unter diesem Nenner beginnt sich die Alkoholhilfe – mit neuen Einsichten und Methoden – zu einem flächendeckenden Angebot zu entwickeln. Die in Amsterdam, Rotterdam und Groningen entstandenen Alkoholismusberatungsstellen ergreifen die Initiative zur Gründung eines landesweiten Netzwerks derartiger Beratungsstellen. In den Statuten der 1953 gegründeten «Federatie van instellingen voor de Zorg voor Alcoholisten» (FZA – Föderation der Einrichtungen der Alkoholikerhilfe) taucht mit der Erwähnung von «Alkoholismus und anderen Suchtkrankheiten» zum ersten Mal ein Hinweis auf andere Formen der Abhängigkeit auf. Das lässt die Zielvorstellung allerdings unberührt: Abstinenz bleibt nach wie vor die Norm.

In den fünfziger und sechziger Jahren entwickelt sich die Alkoholhilfe zu einem weitgehend professionalisierten Sektor in der Gesundheitspflege. In diesem Rahmen spielt auch die zu diesem Zeitpunkt mehr und mehr zu Bedeutung gekommene Sozialarbeit eine wichtige Rolle. In den ersten Jahren nach dem Krieg ist es ihre Aufgabe, Asozialen – wie es damals so schön unkaschiert hiess – gesellschaftlich angepasste Lebensformen beizubringen. Ein bekanntes Beispiel ist die Familienarbeit, eine der frühen Formen aufsuchender Sozialarbeit, deren stark moralisch gefärbter Auftrag es ist, Eltern Anleitung und Unterstützung bei der Kindererziehung zu bieten.

Es gab allerdings auch bereits damals Ansätze in der Sozialarbeit, die sich – zumindest in ihrem Anspruch – von Anpassung und Bevormundung losgesagt hatten. Zum Beispiel Social Casework, eine Anfang der fünfziger Jahre neue Methode, die sich im Rahmen des Hilfeangebotes für Alkoholiker einen wichtigen Platz erwarb. Wichtige Ausgangspunkte waren, dass Klient und Helfer zusammen nach den Ursachen von Verhaltensproblemen suchen, dass die Ursachen der Probleme nicht in der Gesellschaft, sondern im Individuum zu suchen sind, und dass der Klient letztendlich selbstverantwortlich ist, der Helfer hilft dem Klienten, sich selbst zu helfen.

Von den sechziger Jahren bis zur Gegenwart

In den sechziger Jahren, als der Konsum anderer Mittel und damit neuartige Probleme auf der Bildfläche erscheinen, erweist sich dieses Angebot u. a. aufgrund seiner eng individualistischen Interpretation der Probleme und seiner Abstinenzorientiertheit als unzureichend. Ausserhalb – und gegen – dieses Angebot entstehen erste Ansätze einer neuen Drogenhilfe. Den Rahmen, in dem diese gedeihen konnten, bildete unter anderem die sogenannte «alternative Jugendhilfe». Mit diesem Sammelnamen wurden die verschiedenen Projekte bedacht, die in den Niederlanden Ende der 60er, Anfang der 70er Jahre – vor dem Hintergrund der Jugend- und Studentenrevolte – von Kritikern des etablierten Jugendhilfeangebotes entwickelt worden waren. Im Mittelpunkt der Kritik stand damals, dass die etablierte Jugendhilfe aufgrund ihres individualisierenden Begriffsapparates lediglich eine Anpassung ihrer Klienten an die herrschenden gesellschaftlichen Normen leisten kann (Hazekamp 1976). Die alternative Jugendhilfe verstand sich dagegen als Interessenvertretung der Jugendlichen, die zur Aufgabe hatte, voraussetzungslos, nicht-bevormundend und in kritischer Distanz zu dem gesellschaftlichen Anpassungsdruck Hilfe zu bieten (De Kler/Van der Zande 1978; Sluys 1980). Dies waren ideale Voraussetzungen für die Entwicklung von Drogenhilfeprojekten, die sich durch Akzeptanz, Niedrigschwelligkeit und Normalisierung auszeichneten. In diesem Rahmen konnte sich ein nicht primär abstinenz-orientiertes Hilfeangebot entfalten, von Kontaktläden, Tageszentren bis hin zu Krisenzentren (Stichting Kontakt Sentra 1978; Trautmann 1985). Diese Entwicklung bedeutete auch einen Impuls zur Erneuerung der Sozialarbeit. Neue Methoden wie zum Beispiel die Strassensozialarbeit, die sich als Alternative zu dem gängigen Ansatz der Sozialarbeit als Sprechstunde verstand (Eggenkamp 1972; Mulder-De Bruin/Lieshout 1971) fanden Anklang.

Anfang der achtziger Jahre sind diese neuen Angebote nicht mehr «alternativ», sondern weitgehend etabliert und professionalisiert. Die Gegnerschaft gegenüber den traditionellen Einrichtungen hat sich zur Partnerschaft gewandelt. Die «alternativen» Angebote sind vernetzt mit anderen, hochschwelligeren Einrichtungen und integrierter Bestandteil eines umfassenden, breit gefächerten Drogenhilfeangebots geworden. Ende der achtziger, Anfang der neunziger Jahre wird diese Vernetzung und Integration auch auf organisatorischer Ebene vollzogen: Die verschiedenen kleineren Einrichtungen mit ihrem spezifischen Angebot werden im Zuge einer Rationalisierungspolitik zusammengefasst in grosse, regionale Drogenhilfeeinrichtungen. Damit vollzieht sich im Grunde genommen eine (Wieder-)Eingliederung dieser in der Regel relativ kleinen, niedrigschwelligen Einrichtungen in die Organisationen ihrer ursprünglichen «Gegner», der – relativ grossen – Beratungsstellen. Deren Orientierung hat sich allerdings im Laufe der zwei Jahrzehnte deutlich verändert. Der primär entzugsorientierte Ansatz hat Platz gemacht für eine pragmatische Ausrichtung. Diese resultiert in Einrichtungen, in denen niedrigschwellige, an Schadensbegrenzung orientierte Angebote mit entzugsorientierten integriert sind.

Die niederländische Drogenpolitik

Die niederländische Drogenpolitik erscheint auf den ersten Blick grundsätzlich anders als beispielsweise die deutsche, sowohl was das strafrechtlich sanktionierte repressive Eingreifen als auch was die in der Drogenhilfe verkörperten sozialen Massnahmen angeht. Normalisierung, Toleranz und Akzeptanz sind Stichworte, die im Zusammenhang mit der niederländischen Drogenpolitik häufig verwendet werden. Und obwohl man sich in den Niederlanden diese Qualifizierungen – wenn sie positiv gemeint sind – verständlicherweise gerne gefallen lässt, ziehen die für diese Drogenpolitik Verantwortlichen den Begriff «Normalisierung» vor, wobei die Konnotationen «pragmatisch» und «rationell» im Vordergrund stehen (Trautmann 1994).

Drogenpolitik findet in den Niederlanden ebenso wie in den Nachbarländern auf zwei Ebenen statt. Einerseits in Form von strafrechtlich sanktioniertem repressivem Eingreifen. Hierfür bildet das Betäubungsmittelgesetz die Grundlage. Andererseits in Form von sozial- und gesundheitspolitischen Massnahmen. Das heisst in der Praxis hauptsächlich Präventions- und Drogenhilfemassnahmen, wie zum Beispiel Beratung, Therapie und Methadonabgabe.

Primärer Ausgangspunkt dieser – wie man in den Niederlanden sagt – «zweigleisigen» Drogenpolitik ist der Schutz der Volksgesundheit. Der Teilbereich der Kriminalitätsbekämpfung ist – im Gegensatz zu dem Eindruck, der in der Öffentlichkeit vorherrscht – vom politischen Anspruch her zweitrangig. Die Verantwortung für die Koordinierung der Drogenpolitik der Regierung liegt daher auch beim Ministerium für Gesundheit, Gemeinwohl und Sport und nicht beim Justizministerium.

In Übereinstimmung mit einem in erster Linie pragmatisch definierten Normalisierungsbegriff ist das Hauptziel der niederländischen Drogenpolitik, das Drogenproblem beherrschbar zu machen. Eine Lösung dieses Problems anzustreben gilt als unrealistisch. Als ebenso unrealistisch – weil kontraproduktiv – gilt eine primär repressiv orientierte Drogenpolitik. Ein Krieg gegen Drogen trägt – auch nach Auffassung der niederländischen Regierung – eher zu einer Verschärfung als zu einer Lösung des Problems bei. Die Erfahrung mit einer primär repressiven Politik lehrt, dass positive Resultate, in Form einer Abnahme sowohl des Angebots als auch der Nachfrage auf dem Drogenmarkt, mit repressiven Massnahmen mit Sicherheit nicht erreicht werden.

*Charakteristika niederländischer Drogenpolitik im
gesundheits-politischen Bereich*

Im sozial- und gesundheitspolitischen Bereich kennzeichnet die niederländische Politik sich in erster Linie dadurch, dass das Ziel von Drogenhilfemassnahmen nicht der Entzug sondern Schadensbegrenzung ist. Das heisst konkret, dass man, wenn es bei Konsumenten oder Konsumentinnen nicht gelingt, Sucht oder Abhängigkeit zu beenden, sich realistisch oder pragmatisch mit dem bescheideneren Anspruch begnügt, psychosozialen und somatischen Gesundheitsschäden soweit wie möglich vorbeugen zu wollen. Andererseits will man gleichzeitig eine Stigmatisierung von Drogenkonsumenten und -konsumentinnen so weit wie möglich vermeiden. Unter anderem mit einem Drogenhilfeprogramm, das ein breites Spektrum von niedrig-

bis hochschwelligen Hilfeangeboten umfasst, denkt man diese Ziele
verwirklichen zu können. Der Klientschaft wird im Rahmen eines Pro-
zesses der sozialen Stabilisierung u. a. die Möglichkeit geboten, von
niedrig- auf höherschwellige Projekte überzuwechseln.

Dieser Rahmen ermöglichte es in den Niederlanden, schwerpunkt-
mässig akzeptierende und niedrigschwellige Drogenhilfeprojekte zu
entwickeln. Bekannte Beispiele sind die (relativ) niedrigschwellige,
in breitem Rahmen realisierte Methadonvergabe, aber auch die
ebenfalls grossflächig angelegten AIDS-Präventionsmassnahmen wie
Spritzenabgabe und -tausch.

*Charakteristika niederländischer Drogenpolitik im
strafrechtlichen Bereich*

Im strafrechtlichen Bereich zeichnet sich die niederländische Drogenpolitik durch ein verhältnismässig geringes Ausmass der Repression
aus. Die wichtigste Differenz zwischen dem niederländischen Betäubungsmittelgesetz und den Gesetzen in vielen europäischen Ländern
ist die in den Niederlanden seit 1976 geltende Unterscheidung zwischen Drogen mit «unannehmbar hohem» und Drogen mit «akzepta-
blem Gefährlichkeitsgrad». Auf der sogenannten ersten Liste des
niederländischen Betäubungsmittelgesetzes stehen die sogenannten
harten Drogen, das heisst unter anderem die Opiate und Kokain,
aber auch Ecstasy und andere Amphetaminpräparate. Die zweite Liste umfasst lediglich die Cannabisprodukte. Verstösse gegen die gesetzlichen Bestimmungen bezüglich harter Drogen werden strenger
geahndet als Verstösse gegen die die Cannabisprodukte betreffenden Bestimmungen. Heroinproduktion, -transport, -handel und -be-
sitz werden also strenger bestraft als die gleichen Tatbestände im
Zusammenhang mit Cannabisprodukten. So wird zum Beispiel der
Besitz von (maximal 30 Gramm) Cannabisprodukten als eine Ord-
nungswidrigkeit geahndet und nicht mehr als eine Straftat.

Auch Heroinbesitz wird in den Niederlanden übrigens relativ mild
geahndet. Besitz für den eigenen Konsum bleibt zwar strafbar,
die Strafe ist allerdings maximal ein Jahr Gefängnis oder höchstens
fl 500.– Geldbusse. Heroinkonsum an sich gilt dagegen – genauso wie
seit einiger Zeit auch in Deutschland – nicht mehr als Straftat. Hinter
dieser Widersprüchlichkeit – Drogen muss man schliesslich erst besitzen, um sie konsumieren zu können – steckt natürlich eine Absicht.
Durch die Aufrechterhaltung der Strafbarkeit des Besitzes illegaler
Drogen will man die Beschlagnahmung als Möglichkeit offenhalten.

Im Übrigen sind es nicht so sehr die gesetzlichen Bestimmungen selbst, die den Unterschied zwischen der niederländischen und – zum Beispiel – der deutschen Drogenpolitik markieren, sondern die Übersetzung der gesetzlichen Bestimmungen in die Rechtspraxis. Die Unterschiede im Betäubungsmittelgesetz beschränken sich mit Ausnahme der expliziten Unterscheidung zwischen sogenannten harten und weichen Drogen bei näherem Hinsehen auf die gesetzlich festgelegten Höchststrafen (Van Atteveld 1988). Wichtiger ist, dass in den Niederlanden die tatsächliche Verfolgung der strafbaren Tatbestände eine Ermessenssache ist. Im Gegensatz zu der Situation in den meisten anderen Ländern, in der man am sogenannten Legalitätsprinzip festhält, spielt im niederländischen strafrechtlichen System das sogenannte Opportunitätsprinzip eine prominente Rolle. Das Legalitätsprinzip beinhaltet, dass bei Entdeckung einer Straftat strafrechtlich zwangsläufig gegen den Täter vorgegangen werden muss. In den Niederlanden bietet das Opportunitätsprinzip die Möglichkeit, im Rahmen ministerieller Richtlinien, in denen z. B. Prioritäten der Strafverfolgung von Drogendelikten festgelegt sind, von Strafverfolgung abzusehen. In einer ministeriellen Broschüre über die niederländische Drogenpolitik wird das Opportunitätsprinzip, das in der Strafprozessordnung verankert ist, wie folgt umschrieben: «Die Staatsanwaltschaft kann von der Verfolgung strafbarer Handlungen absehen, wenn wichtige gesellschaftliche Interessen auf dem Spiel stehen. Daher wurden besondere Richtlinien für die Fahndung und Strafverfolgung im Zusammenhang mit Drogendelikten erlassen» (Ministerium für Gemeinwohl 1989).

Die Möglichkeiten, die dieser Ermessensspielraum bietet, werden vielfältig benutzt, gerade wenn es um die Verfolgung von (weniger schweren) Cannabisdelikten geht. Dies hat – zusammen mit der gesetzlichen Unterscheidung zwischen harten und weichen Drogen – zu einer de facto Entkriminalisierung von Cannabiskonsum und -verkauf an Konsumenten geführt. Lediglich im Zusammenhang mit grossen, in der Regel internationalen Geschäften, zum Beispiel bei Schmuggel grosser Mengen von Cannabisprodukten, ist der Tatbestand des Verstosses gegen die Betäubungsmittelgesetzbestimmungen in sich selbst hinreichender Anlass, um gegen die Täter vorzugehen. Diese Politik des unterschiedlichen Strafrisikos hat – unter anderem – dazu geführt, dass der Heroinhandel weitgehend vom Haschisch- und Marihuanahandel getrennt wurde. Der Einstiegsdrogen-Hypothese wurde damit grossenteils der Boden entzogen.

Die aktuelle Situation in den Niederlanden

In den letzten Jahren zeichnet sich in der niederländischen Drogenpolitik eine restaurative Tendenz ab. Das repressive Element in der
Drogenpolitik hat deutlich an Einfluss gewonnen, wie unter anderem
das 1996 von der niederländischen Regierung veröffentlichte Papier
zur Drogenpolitik zeigt (Ministerium für Gesundheit, Gemeinwohl und
Sport 1996a und 1996b). Der Nachdruck liegt auf dem Schutz der
öffentlichen Ordnung. «Overlastbestrijding», d. h. die Bekämpfung
der von Drogenkonsumenten verursachten sozialen Probleme, steht
heute im Mittelpunkt der drogenpolitischen Debatte. Wurde noch vor
zehn Jahren der menschenwürdigen Existenz von Drogenkonsumenten als Ziel der Drogenpolitik ein der Sicherung der öffentlichen Ordnung ebenbürtiger Stellenwert zuerkannt, ist heute erstere mehr und
mehr in den Hintergrund geraten.

Den Hintergrund für diese Entwicklung bildet innenpolitisch u. a. die
Enttäuschung und Ernüchterung, die sich unter Politikern ebenso wie
unter Drogenfachleuten breit gemacht hat. Man hatte sich von dem
in erster Linie sozial- und gesundheitspolitisch bestimmten Ansatz
wenn auch keine Lösung des Problems so doch mehr als das bisher
Erreichte erwartet. Die Unzufriedenheit in den mit Drogenkonsum
und -handel nebst den damit verbundenen Problemen im Bereich der
öffentlichen Ordnung konfrontierten Vierteln wächst. In der Regel
spielen dabei auch andere soziale Probleme (Armut, Prostitution,
Kriminalität usw.) eine Rolle, aber der Unmut kristallisiert sich in
dem Ruf nach harten Massnahmen gegen Drogenkonsumenten und
-händlern. Politiker geraten in Zugzwang und bestätigen im Streit um
die Wählergunst, dass der Kampf gegen das Drogenproblem härtere
Massnahmen nötig macht.

Neben diesen innenpolitischen spielen auch aussenpolitische Faktoren hier eine Rolle. So ist in den letzten Jahren die Kritik aus den
Nachbarländern an der vermeintlich zu toleranten niederländischen
Drogenpolitik vehementer geworden. So übt gerade Frankreich unter
Hinweis auf die Wichtigkeit einer einheitlichen europäischen Drogenpolitik grossen Druck auf die Niederlande aus, ihre Drogenpolitik an
den mehr repressiven Standard anderer Länder anzupassen.

Drogenkonsum in den Niederlanden

Drogenkonsum ist in den Niederlanden – wie in den meisten west-
lichen Ländern – erst seit Ende der sechziger, Anfang der siebziger
Jahre ein Thema in der politischen Debatte. Das heisst selbstver-

ständlich nicht, dass Drogenkonsum bis dahin in den Niederlanden ein unbekanntes Phänomen war. Drogenkonsum hat in den Niederlanden eine jahrhundertelange Tradition. Das gilt nicht nur für den Konsum (heute) legaler Drogen wie Alkohol und Tabak, sondern auch für (heute) illegale Drogen. So war der Opiumkonsum – hauptsächlich unter Chinesen und Künstlern – bis Anfang der siebziger Jahre ein altbekanntes Phänomen. Von einem Drogenproblem war in diesem Zusammenhang allerdings keine Rede.

Anlass zur Besorgtheit, zur Wahrnehmung eines Drogenproblems ist der Drogenkonsum, der sich ab Ende der sechziger Jahre unter Jugendlichen breit macht. Neben althergebrachten Mitteln wie Opium und Cannabis werden – relativ – neue Mittel wie LSD, Amphetamin und – etwas später – Kokain unter Jugendlichen populär. Wichtiger Hintergrund dieser Entwicklung ist wieder die bereits erwähnte Jugendrevolte. Auf eine Nachkriegsperiode der Selbstverständlichkeit – nachdrücklich und einseitig am blossen Wiederaufbau (Nachkriegsschäden beheben, Vorkriegsniveau erreichen und einholen) orientiert – folgte eine Periode der kritischen Fragen, der Ablehnung bis zu unumstrittener gesellschaftlicher Normen und Werte. Symbolisiert wurde diese Abweisung u. a. im Bereich des Drogenkonsums. Alkohol und Tabak wurden – explizit und lautstark – abgewiesen als die die Gesundheit gefährdenden, abstumpfenden Drogen des Establishment, der Elterngeneration. Demgegenüber wurden z. B. Cannabis und LSD ob ihrer bewusstseinserweiternden Qualitäten positiv gewertet. Opiumkonsum galt u. a. als Ausdruck der Verweigerung der Anpassung an die herrschenden gesellschaftlichen Normen. Die Reaktion der Öffentlichkeit und der Behörden fungierte als Bestätigung dieser politischen Symbolfunktion dieses Drogenkonsums: Das Establishment reagierte mit Entrüstung, Ablehnung und Repression.

Nach einigen Jahren ist der Konsum dieser Drogen kein Ausdruck der Gegenkultur mehr, sondern Teil einer in verschiedene Segmente differenzierten Jugendkultur. Opiumkonsum wird abgelöst von Heroinkonsum, der sich Ende der achtziger Jahre stabilisiert und heute in den Niederlanden eine abnehmende Tendenz aufweist. Amphetamin verschwindet bereits Ende der siebziger Jahre und taucht erst im Zusammenhang mit Ecstasykonsum in den neunziger Jahren wieder auf. Kokain wird populär, u. a. bei Heroinkonsumenten. Haschisch und Marihuanakonsum wird ein in breiten Kreisen akzeptiertes Phänomen (Kuipers u. a. 1993).

Ein paar Zahlen aus einer Datenerhebung in 1992 (Zwart und Mensink 1993) vermitteln einen globalen Eindruck über den Umfang des Drogenkonsums. Heute wird in den Niederlanden die Zahl der Konsumenten von Drogen wie Heroin und Kokain auf ungefähr 25 000 geschätzt (auf eine Gesamtbevölkerung von 15 000 000). Zum Umfang von Ecstasy-Konsum gibt es bis heute nur sehr ungenaue und darum sehr unterschiedliche Schätzungen. Die Zahl der regelmässigen Cannabiskonsumenten wird auf 600 000 geschätzt. Zum Vergleich einige Zahlen zum Konsum legaler Drogen: In den Niederlanden konsumieren 89 Prozent der männlichen und 76 Prozent der weiblichen Bevölkerung Alkohol, in der Europäischen Union ein Durchschnittswert. Die Zahl der problematischen Alkoholkonsumenten (mehr als acht Gläser pro Tag) wird mit 660 000 beziffert. Der Prozentsatz Tabakraucher in den Niederlanden beträgt 34 Prozent (Männer 38 Prozent, Frauen 31 Prozent).

Das Drogenhilfesystem

In den Niederlanden sind früher als in Deutschland Alternativen zu dem gängigen, im Strafrecht verankerten repressiven Ansatz der Drogenpolitik entstanden. Die schwerpunktmässige Entwicklung akzeptierender Drogenhilfemodelle ist hierfür ein Beispiel. Bereits oder, wie aus dem Vorhergehenden deutlich wurde, gerade in den 70er Jahren war es möglich, an Akzeptanz und Schadensbegrenzung orientierte Ansätze in der Drogenarbeit durchzusetzen.

Das Angebot

Nach einer Periode der Polarisierung – mit auf der einen Seite hochschwelligen, entzugsorientierten und auf der anderen Seite niedrigschwelligen, an Schadensbegrenzung orientierten Einrichtungen – sind heute Integration und Differenzierung des Hilfeangebots allgemein akzeptierter Ausgangspunkte der Drogen-, oder breiter gefasst, der Suchthilfe. Mit einem breiten, integrierten und möglichst differenzierten Angebot, das sowohl soziale als medizinische Massnahmen umfasst, und in dem entzugsorientierte therapeutische Behandlung genauso Teil einer Angebotsvielfalt ist wie ein Druckraum oder Resozialisierungsmassnahmen, strebt man nach einer optimalen Abstimmung auf die unterschiedlichen Hilfsbedürfnisse der Klienten.
Dies resultiert in einem breit gefächerten Hilfeangebot, das auf niedrigschwelliger Ebene unter anderem Druckräume, Kontaktläden, Strassensozialarbeit und Methadonvergabe einschliesst. Zum «mittel-

schwelligen» Bereich gehören Beratung, soziale Betreuung und Begleitung. In diesen Rahmen gehören sowohl allgemein die soziale Entwicklung eines Klienten unterstützende Angebote, als auch Programme mit spezifischer Zielsetzung, wie zum Beispiel die praktisch landesweit eingeführten Projekte «Kinder drogenabhängiger Eltern», deren Aufgabe es ist, drogen-konsumierende Eltern bei der Versorgung und Erziehung ihrer Kinder zu unterstützen. Der hochschwellige Bereich umfasst verschiedene (psycho-)therapeutische Hilfeangebote, wobei nach wie vor der abstinenz-orientierte Ansatz überwiegt. Neben kurzen Entgiftungsbehandlungen (± drei Wochen) gibt es kurz (± drei Monate) und lang (maximal ein Jahr) angelegte Entzugsbehandlungen, nicht nur stationär, sondern auch als Teilzeitbehandlung. Die ausschliessliche Ausrichtung dieses therapeutischen, hochschwelligen Angebotes ist in den letzten Jahren aber weniger selbstverständlich geworden. Es gibt heute zum Beispiel intensive, mehr und mehr therapeutisch ausgelegte Hilfeangebote mit dem Ziel der sozialen Stabilisierung von Klienten und Klientinnen, die aus welchem Grund auch immer, den Drogenkonsum nicht aufgeben. Ein anderes Thema, das – unter anderem in diesem Zusammenhang – in den Blickpunkt geraten ist, ist Selbstkontrolle und kontrollierter Konsum. Verschiedene Drogenhilfeeinrichtungen bieten heute Behandlungen an, deren Ziel es ist, den Klienten und Klientinnen die Möglichkeit zu bieten, ihren unkontrollierten Drogenkonsum zu kontrolliertem Konsum zu entwickeln.

Zu guter Letzt umfasst die niederländische Drogenhilfe natürlich auch Angebote auf dem Gebiet der Resozialisierung. Ihren Sonderstatus haben diese Angebote der Tatsache zu verdanken, dass sie zu Anfang lediglich als Nachbehandlung – nach erfolgreichem Abschluss einer Entzugsbehandlung – gesehen wurden. Ziel dieser Nachbehandlung war gesellschaftliche Wiedereingliederung. Wiederherstellung sozialer Bezüge, Wohnung, Ausbildung und Arbeit waren (und sind) wichtige Elemente dieses Angebots. Gegenwärtig hat sich allerdings die Erkenntnis durchgesetzt, dass gesellschaftliche Wiedereingliederung nicht nur sinnvoll ist als Folgemassnahme nach einer erfolgreichen Therapie, sondern dass sie auch – als zentrales Element eines sozialen Stabilisierungsprozesses – Voraussetzung sein kann für ein Vermindern oder Beenden des Drogenkonsums.

Selbstverständlich kann soziale Wiedereingliederung nicht von der Drogenhilfe allein geleistet werden. Integration als Ausgangspunkt der niederländischen Drogenhilfe bedeutet deshalb auch die Realisierung eines Hilfeangebots, das die gesamte Lebenssituation des Klienten berücksichtigt, d. h. Gesundheit, Wohnung, Einkommen, soziales Verhalten, justizielle Probleme, Arbeit und Ausbildung. Hierfür ist eine Zusammenarbeit zwischen Einrichtungen der Drogenhilfe und anderen Sektoren unerlässlich. Wichtige Ansprechpartner sind hier neben Einrichtungen des Gesundheitswesens auch Behörden wie das Arbeitsamt und das Sozialamt, aber auch Polizei und Justiz. Dieser Integrationsgedanke bildet auch den Hintergrund für die Tatsache, dass Drogenhilfe heute nach einer relativ autonomen Periode nachdrücklich dem Zuständigkeitsbereich der Einrichtungen für psychische Gesundheit zugeordnet wird.

Und schliesslich bedeutet Integration auch, dass Hilfe an Drogenkonsumenten nicht ausschliesslich Aufgabe einer – kategoralen – Drogenhilfe ist. Erklärtes Ziel des niederländischen Ministeriums ist denn auch, dass Drogenkonsumenten so weit wie möglich allgemeine Einrichtungen im Bereich des Gesundheits- und des Sozialwesens in Anspruch nehmen können. Dahinter steckt unter anderem die Idee, dass damit der Ausgrenzung der Konsumenten aus der Gesellschaft entgegengewirkt werden kann.

Neben dieser breiten Palette der eigentlichen Drogenhilfe, d. h. der Behandlung und Betreuung, ist auch im Bereich der Prävention ein differenziertes Angebot realisiert. Unter Prävention im Drogenbereich fasst man in den Niederlanden übrigens nicht nur sogenannte primäre Prävention, d. h. Massnahmen, die in erster Linie darauf abzielen, Jugendliche vom Drogenkonsum abzuhalten. Auch Massnahmen mit dem Ziel der Schadensbegrenzung werden als – sekundäre – Prävention verstanden. Das Ziel der Schadensbegrenzung ist, unumkehrbaren Gesundheitsschäden vorzubeugen. Unter sekundäre Prävention werden – neben Präventionsmassnahmen im Bereich zum Beispiel der AIDS-Bekämpfung – verschiedene oben bereits erwähnte Angebote der niedrigschwelligen Drogenhilfe gefasst, wie z. B. Spritzentausch.

Im Bereich der primären Prävention spielen die Drogenhilfeeinrichtungen eine eher bescheidene Rolle. Man beschränkt sich in der Regel auf eine Unterstützung und Ergänzung der in Schule und Jugendarbeit ausgeführten Programme. In den Schulen ist Drogenprävention in der Regel Bestandteil des Faches Gesundheitslehre. Das in diesem Rahmen verwendete Unterrichtsmaterial ist zentral vom Trimbosinstituut – dem niederländischen Institut für psychische Gesundheit und Suchtgefahren, in dem das NIAD (Niederländisches Institut für

Alkohol und Drogen) integriert ist – entwickelt worden (s. unterstützende Einrichtungen).

Die organisatorischen Rahmenbedingungen
Gerade – aber nicht nur – im Drogenhilfebereich hat sich in den
letzten Jahren ein Trend zu grösseren, regionalen Einrichtungen, die
verschiedene Arbeitsansätze und Hilfeangebote in sich vereinigen,
durchgesetzt. Hintergrund dieser Entwicklung ist der Gedanke, dass
grössere Einrichtungen sowohl intern als extern, d. h. für den Geldgeber, einen geringeren Kontroll- und Verwaltungsaufwand erfordern
als eine Vielzahl kleinerer Einrichtungen. Ein anderer Vorteil ist, dass
im Rahmen einer Organisation die verschiedenen Hilfeangebote problemloser auf einander abgestimmt werden und besser an einander
anschliessen können. Eine Überweisung oder das Umsteigen in ein
anderes Programm oder Hilfeangebot kann somit für den Klienten
problemloser gestaltet werden.
Eine Integration der unterschiedlichen Hilfeangebote in grössere Einrichtungen hat aber nicht nur Vorteile. Gerade im Drogenhilfebereich
muss man feststellen, dass diese Entwicklung zu grossen, nicht selten von mit dem Drogenproblem unvertrauten Managern geleitete
Einrichtungen geführt hat, die mehr auf «Profit» (sprich: soviel Subventionen wie möglich) und «Wachstum» als auf inhaltliche Erneuerung und Orientierung an den Bedürfnissen der Klienten setzen.
Noch abgesehen von der Frage, ob die Erwartungen, die man von
Seiten der Politik – als Geldgeber – in diese Entwicklung gesetzt
hat, sich erfüllt haben (grössere Einrichtungen sind schliesslich nicht
selten mächtiger und dadurch schwerer kontrollier- und steuerbar;
grössere Einrichtungen erfordern intern einen grösseren Manage-
mentaufwand), kann man heute feststellen, dass sich im Rahmen
grosser Einrichtungen neue, alternative Ansätze, die geläufige Ausgangspunkte und Praxis in Frage stellen, nur schwer verwirklichen
lassen. Es fehlt nicht selten an Flexibilität.
Bestimmend in dieser Entwicklung zu grossen Einrichtungen ist ein
Rationalisierungsgedanke. Ziel ist das Vergrössern der Effektivität
und Effizienz der Drogenhilfemassnahmen. Einerseits will man Voraussetzungen schaffen für eine optimale Planung und Abstimmung
des Hilfeangebots, für eine effiziente Verteilung der Aufgabenbereiche, für ein adäquates und effektives Hilfeangebot für die Klienten,
usw. Andererseits geht es auch um Sparmassnahmen: Die Politik erhofft sich, mit mehr Effizienz Kosten zu sparen.

Die Drogenhilfeeinrichtungen – die heute nach wie vor formell vom Staat unabhängig, hauptsächlich in einer der deutschen Stiftung vergleichbaren Form organisiert sind – sind praktisch zu hundert Prozent aus der öffentlichen Hand subventioniert. Diese ausschliessliche Finanzierung aus öffentlichen Mitteln bedeutet, dass die Privatinitiative im Gegensatz zu früher an Autonomie eingebüsst hat. Dennoch sollte man die Bedeutung der relativen Autonomie der Privatinitiative nicht unterschätzen. In der Entwicklung der vergleichsweise liberalen Drogenpolitik in den Niederlanden hat sie eine nicht unbedeutende Rolle gespielt, gerade was die Verwirklichung bahnbrechender Praxis angeht. Im Rahmen kommunaler oder staatlicher Einrichtungen hätte diese Praxis sich nicht so «einfach» realisieren lassen.

Die gesetzlich vorgegebenen Rahmenbedingungen dieser Finanzierung haben sich in den letzten zwei Jahrzehnten drastisch verändert. In dieser Entwicklung sind zwei Tendenzen von elementarer Bedeutung, erstens, eine Entwicklung von deutlich von einander abgegrenzten Finanzierungsrahmen für verschiedene Teilbereiche des Sozialwesens zu integrierten Geldern für den Sozialbereich als Ganzes, zweitens, eine Entwicklung von zentral, das heisst von ministeriellen Richtlinien vorgegebenen zu dezentral, auf lokaler Ebene bestimmten Verwendungszwecken der Gelder.

Gab es bis Ende der achtziger Jahre zum Beispiel eigene Gelder einerseits für niedrigschwellige und andererseits für hochschwellige Drogenhilfe, wurden diese Gelder später zusammengefasst in einen Finanzierungsrahmen. In 1993 wurden diese Gelder für die Drogenhilfe wiederum integriert in ein Budget für das Sozialwesen unter dem Nenner «sociale vernieuwing» (was soviel bedeutet wie soziale Reform oder Erneuerung). Dieses Budget umfasst Gelder für Drogenhilfe, Sozialhilfe, Kinderspielplätze usw. Auf der Suche nach den Hintergründen dieser Entwicklung stösst man immer wieder auf die Stichworte «Bürgernähe» und «Effizienz». Das heisst, man erhofft sich einerseits eine Gestaltung der sozialen Einrichtungen, die besser den lokalen Umständen und den Bedürfnissen der Zielgruppen entspricht, und andererseits einen geringeren Kontroll- und Verwaltungsaufwand und – u. a. darum – eine Kostendämpfung.

Diese Zusammenfassung der Gelder ist Endpunkt beider genannter Tendenzen: Integrierung der verschiedenen Budgets und Dezentralisierung. Es sind heute die Gemeinden, die über die Verwendung dieser Gelder bestimmen. Ihnen steht ein Sozialhaushalt zur Verfügung, den sie nach eigenem Gutdünken verwenden können. Der ministerielle Einfluss ist – gesetzlich sanktioniert – auf ein Minimum beschränkt. Lediglich die Feststellung der gesetzlichen Rahmenbedingungen der Finanzierung – und natürlich die Kontrolle ihrer Einhaltung – obliegt noch dem Ministerium.

Die Drogenhilfeeinrichtungen

Die beschriebene Integration von hochschwelligen, entzugsorientierten und niedrigschwelligen, an Schadensbegrenzung orientierten Hilfeangeboten hat sich auch auf organisatorischer Ebene niedergeschlagen. Nach einem Jahrzehnt von Fusionen der diversen, unterschiedliche Angebote repräsentierenden Einrichtungen ist die Drogenhilfe heute – bis auf einige Ausnahmen – in relativ grossen, regional operierenden Einrichtungen zusammengefasst. Momentan gibt es fünfzehn dieser sogenannten «regionalen Suchthilfezentren». Das heisst, aus der zu Anfang in der Regel informalen Vernetzung der verschiedenen Einrichtungen haben sich heute vielfach formale Strukturen entwickelt.

Das Angebot dieser Einrichtungen ist verteilt über lokale Niederlassungen, im ambulanten Bereich ±130 in den Niederlanden. Diese haben wiederum nicht selten ihr Angebot – aus Gründen sowohl der Zugänglichkeit und Niedrigschwelligkeit als der zielgruppen- oder angebotsspezifischen Arbeit – auf verschiedene Adressen verteilt. Im sozialen Bereich gibt es zudem noch ungefähr dreissig selbstständige kleinere Einrichtungen, meist mit einem spezifischen Aufgabenbereich, z.B. Strassensozialarbeit. Auch im medizinischen Bereich, und gerade bei der Methadonvergabe, sind neben den regionalen Suchthilfezentren andere «Anbieter» aktiv. Auf diesem Gebiet spielen, u.a. in Amsterdam, Gesundheitsämter und Hausärzte eine prominente Rolle. Und schliesslich finden sich auch im stationären therapeutischen Bereich – in den Niederlanden gibt es im ganzen zwanzig sogenannte Suchtkliniken, einige wiederum unterteilt in verschiedene kleinere Einheiten – noch ein paar von den Suchthilfezentren unabhängige Einrichtungen.

Die Mitarbeiter/innen

Der Rationalisierungsgedanke, der in den letzten Jahren die Drogenpolitik in den Niederlanden prägt, widerspiegelt sich auch in dem Nachdruck auf Sicherung der Qualität des Hilfeangebots. In dem am 1. April 1996 in Kraft getretenen Gesetz zur Sicherung der Qualität der

Hilfeeinrichtungen («Kwaliteitswet Zorginstellingen») werden Massnahmen vorgeschrieben, die dazu beitragen, dass Hilfe effizient, effektiv
und bedürfnisgerecht angeboten wird. Ein in 1994 erschienener Bericht des Nationalen Rates für die Volksgesundheit enthält Empfehlungen zur Entwicklung eines zusammenhängenden Qualitätskon-
zepts für die Suchthilfe. Neben Massnahmen zur Abstimmung der
unterschiedlichen Hilfeangebote und Evaluation einerseits und der
Forderung einer wissenschaftlichen Unterbauung von Behandlungs-
programmen andererseits wird in diesen Empfehlungen die Notwendigkeit der adäquaten Ausbildung und Fortbildung der Helfer/innen
betont (Fact Sheet Suchtkrankenhilfe 1996). Diese Empfehlung unter-
streicht die Bedeutung, die in der Dogenhilfe heute der Professionalisierung zugemessen wird.

Das war nicht immer so. So gab es gerade im Rahmen der theoretischen und methodischen Aufarbeitung der akzeptierenden Drogenarbeit
im Hinblick auf die Professionalisierung zu Beginn zwei verschiedene
Lager. Die eine Seite setzte auf Persönlichkeit und Fingerspitzengefühl,
die andere auf Aus- und Fortbildung. Die eine Seite betonte die Wichtigkeit persönlicher Eigenschaften der Strassensozialarbeiter/innen:
Charakter, Motivation und politisches Bewusstsein, die andere betonte
die Unerlässlichkeit von Ausbildung. Heute kann man feststellen, dass
die zweite Strömung sich durchgesetzt hat. Ein/e Bewerber/in für
einen helfenden Beruf in der Drogenhilfe hat heute in der Regel nur
eine Chance, wenn er/sie eine abgeschlossene Fachausbildung vorweisen kann. Aufgrund der nachdrücklich sozialen Ausrichtung der
Drogenhilfe in den Niederlanden ist der Fachhochschulabschluss
Sozialarbeit die meist gefragte Qualifikation. Genaue und aktuelle
Zahlen dazu sind zwar nicht verfügbar, aber eine Umfrage unter
Drogenhilfeeinrichtungen aus 1989 zeigt, dass ungefähr ein Drittel
der im helfenden Bereich angestellten Mitarbeiter (an einer Fachhochschule) ausgebildete Sozialarbeiter/innen sind (VOG 1990). Der
Aufgabenbereich der Sozialarbeiter/innen umfasst allgemeine Bera-
tung, soziale Betreuung und Begleitung (sowohl im Büro als im Rahmen von Strassensozialarbeit), Programme mit spezifischer Zielsetzung, wie die bereits erwähnten Projekte «Kinder drogenabhängiger
Eltern», aber auch den therapeutischen Sektor.

Es ist allerdings die Frage, ob ein allgemeiner Fachhochschulabschluss
Sozialarbeit eine ausreichende Qualifikation garantiert. Drogenhilfe
spielt nämlich im Standardpaket der Sozialarbeitsausbildung in der
Regel eine relativ bescheidene Rolle. Bemühungen, Drogenhilfe als

Modul in der allgemeinen Sozialarbeitsausbildung zu verankern, haben nur in sehr beschränktem Ausmass Erfolg gehabt. Von einer flächendeckenden Verwirklichung dieses Vorhabens kann keine Rede sein.

Auch im Rahmen spezifischer Ausbildungsprogramme findet das Thema Drogenhilfe wenig Aufmerksamkeit. So wurde Drogenhilfe zum Beispiel im Rahmen der sogenannten Randgruppenausbildung der Amsterdamer Fachhochschule (ein eigens für Jugendliche aus den Randgruppen entworfenes Fachhochschulprogramm im Bereich der Sozialarbeit mit dem Ziel, im Rahmen einer Zweiten Bildungsweg-Ausbildung Erfahrungswissen und Professionalität mit einander zu verbinden) behandelt. Diese Ausbildung hat es allerdings (aus finanziellen Gründen) lediglich drei Jahre gegeben. Auch einer Zusatzausbildung «Suchttherapie» für diplomierte Sozialarbeiter/innen, eine gemeinsame Initiative der Amsterdamer Fachhochschule und NIAD, war nur ein kurzes Leben beschert. Von 1987 bis 1991 haben ± 60 (von im ganzen ± 100 eingeschriebenen) Student/innen diese einjährige Ausbildung absolviert. Dieses Fehlen einer Fachausbildung ist im Licht der Forderung nach mehr Qualität der Drogenhilfe überraschend. Bei der Selektion geschickter Kandidaten für eine Sozialarbeitsstelle spielt natürlich nicht nur der Hochschulabschluss eine Rolle, sondern auch zum Beispiel Berufs- und Lebenserfahrung, Kontaktfähigkeit, Offenheit, Initiativfreude und soziales Engagement. Andere wichtige Kriterien sind – je nach aktueller Zielgruppe und gegebener Teamzusammenstellung – Geschlecht, ethnische und soziale Herkunft usw. Von Anfang an wurde in den Niederlanden (an-)erkannt (Ausnahmen bestätigen natürlich auch hier wieder einmal die Regel), dass ein Drogenhilfeteam in der Regel aus Männern und Frauen bestehen sollte, um den geschlechtsspezifischen Aspekten und Problemen der Arbeit mit der Zielgruppe gerecht werden zu können. Seit Mitte der achtziger Jahre wird im Zusammenhang mit der Arbeit für ausländische Jugendliche verstärkt versucht, Sozialarbeiter/innen von hauptsächlich – entsprechend der niederländischen Situation – türkischer, marokkanischer, surinamischer und antillianischer Herkunft zu werben. Im allgemeinen strebt man nach einer Teamzusammenstellung, die die Unterschiede und Vielfalt der Zielgruppe widerspiegelt. Dies lässt sich selbstverständlich nur in grösseren Drogenhilfeteams realisieren.

Unterstützende Einrichtungen

Für die Ausbildung der Mitarbeiter der Drogenhilfe sind in den Niederlanden nicht nur reguläre Ausbildungen verantwortlich. Gerade im Bereich der fachspezifischen Fortbildung spielen andere Einrichtungen eine wichtige Rolle. So ist es eine der Aufgaben des Trimbos-instituuts, ein differenziertes Fortbildungsangebot für Mitarbeiter/innen von Drogenhilfeeinrichtungen (aber auch für jene anderer Einrichtungen und Organisationen, zum Beispiel Krankenpflege-, Ausbildungs- und Gefängnispersonal) zu realisieren. In diesem Rahmen werden Kurse und Seminare zu unterschiedlichen Themen organisiert. Beispiele sind Kurse zur AIDS-Prävention und Gesprächstechnikseminare. Zum Thema Strassensozialarbeit wurden zum Beispiel Schwerpunktseminare und später vierwöchentliche landesweite Streetworker-Treffen organisiert. Ziel dieser Aktivitäten war einerseits Erfahrungsaustausch und Fortbildung und andererseits Methodenentwicklung und -beschreibung. In 1993 wurde diese Aufgabe vom NeVIV (dem Niederländischen Verein der Suchthilfe-Einrichtungen) übernommen. Die Unterstützung, die das Trimbos-instituut bietet, beschränkt sich, wie das letzte Beispiel zeigt, nicht nur auf Fortbildung. Auch im Bereich von Methodenentwicklung (in verschiedenen Bereichen der Drogenprävention und -hilfe, wiederum nicht nur für Drogenhilfeeinrichtungen, sondern auch in anderen Bereichen, zum Beispiel Krankenhäusern, Fürsorgeerziehung und Gefängnissen) und Forschung (Statistiken des Umfangs von Drogen-, Alkohol- und Tabakkonsum, Prävalenz- und Inzidenzuntersuchungen und Evaluationsforschung) erfüllt das Institut eine im Hinblick auf die erstrebte Qualitätssicherung wichtige unterstützende Aufgabe.

Für die Unterstützung der Drogenhilfe – unter anderem mit dem Ziel der Qualitätssicherung – sind neben dem Trimbos-instituut der bereits erwähnte NeVIV und die Stiftung IVV («Informatievoorziening Verslavingszorg», d. h. Informationssysteme Suchtkrankenhilfe) wichtig. Der NeVIV – als Interessenvertretung der Suchthilfeeinrichtungen – unterstützt diese Einrichtungen in erster Linie auf dem Gebiet von Organisations- und Managementfragen. Er spielt auch eine Rolle in Teilbereichen von Fortbildung und Methodenentwicklung.

Die Stiftung IVV ist verantwortlich für die Entwicklung eines landesweit einheitlichen Informationssystems, in dem die Daten über Klienten und Klientinnen der Drogenhilfe registriert werden. Diese Daten sind nicht nur für eine effektive und effiziente Arbeit der Drogenhilfeeinrichtungen von Bedeutung, sondern auch – selbstverständlich unter Beachtung der Datenschutzvorschriften – für die (Weiter-)Entwicklung adäquater Drogenhilfemassnahmen und die Formulierung einer Gesundheitspolitik.

Perspektiven

Aus dem Vorhergehenden wird deutlich geworden sein, dass sich im letzten Jahrzehnt die Rahmenbedingungen der niederländischen Drogenhilfe drastisch geändert haben. Eine weitgehende Integration der unterschiedlichen Drogenhilfeangebote, die Entwicklung grosser, regionaler Suchthilfezentren, die dezentrale Finanzierung und eine restaurative Tendenz wurden in diesem Zusammenhang bereits erwähnt. Es ist zu erwarten, dass sich diese Tendenzen in den nächsten Jahren weiter konsolidieren werden. Dies gilt mit Sicherheit für die drei erst genannten. Diese sind im Grunde genommen so gut wie abgeschlossen. Eine in ihrer praktischen Auswirkung ernstzunehmende Gegenbewegung wird sich wahrscheinlich erst in ein paar Jahren manifestieren. Die Kritik an den nachteiligen Folgen dieser Entwicklung zeichnet sich heute allerdings bereits ab.

Inwieweit sich die restaurative Tendenz durchsetzen wird, ist momentan nicht gut zu beurteilen. Auf der einen Seite ist heute bereits deutlich, dass das im Jahr 1996 von der niederländischen Regierung veröffentlichte Papier zur Drogenpolitik Folgen zeitigt. Die Anzahl der Koffieshops wird in vielen Gemeinden reduziert, strafrechtlich indizierte Entzugsbehandlung wird in absehbarer Zukunft (als gesetzlich sanktionierte Möglichkeit) realisiert usw. Auf der anderen Seite wird aber mit grossem Nachdruck das gesundheitspolitische Primat in der Drogenpolitik – und damit Schadensbegrenzung als deren elementare Zielvorstellung – behauptet, wie gerade die 1996 entstandene Kontroverse mit der französischen Regierung zeigt.

Interessant ist die Tatsache, dass in den letzten Jahren – nach einer Periode, in der intensive psychosoziale Betreuung und therapeutische Behandlung mehr und mehr in den Vordergrund gerückt wurden – wieder mehr Nachdruck liegt auf niedrigschwelligen Angeboten. Das überraschende dabei ist, dass dies nicht aus humanitären Beweggründen zu erklären ist. In der (erneuten) Verstärkung des niedrigschwelligen Angebotes sieht man eine erfolgversprechende Perspektive für die Bekämpfung der Probleme im Bereich der öffentlichen Ordnung.

Eine andere Tendenz, die sich in den nächsten Jahren verstärkt durchsetzen wird, ist das Abrücken von einer kategorial organisierten Drogenhilfe. Drogen- oder allgemeine Suchthilfe wird auf Dauer – als Teil des psychiatrischen Hilfeangebots – vollständig in das allgemeine Gesundheitswesen integriert werden. Diese Integration in die Psychiatrie hat sowohl Nach- als auch Vorteile. Suchthilfe wird dabei – wie sich zeigt – Psychiatrie. Ein wichtiger Nachteil ist, dass über die Gleichsetzung von Sucht oder Abhängigkeit mit psychischer Krankheit jeglicher Konsum sogenannter Drogen als krankhaft gewertet wird. Damit droht auch die Gefahr der Entmündigung der Konsumenten. Unter der Voraussetzung, dass Psychiatrie sich nachdrücklich an einem sozialen Ansatz und mündigen Menschenbild orientiert, bietet diese Integration aber auch Perspektiven. Sucht oder Abhängigkeit kann in diesem breiteren Rahmen besser in seinen intrapersönlichen und sozialen Zusammenhängen begriffen werden.

Literatur

Amerongen, R. van, Geschiedenis van de alcoholpreventie, in: *Buisman, W. R., Stel, J. C.* van der, (red.), Alcoholpreventie, achtergronden, praktijk en beleid. Alphen aan de Rijn (Samson) 1988.

Atteveld, J. M. A. van: Het Nederlandse drugsbeleid in vergelijking met andere Westeuropese landen: liberaal? In: Tijdschrift voor alcohol, drugs en andere psychotrope stoffen 4/1988, S. 3 ff.

Brijder, K., De hulpverlening aan verslaafden in de historie, in: *Amerongen, R. van* (red.), Min of meer alcohol. Alphen aan de Rijn (Samson) 1979.

Eggenkamp, H., Gesprek met straatjeugdwerker August de Loor, in: Jeugdwerk Nu, Jrg. 4, Nr. 1,   1972, S. 10–13.

Fact Sheet Suchtkrankenhilfe. Utrecht (NIAD) 1996.

Hazekamp, J., Streetcornerwork: een plaatsbepaling, in: Jeugd en samenleving, Jrg. 6, Nr. 6, 1976, S. 503–518.

Kler, H. de, Zande, I. van de, Alternatieve hulpverlening, teksten en kritiek, Amsterdam (SUA) 1978.

Kuipers, S. B. M., Mensink, C., Zwart, W.M. de, Jeugd en riskant gedrag. Roken, drinken, druggebruik en gokken onder scholieren vanaf tien jaar. Utrecht (NIAD) 1993.

Ministerium für Gemeinwohl, Gesundheit und Kultur: Information über die Niederlande.
Drogenpolitik. Fact Sheet-19-D-1989. Rijswijk.

Ministerium für Gesundheit, Gemeinwohl und Sport, Het Nederlandse drugbeleid; continuïteit en verandering. Den Haag, 1996a.

Ministerium für Gesundheit, Gemeinwohl und Sport, Voortgangsrapportage drugbeleid. Den Haag 1996b.

Mulder-De Bruin, M., Lieshout, J. van, Streetcornerwork, vraaggesprek met Wim Saris en *Tony Veugen,* in: Tijdschrift voor Maatschappijvraagstukken en Welzijnswerk, Jrg. 25, Nr. 15, 1971.

Sluys, K., 10 jaar JAC-Amsterdam. Amsterdam (SUA) 1980.

Stel, J. C. van der, Drinken, drank en dronkenschap. Vijf eeuwen drankbestrijding en alcoholhulpverlening in Nederland. Hilversum (Uitgeverij Verloren) 1995.

Stichting Kontakt Sentra: Verslag over 1977. Amsterdam 1978.

Trautmann, F.: Tages- und Nachtzentrum «Het Princenhof», Amsterdam. In: *Krauss, G.M./Steffan, W.* (Hrsg.): «... nichts mehr reindrücken», Drogenarbeit, die nicht bevormundet. Weinheim und Basel 1985, S. 73 ff.

Trautmann, F., Drogenhilfe und Drogenpolitik in den Niederlanden – Eine Frage des Menschenbildes, in: *Reindl, R., Nickolai, W.* (red.), Drogen und Strafjustiz. Freiburg im Breisgau (Lambertus) 1994, p. 101-114.

VOG, Personele- en instellingskenmerken in de Drugshulpverlening in 1989. Rijswijk (VOG) 1990.

Zwart, W. M. de, Mensink, C., Alcohol, tabak, drugs en gokken in cijfers. Utrecht (NIAD) 1993.

Peter Menkveld

Sozialarbeit mit geistig Behinderten: Von der Versorgung zum Support

Einführung

Bevor ich die internationalen Aspekte der Fürsorge (Sozialhilfe) für geistig Behinderte erörtere, möchte ich – zum besseren Verständnis – zunächst einen kurzen Streifzug durch die niederländische Kultur machen. Die Niederlande sind ein verhältnismässig kleines Territorium und weisen mit etwa 15 Millionen Einwohnern (= 920 Personen per km²) eine hohe Bevölkerungsdichte auf. Im Vergleich: die Vereinigten Staaten bringen es auf 69, Schweden auf 48 Einwohner pro km². Kulturelle Merkmale eines Landes stellen niemals isolierte Züge dar; sie bilden eine Einheit, die keine oder nur ganz wenige Auslassungen oder Ergänzungen erlaubt. Eine solche Einheit führt manchmal zu positiven, manchmal zu negativen Auswirkungen auf die Entwicklung der betroffenen Staaten und auf das Image, das man im Ausland von ihnen hat. Der Niederländer wird im Ausland oft als «der Pfarrer mit dem gehobenen Mahnfinger» charakterisiert. Der italienische Journalist Luigi Barzini schreibt in seinem Buch *The Europeans* (New York, 1983): «Die Niederländer betrachten sich selber als das einzige normale Volk in einer verrückten Welt – sobald die Moral tangiert ist, steigen sie auf die Kanzel.» Es ist deshalb nicht ganz unerwartet, dass in Grossbritannien für «Geistlicher» auch die konnotative Übersetzung «Dutch uncle» existiert. In der Oxford University Dictionary findet man für «talking to someone like a Dutch uncle» die Erklärung «lecturing someone paternally», was soviel heisst wie «jemandem in väterlicher und belehrender/mahnender Art zureden». Ich werde mich aber an dieser Stelle bemühen, nicht wie ein «Dutch uncle» zu wirken. Was den Umgang mit geistig Behinderten betrifft, so haben die Niederlande wenig Anlass, dozierend aufzutreten, denn – und damit komme ich zum Kern meines Artikels – im Vergleich mit anderen europäischen Ländern ist die Integration der geistig Behinderten hier ein langsamer Prozess (gewesen). Es hat aber auch positive Entwicklungen gegeben, die allemal erwähnenswert sind.

Im vorliegenden Text gibt es folgende Schwerpunkte:

- In einem kurzen historischen Rückblick wird die langsame Entwicklung der staatlichen Fürsorge/Sozialhilfe für geistig Behinderte in den Niederlanden erklärt sowie ein kleiner Vergleich mit den Entwicklungen und Verhältnissen in einigen anderen europäischen Ländern angestellt.
- Präsentation einiger relevanter Statistiken über die Anzahl geistig behinderter Personen und die damit zusammenhängenden Kosten.
- Bemerkungen zu den regionalen Organisationen, die sich mit Betreuung von geistig Behinderten in ihrer eigenen Wohnumgebung befassen.
- Darstellung des Modells *Betreutes Selbstständiges Wohnen* und einiger darauf bezugnehmender Statistiken.
- Kritische Betrachtung der Regierungspläne in Bezug auf a) die Finanzierung des niederländischen Gesundheitssystems und b) die Einführung des klientengebundenen Budgets (Etats).
- Einige Erklärungen und Bemerkungen zum Training von Sozialarbeitern und Sozialarbeiterinnen, die bei den Sozialpädagogischen Diensten (SPDs) angestellt sind.

Geschichte und Gegenüberstellung

In einer vergleichenden Studie über die kulturellen Unterschiede in 64 Ländern erreichten die Niederlande (wie auch die skandinavischen Länder) in zweierlei Hinsicht eine prominente Klassierung: sie sind ausgeprägt individuell, d.h. sie tendieren dazu, persönlichen Interessen und Meinungen erste Priorität einzuräumen. Zugleich aber weisen sie stark feminine Züge auf, d.h. sie sind ausgerichtet auf Hilfe an Bedürftige. Diese Aspekte rücken wieder den Geistlichen, den «Dutch uncle» ins Bild, der sich nach Möglichkeit für seine Mitmenschen einsetzt, dabei aber immer haargenau weiss, was für sie das Beste ist. Die Entwicklung der Fürsorge/Sozialhilfe für geistig Behinderte in den Niederlanden kann nun vor dem Hintergrund dieser zwei Charakteristika dargestellt werden.

Gegen Ende des 19. Jahrhunderts wurden die Kultur und die Organisation der Sozialarbeit in den Niederlanden stark von den Auseinandersetzungen zwischen der damals protestantischen Mehrheit und der römisch-katholischen Minderheit beeinflusst. (Solch konfessionell-ideologisch gefärbte Auseinandersetzungen waren lange Zeit der dominierende Faktor in der Sozialpolitik. Fast verschwunden ist er erst in den vergangenen 20 Jahren, aber Nachwirkungen sind immer noch spürbar.) In jener Zeit nun (d. h. Ende des 19. Jahrhunderts) wurde ein Gesetz erlassen, das es jeder Instanz ermöglichte, mit Staatsgeldern Schulen, Gesundheitsorganisationen usw. zu gründen und zu betreiben. Die Regierung fixierte eine Reihe allgemeiner Bedingungen, überliess aber die Ausführung privaten Trägerschaften. Dieses Gesetz hatte zweierlei Auswirkung auf die Hilfe für geistig Behinderte:

- Eine Zersplitterung der Hilfe sowohl auf organisatorischer wie auch auf konzeptueller Ebene. Damit unterscheiden sich die Niederlande von z. B. Schweden, wo durch die sozialdemokratische Tradition die Finanzierung sowie die Hilfe-Konzepte stärker eine Staatsangelegenheit war (ist). Deshalb waren die Voraussetzungen dort besser, in der Fürsorge Neuerungen voranzutreiben.
- Eine ausgeprägte «Hilfe-Kultur» hat zu einer hochkarätigen, aber zugleich auch stark auf die Heimunterbringung konzentrierten Form von Hilfe geführt, die nicht in den Städten und Dörfern, sondern abseits der «Zivilisation», zur Verfügung stand.

Die hohe Qualität der heimbezogenen Behindertenhilfe verlangsamte die Entwicklung der Integration und der so genannten Normalisierung. Auch die Unterkünfte selber gaben kaum Anlass zu Kurskorrekturen, denn nur wenige von ihnen befanden sich in einem schlechten, sanierungsbedürftigen Zustand. Bei entlegenen Heimen/ Internaten hat es zudem praktische Veränderungen in der Konstruktionsweise gegeben; es sind viele moderne und kleinere Wohneinheiten und Pavillons hinzugebaut worden – dies, um eine Teilintegration in die Umgebung/die Dörfer zu ermöglichen, wobei die Institution jeweils für die erforderlichen Unterstützungs- und Schutzmassnahmen verantwortlich zeichnet.

In den 60er Jahren wurden mehrere auf Integration zielende Wohnmodelle in Städten implementiert, wobei die Unterkunft auf 16–24 Plätze ausgelegt war. Erst seit etwa fünfzehn Jahren (ab 1985) befinden sich Gruppenwohnungen/-wohnheime mit 4–5 Personen auf dem Vormarsch.

Ein weiterer Grund für die Beibehaltung der stationären Einrichtungen liegt in der Art und Weise, wie sie schwer geistig Behinderten und Personen mit gravierenden Verhaltensstörungen Hilfe leisten. Dank der fachkundigen Betreuung und den Vorteilen geschützter Unterkünfte erhalten solche Personen in grossen Institutionen bessere Behandlung und Hilfe als in Gruppenwohnheimen. Dennoch ist man heute bestrebt, schwer behinderte Menschen, wenn immer möglich, nicht zu «ghettoisieren». Diesbezüglich propagieren auch die stationären Einrichtungen eine *graduelle* Integration; dadurch, dass sie kleine Unterkünfte an der Peripherie des Einrichtungsgeländes errichten, kommt es zu einer Teilintegration in die dörflichen oder städtischen Gemeinschaften bzw. Strukturen.

Ein interessantes Projekt bezüglich «umgekehrter» Integration wurde 1986 realisiert; anstatt geistig Behinderte in eine umliegende Gemeinschaft/Ortschaft zu integrieren, zogen nun Nichtbehinderte zum Wohnen in die Nähe von Leuten mit einer mentalen Abweichung. In einem Dorf wurde ein neues Viertel für etwa 200 Personen erbaut; von denen war die Hälfte geistig behindert, die andere Hälfte ohne Behinderung. Das Projekt stiess auf ein positives Echo und auch die Resultate waren so gut, dass demnächst ein zweites Projekt in Angriff genommen werden kann.

In England und Wales ist die Situation anders; dort befinden sich die Gebäudekomplexe vieler Grossinstitutionen in einem so beklagenswerten Zustand, dass eine Antwort auf die Frage «Sanierung/Renovation oder Aufbau einrichtungsexterner Betreuungdispositive» viel dringlicher ist. Entscheidungskriterien zugunsten der zweiten Option sind: weniger Kapitalaufwand und die wohlwollende Haltung von (Gruppen von Eltern), deren Kinder von Institutionen Gebrauch machen. Es leuchtet deshalb ein, dass die Entwicklungen und Untersuchungen im Bereich der heimexternen/nichtstationären Unterbringung in England und Wales zurzeit weiter fortgeschritten sind als in den Niederlanden.

Hierzulande konzentrierte sich die so genannte *Elternorganisation*, ein einflussreicher Zweckverband, primär auf die Interessenvertretung derer, die in einer stationären Einrichtung aufgenommen waren. Erst unter dem Einfluss von Organisationen junger Eltern rückte die *Elternorganisation* von ihrer Position ab und in der Folge wurde sie zur Verteidigerin eines Paradigmawechsels, indem sie sich neu für das Grundprinzip der Normalisierung/Integration stark machte.

Hilfeleistungen für geistig behinderte Personen in den Niederlanden
Es folgen jetzt einige statistische Angaben zur Hilfe für geistig behinderte Personen in den Niederlanden.

Zahlen

sehr schwere, schwere und mittel-	Frauen	23 000
schwere Behinderung (IQ = 0-50)	Männer	26 000
leichte Behinderung (IQ = 50-70)	Frauen	26 000
	Männer	32 000
	Gesamt	107 000

Wohn- oder Verbleibssituation

	1980	1990	1995
Eltern/Familie	60 000	50 000	46 000
Anstalt/ stationäre Einrichtung	27 300	27 500	33 500
Wohnheim	6 700	13 500	17 250
Gruppenwohnung	250	5 000	5 000
Selbständiges Wohnen mit Betreuung	100	1 500	3 500
Pflegeeltern	80	200	250

1995 standen etwa 5 000 bis 8 000 Personen auf einer Warteliste für eine Platzierung in einer stationären Institution.

Von den geistig zurückgebliebenen Personen, die sich zu Hause befinden, erhalten etwa 45 000 zusammen mit ihren Eltern/Familien Hilfe (= Sozialarbeit, praktische Familienunterstützung, Freizeitveranstaltungen, Kinderbetreuung usw.).

Tagesaktivitäten

	Anzahl Personen
Schulen:	
· schwere Behinderung	6 029
· leichte Behinderung	23 649
Tageszentren:	
· Kinder	4 158
· Erwachsene	11 616
Anstalten/Heime/Internate	33 500
Geschützter Arbeitsplatz	28 000
reguläre Arbeit	1 500

Kosten

	(In DM pro Person jährlich)
Institution	87 000
Wohnheim	42 500
selbständiges Wohnen mit Betreuung	5 400
Pflegeeltern	11 500
Tagesstätten	32 000
Schule	13 300
Geschützter Arbeitsplatz	14 000
praktischer Familiensupport	5 600
Sozialarbeit	1 150
Freizeitaktivitäten	370

Die Gesamtsumme, die für Tagesbetreuung in Unterkünften und Einrichtungen aufgewendet wird, beträgt 4,6 Milliarden DM, was pro behinderte Person DM 43 200 ausmacht (nicht inbegriffen sind die Ausgaben für Schulen und geschützte Arbeitsplätze). Werden aber all jene, die von den Einrichtungen keinen Gebrauch machen, nicht mitgerechnet, so belaufen sich die Kosten auf DM 85 600 pro behinderte Person.

Geistig Behinderte empfangen netto einen Arbeitsunfähigkeitsbeitrag von etwa DM 15 000 jährlich (zu verwenden für Kleidung usw.). Wenn sie in einem (Wohn-)Heim leben, bleiben jährlich etwa DM 4000 zur freien Verwendung.

Geistig Behinderte, die in einer geschützten Werkstatt tätig sind oder einer regulären Arbeit nachgehen, empfangen den Brutto-Mindestlohn (= etwa DM 16 500 jährlich).

Die in das niederländische Gesundheitssystem investierte Gesamtsumme belief sich 1996 auf DM 58 Milliarden, was 9% des niederländischen Bruttosozialproduktes ausmacht. Das bedeutet, dass Aufwendungen für die geistig zurückgebliebenen Personen sich auf etwa 8% der Gesamtausgaben für die Gesundheitshilfe belaufen.

Die Kosten der Hilfe für geistig zurückgebliebene Personen sind in den vergangenen Jahren erheblich angestiegen. Gründe dafür sind:
- die grosse Zahl der Personen, die auf eine Platzierung in Einrichtungen und Tagesstätten warten
- der wachsende Bedarf an Betreuung zu Hause und neuen Hilfe-Konzepten, wie Pikettdienste, selbstständiges Wohnen mit Betreuung und Job-Coaching.

Die Politik in den Niederlanden zieht es klar vor, Gelder in den Hilfe- und nicht in den Heilungssektor zu investieren. Von dieser Haltung profitiert die häusliche Betreuung am meisten; sie verzeichnet das schnellste Wachstum.

Betreuung zu Hause

Während für die Unterbringung (in Heimen) und für Tagesaktivitäten eine grosse Palette an Organisationen besteht, verfügt die häusliche Betreuung von geistig zurückgebliebenen Personen bloss über eine einzige Organisation: den Sozialpädagogischen Dienst (SPD).

Es gibt 34 Sozialpädagogische Dienste in den Niederlanden; jeder betreut ein Gebiet mit durchschnittlich 450 000 Einwohnern und verfügt im Schnitt über zwei Niederlassungen pro Region. Diese SPDs bieten:

- Information und Beratung
- (spezifische) Beratung und Behandlung in häuslichem/heimexternem Ambiente
- Diagnostik und Vermittlung bei Platzierung in Internate, Tageszentren, geschützte Arbeitsstätten, bezahlte Arbeitsstellen usw.
- sachbezogene und prozedurale Dienstleistungen: Anträge, Gesuche für besondere Zuschüsse usw.
- angewandte Dienstleistungen: Kinderbetreuung, Freizeitaktivitäten usw.

SPDs bieten ein vollständiges Dienstleistungspaket für die Unterstützung von

· Familien mit geistig behinderten Kindern
· geistig behinderten Personen, die selbstständig leben oder wohnen.

Ausserdem bieten sie Beratung und Vermittlung in Bezug auf die Nutzung von stationären und teilstationären Angeboten.
Im Schnitt betreut ein SPD etwa 1400 Klienten und Klientinnen und verfügt über einen Personalbestand von circa 45 Mitarbeitern und Mitarbeiterinnen. Die folgenden Fachrichtungen wirken in intra-, inter- oder multidisziplinären Teamverbänden zusammen:

· Sozialarbeit
· Kinderpsychologie
· die kindzentrierte Familienunterstützung
· der Bereich Selbstständiges Wohnen für Erwachsene
· Freizeitberatung
· Jobintegrationsberatung

Zwecks Rücksprache oder Abklärung haben die Teams die Möglichkeit, Mediziner(innen) und Psychiater beizuziehen.
Es wird (vor allem) in *multidisziplinären* Teams gearbeitet; diese können sich auf verschiedene Weise organisieren; für Hilfeprodukte und Hilfe an Kinder und Erwachsene z. B. werden manchmal Subteams gebildet. Eine neue Entwicklung ist die Zweiteilung in ein Team für das Casemanagement und eines für Direkthilfe wie z. B. das Betreuen von Alleinwohnenden.

Die Rolle der Sozialarbeit

Zurzeit besteht die Tendenz, Sozialarbeit zu unterteilen nach:

· Casemanagement (welches sich mit praktischen und substantiellen Angelegenheiten sowie mit der Vertretung und Förderung von Klienteninteressen befasst);
· Aufgaben, in denen Beratung, Training von und Hilfe für Familien mit geistig zurückgebliebenen Kindern zentral steht.

Die Erwartung ist, dass durch Spezialisierung in diesen beiden Bereichen die Dienst- und Hilfeleistungen verbessert werden können.

Klienten/Klientinnenzahlen

(Stand von 1995)

Sozialarbeit	39 118
Kindbezogene Familienhilfe	3 935
Betreutes selbstständiges Wohnen	2 810
Freizeitaktivitäten	20 500
Pflegeeltern	263

Behinderungsgrad der Sozialarbeits-Klienten/Klientinnen

(Stand von 1995)

leicht/geringfügig	52%
moderat/durchschnittlich	32%
schwer	12%
sehr schwer	3%

Wohn- oder Aufenthaltssituation der Klienten und Klientinnen

(Stand von 1995)

Elternhaus	68%
selbstständig/allein	14%
Gruppen-Wohnheim	8%
Institution/Internat	6%
weitere	4%

Zu den multidisziplinären Teams gehören oft Sozialarbeiter und So-zialarbeiterinnen, die für Unterkunft und Tagesbetreuung zuständig sind. Sie beraten bei Platzierung und informieren die in Einrichtun-gen tätigen Gruppenarbeiter und -arbeiterinnen über die Situation bei den Behinderten daheim. Die Sozialarbeiter und Sozialarbeiterin-nen organisieren «Goldstein»-Trainingsprogramme/-kurse und Grup-penaktivitäten, welche die Emanzipation und Unabhängigkeit der geistig Behinderten vorantreiben sollten. Das Goldstein-Training zielt auf Stärkung der Selbstsicherheit und Unab- hängigkeit der Klienten und Klientinnen in sozialen Situationen. Adressaten sind primär jene, die sich sprachlich und emotional nicht angemessen ausdrücken können. Diese lernen, wie man am Arbeitsplatz oder in privaten Kon-stellationen Kontakte knüpft, Probleme mit dem/der Manager(in) oder Chef(in) diskutiert, Emotionen artikuliert – mit anderen Worten:

sie lernen knifflige Verhaltensprobleme zu meistern oder (manchmal auch) zu umgehen. Diese Trainingskurse umfassen in der Regel 10–12 Sitzungen von 2 Stunden.

Ein weiteres wichtiges Hilfe-Produkt, das im vergangenen Jahrzehnt kreiert wurde, ist die kindzentrierte Familienberatung. Sobald Schwierigkeiten manifest werden, erhalten Eltern bei sich daheim praktische Unterstützung von einem Familienhelfer oder einer -helferin, z. B. bei Einschlafschwierigkeiten, bei Essproblemen während den Mahlzeiten usw. Für die Eltern bedeutet es eine enorme Entlastung, wenn jemand da ist, dem sie trauen können, jemand, der bei Entwicklungsproblemen hilft, Ratschläge erteilt und Trainings anbietet. Besonders wichtig ist, dass den Eltern gezeigt wird, dass ihr Kind kleine Schritte vorwärts macht – Schritte, welche von den Eltern oft übersehen werden.

Daneben beraten die Helfer und Helferinnen über spezielle Spielsachen (mancher SPD verfügt über eine Ludothek). Eltern sind oft erleichtert, wenn sie feststellen, dass auch Experten und Expertinnen mit ihrem Kind manchmal Mühe haben. Dadurch merken Eltern, dass es doch nicht nur an ihrer Erziehung liegt, und das ermuntert zum Weitermachen. Die Zahl der Besuche wird den Bedürfnissen angepasst. Drei Viertel der Klienten und Klientinnen erhalten während einer Periode von 6 Monaten bis zu 30 Hausbesuche. Eine Verlängerung ist, falls erforderlich, möglich. Die unterstützende Präsenz des Familienhelfers wird von Eltern sehr geschätzt; für diese Form von Kurzzeit-Hilfe bestehen denn auch Wartelisten.

Die jüngste Entwicklung in der angewandten Familienunterstützung ist ihre zunehmende Konzentration auf Prävention. Programme wie «Macquarie» und «Portage» stimulieren die Frühentwicklung bei behinderten Kindern. Sie verfolgen in einem Schritt-für-Schritt-Verfahren alle Entwicklungsfacetten (motorische, sensorische usw.) und enthalten sehr praktische Methoden zur Stimulierung des Kindes im Einklang mit seinem Entwicklungsniveau. Familienhelfer und -helferinnen arbeiten dabei eng mit den Eltern zusammen. Auch zielen diese Programme auf die vollständige Integration geistig behinderter Kinder in die Regelschulen. Zurzeit besuchen etwa 200 solcher Kinder im Alter zwischen 4–12 Jahren den «normalen» Unterricht. Die Erwartung ist, dass ihre Zahl innert weniger Jahre stark ansteigen wird. Es ist nicht die Absicht der Sozialarbeiter(innen), den Eltern in der häuslichen Situation das Ruder aus der Hand zu nehmen, sondern die elterliche Sorge und Erziehungsmassnahmen zu ergänzen. Dadurch unterscheiden sie sich z. B. von den Fachkräften, die in Tageszentren tätig sind. Diese sind bestrebt, den Eltern gewisse Lasten abzunehmen. Familienhelfer und -helferinnen hingegen konzentrieren sich auf das Kind und das Zurverfügungstellen von Hilfe. Die Eltern bevorzugen eine unabhängige Person, die gegenüber dem Zentrum, das von ihrem Kind besucht wird, keine Verpflichtungen kennt. Dadurch, dass in einer einzigen Organisation mit mehreren Fachleuten aus verschiedenen Disziplinen zusammengearbeitet werden kann, die allesamt bestrebt sind, die Unabhängigkeit der Eltern zu fördern, bekommt die Familienunterstützung weiteren Aufwind.

Betreutes Wohnen

Die gleiche Haltung spricht aus dem SIL-Modell (= Supported Independent Living). Der SPD hat dieses Unterstützungsmodell (Supportmodell) Anfang der 8oer Jahre entwickelt als Antwort auf das Anliegen geistig behinderter Personen, möglichst unabhängig leben zu können. Zurzeit umfasst die Zielgruppe leicht behinderte Erwachsene aller Altersstufen. Ein typischer Unterschied zur (stationären) Heimunterbringung liegt in der Trennung von Unterkunft und Betreuung. Klienten und Klientinnen mieten selber ihre Unterkünfte (Etagenwohnungen usw.) und werden beim Wohnen von einem SPD aus begleitet. Sollte die Unterstützung aus irgendwelchen Gründen hinfällig werden, so können Klienten und Klientinnen weiterhin in ihrem Mietobjekt bleiben. Dieser Unterschied ist nicht nur besonders wichtig für das Unabhängigkeitsgefühl geistig behinderter Personen, sondern auch für die Haltung der Supportarbeiter(innen), die sich bewusst sein müssen, dass ihr Engagement nicht auf Versorgung/Fürsorge, sondern auf Unterstützung bzw. Begleitung ausgerichtet und damit eher abwartender Natur ist. Eine solche Attitüde ist in den stationären Institutionen unüblich; hier betreten nämlich Klienten und Klientinnen die Domäne der Fachkraft, die selber die Akzente setzt. Im SIL-Verfahren ist es genau umgekehrt – die Fachkraft begegnet ihren Klienten und Klientinnen in deren vertrauter Umgebung und baut für die von ihr betreuten Personen ein massgeschneidertes Unterstützungsnetzwerk auf, in dem auch Freiwillige, Verwandte und die Nachbarschaft involviert sein können. Etwa ein Drittel der an einem Netzwerk partizipierenden Behinderten empfangen Unterstützung von Freiwilligen. Die durchschnittliche Zeit, welche Fachkräfte für Support aufwenden, beträgt wöchentlich circa $2^1/_2$ Stunden. Die Klienten und Klientinnen müssen angeben können, wann sie der

Unterstützung bedürfen. Die meisten von ihnen sind alleinstehend, ein (kleiner) Teil ist verheiratet oder steht in einer Paarbeziehung. Etwa 20% leben in Kleingruppen (2–4 Personen). Intensive Unterstützung wird wenn möglich nur am Anfang gewährt. In der Folge werden die Anstrengungen reduziert. Falls notwendig, bringt man den Klienten und Klientinnen soziale und praktische Fähigkeiten bei. Bei delikaten und wesentlichen Angelegenheiten, wie z. B. dem Umgang mit Geld oder Kontakten zu Verwandten, ist Unterstützung manchmal unentbehrlich. Einsamkeit ist ein häufig wiederkehrendes Problem, kann aber durch das Organisieren von sozialen Anlässen und Kontaktmöglichkeiten abgefedert werden. Es besteht z. B. die Möglichkeit, einmal in der Woche mit anderen Klienten und Klientinnen in einem Restaurant oder Café zu essen; dort können dann Erfahrungen ausgetauscht und Beziehungen aufgebaut werden.

Ausserdem verfügt der SPD über Freizeitberater/innen, die die Beteiligten ermuntern, sich an den für jedermann zugänglichen Freizeitaktivitäten zu beteiligen. Wenn nötig, unterstützen diese Konsulent(inn)en auch Fachkräfte, die in betreuender Funktion tätig sind. Dieses neue Unterstützungsschema ist sehr populär; die Zahl der Teilnehmer und Teilnehmerinnen ist innerhalb von 5 Jahren auf circa 2000 gestiegen, was eine Zunahme von 150% bedeutet. Auf der Warteliste befinden sich 600 Leute. Etwa ein Viertel der Teilnehmer und Teilnehmerinnen kommt aus Institutionen und Heimen für geistig Behinderte. Mit dem SIL-Verfahren liessen sich bei den Belegungskosten der stationären Einrichtungen durchschnittlich circa DM 16,5 Millionen auf Jahresbasis einsparen. Weil jedoch ebenfalls Wartelisten für Heimaufnahmen bestehen, werden die freigewordenen Plätze sofort von jenen geistig Behinderten eingenommen, für die ein stationärer Aufenthalt unumgänglich ist, so dass im Endeffekt kein Kostenabbau erfolgt. Im Gegenteil: die für die Entwicklung des SIL-Konzeptes benötigten Geldsummen müssen von der Regierung aufgebracht werden. Zurzeit verfügt sie aber nur über ein schmales Budget und demzufolge hat sich SIL noch nicht völlig entfalten können. Es gibt aber zahllose Möglichkeiten für weiteres Wachstum. Etwa 70% der SIL-Teilnehmer(innen) arbeitet in Behinderten-Werkstätten, 11% in regulären Stellen. Kürzlich hat der SPD damit angefangen, Berater(innen) für Stellenintegration zu beschäftigen. Ihre Aufgabe ist es – in Kooperation mit den Arbeitsämtern – Stellen für geistig Behinderte in privatwirtschaftlichen Betrieben zu finden und sie (die Behinderten) anschliessend bei der Erfüllung ihrer Arbeitstätigkeit zu coachen.

Auf den 1. Januar 1992 wurde vom Parlament etwa 3,3 Millionen DM für die SPDs bewilligt, was dazu geführt hat, dass sie Berufsintegrationsberater und -beraterinnen einstellen konnten. Nach der Einführung des neuen Unterstützungsmodells haben die Heimeinrichtungen angefangen, ihr Angebot an Diensten zu differenzieren. Hier erwächst dem SIL Konkurrenz. Dennoch besteht die Erwartung, dass sie als spezialisierte Organisation zur Unterstützung geistig behinderter Personen, die in ihrer angestammten Umgebung verbleiben oder selbstständig eine Wohnung führen, gegenüber der vorherrschenden (stationären) Betreuungskultur auch weiterhin Vorteile erzielen wird.

Klientengebundene Budgets

In diesem Abschnitt möchte ich einige der jüngsten Entwicklungen in der Finanzierung des niederländischen Gesundheitssystems erörtern. Die Regierung macht sich Sorgen über die negative Kostenspirale im Gesundheitswesen. 1987 betrugen die Kosten bis zu 10% des Bruttosozialproduktes. Und auch die bürokratischen Planungsprozeduren bilden ein Problem. Die Regierung präsentierte deshalb einen Gesetzentwurf mit dem Ziel, die Finanzierung des Gesundheitssystems den Versicherern zu überlassen; diese werden sich um Kundschaft bewerben müssen, indem sie gute Versicherungspolicen gegen möglichst niedrige Preise anbieten. In Konkurrenz miteinander bemühen sie sich um Verträge mit den Anbietern von Hilfeleistungen und -produkten. Es geht hier um den Versuch, Wirkungsprinzipien des Marktes einzuführen und mehr Kostentransparenz zu ermöglichen. Diese Gesetzesvorlage hätte im Januar 1992 in Kraft treten sollen; es kam aber zur Verzögerungen, weil die Versicherer und die Regierung sich über die Prämientarife nicht einig geworden waren. Mittlerweile haben sich bei Regierung und Parlament Unbehagen und Unsicherheit eingeschlichen. Man fragt sich, ob das Gesundheitssystem sich wohl marktkonform verhalten will (und kann) und ob ein Risiko besteht, dass das System sich verteuert, wenn die Klienten und Klientinnen bessere Qualität verlangen. Auch macht man sich Sorgen über die Finanzierung der Langzeithilfe, wie z. B. jene für die geistig Behinderten. Personen, die über längere Zeit hinweg der Hilfe bedürfen, sind für Versicherer nicht attraktiv und es wird ihrerseits zweifellos Bestrebungen geben, die Kosten für diese Kategorie möglichst tief zu halten. Auf keinen Fall werden die Versicherer für das Anwerben von Kundschaft wie geistig Behinderte allzu grosse Anstrengungen machen. Deshalb ist abzuwarten, wie viele der marktorientierten

Pläne realisiert werden können. Vermutlich wird man sie modifizieren, und das Marktprinzip dürfte bei Personen, die Dauerbetreuung benötigen, stark eingeschränkt werden. Vor diesem Hintergrund hatte die Regierung im Jahre 1992 ein Dokument veröffentlicht, in dem für die Betreuung geistig behinderter Personen ein Experiment mit klientengebundenen Budgets vorgeschlagen wurde.

Die Idee war, die Position dieser Klientengruppe zu stärken, indem auch sie die Gelegenheit bekam, von den Möglichkeiten, die eine Marktwirtschaft bietet, Gebrauch zu machen. Mitte 1992 liefen in drei Regionen Pilotprojekte an. Die geistig Behinderten oder ihre rechtmässigen Vertreter(innen) empfingen bei der Verwendung des Budgets von einem Casemanager oder einer Casemanagerin Unterstützung. Diese(r) war bei einem SPD angestellt. In den Testregionen wurden aus der grossen Gruppe der Behinderten, die sich für die Teilnahme beworben hatten, etwa 50 Personen ausgewählt – Kriterien für die Selektion waren u. a. Alter, Geschlecht, Behinderungsgrad und Umfang der erwünschten Unterstützung. Von den Bewerbern und Bewerberinnen standen nur wenige auf einer Warteliste für die Aufnahme in ein Heim. Gross war das Interesse bei Personen, die sich eine Betreuung zu Hause wünschten oder bei solchen mit sehr komplexen Bedürfnissen, welche nur ungenügend, wenn überhaupt, von bestehenden Einrichtungen abgedeckt werden konnten.

Zunächst bestimmte ein spezieller Experten-Ausschuss, auf welche Form von Hilfe die Klienten und Klientinnen jeweils Recht hatten. Andere Fachkräfte legten anschliessend fest, wieviel Geld einem/r geistig Behinderten für die Erfüllung seiner/ihrer Bedürfnisse zugesprochen werden sollte. Im Schnitt stand pro Person DM 66 000 zur Verfügung. Es lag an den Betroffenen, zu entscheiden, wo sie sich ihre Leistungen einkaufen wollten. Es konnte sich dabei um Hilfe von Freiwilligen handeln, das Geld durfte aber auch als Kompensation für Einkommenseinbussen der Eltern/eines Elternteiles eingesetzt werden. Die Behinderten und ihre Eltern hatten die Möglichkeit, sich bei der Budgetverwendung von einem Casemanager oder einer Casemanagerin (oft handelt es sich dabei um eine SPD-Fachkraft) unterstützen zu lassen.

Einige praktische Probleme bei diesem Budgetkonzept sind aber auch zu erwähnen:

1. *Die Bürokratie und gesetzliche Einschränkungen reduzieren die finanzielle Freiheit der Klienten und Klientinnen.* Revier- und Kompetenzstreitigkeiten mit anderen Sozialdiensten sind die Ur-

sachen etlicher Probleme, z. B. in den Bereichen Arbeit, Steuern und Zuschüssen.

2. *Die Festsetzung der Budgethöhe in Bezug auf die erforderliche Unterstützung.* Die ersten Budgets, die berechnet wurden, erbrachten bald die Einsicht, dass es dabei um eine sehr komplizierte Materie geht. Ausserdem ist der Einfluss der Versicherer im Wachsen begriffen, sodass eine (unabhängige) Budgetierung unerwünschterweise durch Sparmotive beeinflusst wird.

Es handelt sich, trotz der Anlaufschwierigkeiten, um ein interessantes Experiment; es ist aber notwendig, Mittel und Wege zu finden, wie die Position der Klienten und Klientinnen gegenüber jener der Hilfelieferanten gestärkt werden kann. Ich persönlich erwarte, dass speziell bei komplexen Fällen und bei der heimexternen Betreuung, also dort wo mehrere Anbieter auf dem Markt sind, das klientengebundene Budget interessante Möglichkeiten bieten wird.

Training von SPD-Personal

SOMMA ist die nationale (Dach-)Organisation der SPDs; sie vertritt die Interessen ihrer Mitglieder und fördert die Entwicklung von Sozialarbeit mit geistig Behinderten, ihren Familien und ihren Freunden. SOMMA verschafft den SPDs Information, erteilt Ratschläge, leistet Dienste und vertritt diese gegenüber der Regierung sowie in zahlreichen Beratungs- und Implementierungsgremien. Eine der SOMMA-Aufgaben ist, die von den SPDs angebotenen Dienste und die Sozialhilfe auf ein qualitativ höheres Niveau zu bringen – was z. B. möglich ist, indem die SPD-Mitarbeiter(innen) ihr Fachwissen ausbauen. Zu diesem Zweck organisiert SOMMA einen Weiterbildungskurs «Soziale Dienstleistungen für ausführendes Personal/VSID», Trainings und Wiederholungskurse für SPD-Manager(innen) und Stabspersonal sowie – falls erwünscht – thematisch zugeschnittene Lehrgänge.

SOMMAs Tätigkeit basiert auf dem Grundgedanken, dass die negativen Folgen einer Behinderung möglichst gering gehalten werden müssen (siehe dazu das SOMMA Grundsatz- und Massnahmendokument von Juni 1990). Folglich müssen die Lebens- und Wohnbedingungen so normal wie möglich sein und nur dort, wo es notwendig ist, angepasst werden. Nicht die Behinderung, sondern die von ihr betroffene Person steht an zentraler Stelle.

Zur praktischen Umsetzung dieses Grundgedankens bietet der VSID-SPD-Kurs den Fachkräften, die in ausführenden/operativen Positionen tätig sind, das nötige Rüstzeug. Dieser Kurs sollte nicht nur eine Vorbildfunktion haben, sondern auch ein Medium zur Verbreitung von Ideen sein. Die Trainer(innen) und Instruktor(inn)en müssen den Teilnehmern und Teilnehmerinnen eine Philosophie vermitteln, die im Prinzip der Integration/Normalisierung ihre Wurzeln hat. Dieses Prinzip ist auch bei der praktischen Anwendung und Umsetzung des im Kurs erworbenen Wissens zu berücksichtigen.

Der VSID/SPD-Kurs macht aus Sozialarbeitern und Sozialarbeiterinnen Spezialisten und Spezialistinnen, die voller Überzeugung und Enthusiasmus beim SPD für das Wohl geistig Behinderter und ihrer Familien, Freunde und Bekannten tätig sind; denn nur wenn Sozialarbeiter und Sozialarbeiterinnen mit Begeisterung involviert sind, können sie ihre Aufgaben zufriedenstellend erledigen. Ausgehend von diesem Leitgedanken vermittelt der VSID/SPD-Kurs seinen Teilnehmern und Teilnehmerinnen ein gerüttelt Mass an Wissen, Fertigkeiten und Verhaltenstechniken.

Der Lehrplan und die Ziele des Trainings

Das eigentliche Ziel der Kurse ist, jenes SPD-Personal auszubilden, das soziale Dienstleistungen für geistig Behinderte, ihre Familien und Bekannten verrichtet. Das Training zielt auf Vergrösserung spezifischer Kenntnisse, Fertigkeiten, Verhaltensweisen und Einstellungen in Bezug auf die Sozialarbeit mit geistig behinderten Personen. Es ist eine Form der berufsbegleitenden Weiter- und Fortbildung und integriert Bestandteile aus Lehrgängen wie *Soziale Arbeit & Dienstleistungen, Soziokulturelle Bildung und Sozialpädagogische Hilfe*. «Berufsbegleitend» heisst hier, dass Kursteilnehmer und Kursteilnehmerinnen in einer helfenden Funktion («im Aussendienst») bei einem SPD tätig sein sollten. Der Kurs befindet sich auf einem höheren Berufsbildungsniveau. Er ist auf das aktuelle Arbeitsfeld der SPDs abgestimmt und enthält Beiträge für die Bereiche Sozialarbeit, angewandte pädagogische Familienberatung, betreutes unabhängiges Wohnen, Arbeitsintegration von geistig Behinderten sowie Freizeit & Bildung. Für die Zusammenstellung des Kurses waren Stellenbeschreibungen massgebend, aber auch neuere Entwicklungen bei den SPDs selber sind berücksichtigt worden. Kursteilnehmer und -teilnehmerinnen rekrutieren sich aus vier Disziplinen bzw. Praxisfeldern:

· Sozialarbeit
· Pädagogik
· Beratung zur Unterbringung (Einweisung)
· Gesundheits-, Arbeits- und Freizeitberatung.

Der Kurs ist aufgebaut aus einem Pflicht- und einem Optionsteil. Der Pflicht- oder Standardteil basiert auf den üblichen Funktionen der obigen Praxisfelder, der wahlfreie Teil bezieht sich auf die jeweils in den einzelnen Feldern anfallenden Aufgaben und Handlungen. Am Ende des Kurses sollten Teilnehmer und Teilnehmerinnen:

· die Verschiedenheit der tagtäglichen Praxis erkannt haben, durch welche sich die Sozialarbeit im Bereich SPD auszeichnet;
· die für die Sozialarbeit mit geistig behinderten Personen brauchbaren Theorien und Methoden kennen und darin Einsicht haben;
· über jene Fertigkeiten verfügen, welche es braucht, um selbstständig und methodisch mit den Hilfsbegehren der Klienten und Klientinnen umgehen zu können;
· die soziale «Landkarte», auf welche sich die Orientierungsmarken zur Arbeit mit geistig Behinderten, deren Familien und Bekannten befinden, ohne Mühe «lesen» können;
· unabhängig ihre eigene Meinung über die soziale Funktion, Ziele und Pflichten der Sozialarbeit mit geistig Behinderten zu vertreten wissen;
· über Kenntnisse und Fertigkeiten verfügen, welche zur Repräsentation einer professionellen Organisation erforderlich sind.

Zusammenfassung

Ich habe mich bemüht, beim Beschreiben der Entwicklungen in einem kleinen Land nicht wie der eingangs erwähnte «Dutch uncle» aufzutreten. Ich hoffe klargemacht zu haben, dass die Niederlande bei der Suche nach und bei der Umsetzung von Konzepten für kleinräumiges Wohnen keine führende Rolle spielen. Der Werdegang der Dienstleistungen für nicht-stationäre Wohnformen ist bei uns grundsätzlich evolutionärer, nicht revolutionärer Natur – was aber verständlich ist, wird doch im stationären Bereich ebenfalls gute, moderne Hilfe geboten.
Wir haben aber dennoch eine gut funktionierende Organisation für die heimexterne Betreuung (für Gemeinschaftsdienste) aufgebaut, den Sozialpädagogischen Dienst oder SPD, welcher über 34 Einrich-

tungen verfügt. Diese machten in den 8oer Jahren einen Anfang mit
betreuten Formen des selbständigen Wohnens. SPDs konzentrieren
sich bei ihren Anstrengungen vollumfänglich auf die Integration von
geistig Behinderten in die so genannte normale Gesellschaft; sie bieten ein ganzheitliches Unterstützungpaket für Eltern, die ihre Kinder
bei sich daheim haben. Ausserdem bieten sie Hilfe bei der Verwendung von klientenbezogenen Budgets. In all diesen Fällen agieren
die SPDs als Zwischenglied und tragen dazu bei, die niederländische
Sozialarbeit von Versorgung/Fürsorge auf Unterstützung (Support)
umzupolen.

Zu guter Letzt hatten wir noch Gelegenheit, einen kurzen Blick auf
das Trainingsprogramm für Fachkräfte der Sozialpädagogischen
Dienste zu werfen.

Kees Bakker [1]

Sozialarbeit in der (ambulanten) Jugendhilfe

1. Einleitung

1

Mit Dank an Yoland Clarijs.

Wer etwas über ambulante Jugendhilfe oder Sozialarbeit im Bereich
der niederländischen Jugendhilfe sagen möchte, kommt nicht umhin,
die Entwicklungen in diesem Bereich auch in ihrer Breitendimension
zu betrachten. Sozialarbeit gibt es nämlich nicht nur im ambulanten
Sektor; kommt noch hinzu, dass dieser ambulante Sektor immer
weniger als ein eigenständiges Gebiet innerhalb des Komplexes der
Jugendhilfe zu betrachten ist. Die Jugendhilfe in den Niederlanden ist
ein verwickeltes und immer stärker integriertes System von Einrichtungen und den damit zusammenhängenden Aufgaben, Funktionen
und Aktivitäten verschiedener Berufsgruppen. Und dieser Komplex
ist zurzeit voll in Bewegung – was zur Folge hat, dass es immer
schwieriger wird, in einem Exposé über die Sozialarbeit im Bereich
der Jugendhilfe bloss noch das ambulante Setting zu berücksichtigen.

Deshalb wird in *Punkt 2* aus unterschiedlichen Einfallswinkeln ein
Bild der ambulanten Hilfe und der Sozialarbeit in der niederländischen Jugendhilfe skizziert. Zunächst werden die diversen Teilsektoren der Jugendhilfe kurz gegen das Licht gehalten. Anschliessend
wird sukzessive eingegangen auf Abstufungen, Settings und Funktionen des (ambulanten) Hilfeangebotes. In *Punkt 3* betrachten wir eine
Reihe von Entwicklungen in der Jugendhilfe, die von grossem Einfluss sind auf Inhalt und Gestaltung der Leistungen. An erster Stelle
stehen dabei einige inhaltliche Schwerpunkte, welche den Reorgani-
sations- und Steuerungsmassnahmen zugrunde liegen; dann werden
Prozesse der Umfangs- und Intensitätsvergrösserung, Regionalisierung und (geographischen) Umverteilung betrachtet. Und schliesslich

befassen wir uns mit dem Gedankengut hinter der Regierungsposition «Regie in der Jugendhilfe», welche zurzeit Anlass bietet zu u. a. einer grossangelegten Neuordnung der (ambulanten) Funktionen und Aufgaben. In *Punkt 4* kommen verschiedene Formen ambulanter Hilfe zur Sprache und einige davon werden detaillierter besprochen. Im *letzten Punkt* dann gilt unsere Aufmerksamkeit jenen Personen, die die ambulante Hilfe ausführen, sowie den Zukunftschancen der Sozialarbeit in der Jugendhilfe vor dem Hintergrund der genannten Entwicklungen.

2. Ambulante Jugendhilfe auf mehreren Wegen

Das niederländische System der Jugendhilfe lässt sich nur mit Mühe übersichtlich darstellen. Je nach gewählter Optik entstehen unterschiedliche Bilder dieses Systems.

Jugendhilfe, Jugendschutz und «seelisch-geistige Gesundheitshilfe» für Jugendliche

Der Aufbau dieses Buches scheint eine Einteilung, basierend auf den drei (historischen) Wurzeln des Systems – Jugendhilfe, Jugendschutz und seelisch-geistige Gesundheitshilfe – quasi zu erzwingen. In diesen drei Teilsektoren leisten u. a. Sozialarbeiter(innen) jugendlichen Personen und ihren Eltern ambulante (und sonstige) Hilfe. Sozialarbeit in den Bereichen Jugendschutz und seelisch-geistiger Gesundheitshilfe wird in diesem Buch später behandelt – als Teil der Sozialarbeit im juristischen Rahmen (siehe z. B. Kapitel «Sozialarbeit im Kinder- und Jugendschutz») resp. als Teil der Sozialarbeit in ambulanter und stationärer Umgebung. In unserer Ausführung könnten wir uns somit auf die Sozialarbeit in der «freiwilligen» Jugendhilfe beschränken, welche früher unter der Federführung des Ministeriums für Kultur, Freizeit und Sozialarbeit (CRM) stand. Das schafft aber – betrachtet im Lichte der Entwicklungen in Sozialpolitik und -praxis – gewisse Probleme, ist doch die traditionelle Einteilung nach drei Sektoren nicht mehr ganz up-to-date. In den vergangenen Jahren sind die Bemühungen um eine integrale und zusammenhängende Hilfe für Jugendliche nämlich in eine Stromschnelle geraten. Die altgewohnten Trennungslinien zwischen den Sektoren sind durchlässiger geworden. Entsprechend bezieht man heute den Begriff Jugendhilfe auf das ganze Agglomerat aus Leistungen für Jugendliche und ihre Eltern, wie das von Einrichtungen innerhalb der drei Teilsektoren abgedeckt wird und bei Entwicklungs-, Erziehungs-, psychosozialen und psychiatrischen Problemen zum Tragen kommt. Schon seit längerer Zeit ist man daran, sowohl in der Politik der Behörden wie auch in der Praxis einen grösseren Zusammenhang im System zu erreichen und die herkömmliche Versäulung (= die weltanschauliche respektive konfessionelle Blockbildung) zu durchbrechen. So sind im Gesetz über die Jugendhilfe aus 1988 Einrichtungen und Massnahmen, welche traditionellerweise, aber fragmentiert-unkoordiniert zu den Domänen von Wohlfahrts-, Justiz- und Gesundheitswesen gehörten, zusammengeführt worden. In erster Instanz wurde damals nur ein Teil der gerichtlichen Einrichtungen und – immerhin – ein kleiner Teil der seelisch-geistigen Gesundheitshilfe gesetzlich mit jenen Einrichtungen zusammengefügt, die herkömmlicherweise unter dem Wohlfahrtsregime residierten. [2]

Aber zugleich hat das Gesetz in Bezug auf die drei Teilsektoren sowohl Bedingungen für Zusammenlegung wie auch für weitergehende Kooperation zwischen ihnen geschaffen. In zweiter Instanz ist es denn auch in der Praxis zu zahllosen Verbindungen zwischen diesen Teilsektoren gekommen. Und diese Entwicklung wird zurzeit mit der einschneidenden Erneuerungsoperation «Regie in der Jugendpflege», die auf das Verbessern der Systemzusammenhänge ausgerichtet ist, noch zusätzlich unterstützt. Diese Umstrukturierung des Systems peilt zweierlei an:

a) eine gemeinsame Anlaufstelle für alle Klienten und Klientinnen, die eines der unterschiedlichen Angebote der Jugendhilfe in Anspruch nehmen möchten;

b) ein zusammenhängendes, direkt oder kurzfristig verfügbares Angebot, welches durch die drei Sparten Jugendhilfe, Jugendschutz und seelisch-geistigen Gesundheitshilfe in interdisziplinärer Kooperation ausgeführt werden soll (Weiteres dazu in Abschnitt 3).

Abstufungen bei der Hilfe: von leicht bis schwer

Beim Versuch, das Feld der Einrichtungen zu systematisieren, unterscheidet das Gesetz über die Jugendhilfe (1988) nach Primär-, Sekundär- und Tertiärhilfe.

Primärhilfe ist jene Hilfe, die grundsätzlich als erste angeboten wird, und zwar in ambulanter Form. Sie ist frei zugänglich und wird den Jugendlichen und/oder ihren Eltern nahe der eigenen Umgebung zur

2
So sind im Rahmen des Jugendstrafrechts z. B. die Gremien für den Kinder- und Jugendschutz und die Justizeinrichtungen (noch) dem Justizministerium unterstellt, während die Jugenddivisionen der Riaggs (= Regionale Institute Geistige Gesundheits(für)sorge sowie die kinder- und Kliniken im Ministerium für Gesundheits(für)sorge untergebracht sind.

Verfügung gestellt. Das Gesetz erwähnt in diesem Zusammenhang Einrichtungen wie Jugend-Beratungszentren, Kindernotruf, Instanzen für Spiel- und Erziehungsaufklärung sowie Büros/Anlaufstellen von Vertrauensärzten (letztere im Hinblick auf Kindesmisshandlung).

Sekundärhilfe wird angeboten, wenn speziellere Massnahmen notwendig sind. Dies ist der Fall, wenn die Probleme die Möglichkeiten des verhältnismässig leichten Angebotes der primären Hilfe übersteigen. Die Sekundärhilfe ist nicht frei zugänglich und wird regional organisiert. Angeboten wird sie von spezialisierten Einrichtungen. Dazu gehören u. a.

- Heime für Notauffang, Erziehung, Pflege oder Sonderbetreuung;
- Familienhäuser;
- Anlagen für betreutes Wohnen;
- Pflegeanstalten;
- Tageszentren für Schulpflichtige;
- medizinische Kindertagesstätten und Kinderheime.

Wie weiter unten erläutert wird, sind diese Einrichtungen zurzeit in den meisten Fällen zu regionalen, multi-funktionellen Organisationen zusammengelegt worden (siehe dazu Abschnitt 3).

Tertiärhilfe schliesslich ist spezialisierte Hilfe, die landesweit angeboten wird. Auch sie steht nicht allen offen. Einrichtungen dieses Zweiges sind z.B. Internate für sehr intensive Behandlung/Betreuung sowie Erziehungsheime.

Settings

Die Jugendhilfe kann auch nach der Art der Einrichtungen gegliedert werden. So wird oft unterstehende Einteilung verwendet, welche in erster Linie dem Setting folgt, in dem sich die Jugendlichen befinden:

1. Ambulante Jugendhilfe, bei der den Jugendlichen und/oder ihren Familien in der eigenen (angestammten) Umgebung Hilfe geboten wird.

2. Teilstationäre Hilfe oder Tagesbetreuung, bei der die Jugendlichen entweder ganztägig (= 24 Stunden) oder nur während eines Teiles des Tages (vormittags, nachmittags, abends, stundenweise) in einer der dazu vorgesehenen Einrichtungen verbleiben.

3. Stationäre Hilfe; die Jugendlichen werden in einem Heim/Internat aufgenommen, wobei rund um die Uhr Versorgungs- und Hilfsangebote zur Verfügung stehen.

4. Unterbringung in einer Pflegefamilie; ein Angebot zur Begleitung der Pflegekinder, Pflegeeltern und (Stief-)Eltern ist vorhanden.

Diese Einteilung entspricht dem Kriterium des Settings, in dem Hilfe geleistet wird oder Klienten oder Klientinnen sich aufhalten. Es gibt da vier Möglichkeiten. Die Betroffenen befinden sich beziehungsweise empfangen die Hilfe:

a) bei sich zu Hause (oder jedenfalls nicht in einem Heim oder in einer Pflegefamilie);
b) teils zu Hause, teils in einem Tagesheim/Tagesstätte;
c) in einem Heim;
d) in einer Pflegefamilie.

Eine solche Gliederung hat aber auch Nachteile. Es wird nämlich nicht erwähnt, wer den Klienten und Klientinnen welche Hilfe bietet. So wird auch während des Aufenthaltes einer jugendlichen Person in einem Heim oder einer Tagesstätte oft ambulante Hilfe geleistet. Ein(e) Sozialarbeiter(in) begleitet z. B. die Eltern oder die Jugendlichen im Rahmen eines (individuellen) Hilfsplanes. Daneben bekommen Letztere während ihres Gruppenaufenthaltes Pflege/Versorgung und Begleitung, z. B. von Seiten der Gruppenleiter(innen). Aus den obigen Angaben zum Verbleib in einer Pflegefamilie lässt sich ableiten, dass die Unterstützung der Pflegekinder, Pflegeeltern und leiblichen Eltern sozusagen eine Form der ambulanten Hilfe ist. Es erscheint denn auch als logisch, neben einer Einteilung nach Settings eine solche zu verwenden, die etwas mehr über die Art der gebotenen Hilfe aussagt. Diesbezüglich wird häufig auf die Einteilung nach Funktionen zurückgegriffen.

Funktionelle Einteilung

Schon seit längerer Zeit bemüht man sich in den Niederlanden um eine Neuordnung des Pflege- und Hilfeangebotes für Jugendliche und ihre Eltern nach funktionellen Kriterien. Der Vorteil einer solchen Einteilung ist, dass sie mehr oder weniger neutral, d. h. nicht durch vorgegebene inhaltliche Ausgangspunkte oder Ansichten gefärbt ist. Die Art und Weise, wie diesen Funktionen Inhalt verliehen wird, ist somit eher eine Frage der Methodik und/oder Betrachtungsweise. Die Kommission Normharmonisierung (sie hat, ausgehend von einer funktionellen Neuordnung der Einrichtungsangebote, das Fundament für eine neue Finanzierungssystematik gelegt) unterscheidet *direkte und indirekte Funktionen*. Zu den *indirekten* Funktionen werden u. a. Verwaltung, Management und Qualitätsüberwachung gerechnet. Die *direkten* Funktionen beziehen sich auf Dienste und Hilfeleistungen wie: Beratung (inklusive Information und Aufklärung), Aufenthalt, Versorgung, pädagogische Begleitung und Intensivhilfe.

Diese Division ist ebenfalls nicht unumstritten; darum sind – z. B. im Hinblick auf Zugangsverbesserung (= Diagnostik/Indikationsstellung, Platzierung/Einweisung, Casemanagement, Zuteilung von Hilfe und Versorgung) – auch bereits funktionsorientierte Gliederungen im Kommen, die erheblich weitergehen. Aber als Grobbezeichnung der verschiedenen Aufgaben, die auf Ausführungsniveau der Hilfe selber anfallen, ist die obige Zweiteilung gut brauchbar.

Legen wir nun die Schablone mit den direkten Funktionen und die Einteilung nach Settings übereinander, so stellen wir fest, dass diese Funktionen in mehreren Settings und Abstufungen erfüllt werden können, so z. B. Intensivhilfe zu Hause oder in einem Heim, Aufklärung und Begleitung von Pflegefamilien oder Versorgung/Pflege, Aufenthalt und (leichte) Hilfe während eines Teiles des Tages (z. B. vormittags) in einem Tagesheim (vgl. Abb. 1).

3. Neuere Entwicklungen in der Jugendhilfe

Das System der Jugendhilfe befindet sich noch voll im Umbruch. Es ist dienlich, an diesem Ort ein paar Entwicklungen zu erwähnen.

Inhaltliche Ausgangspunkte bei der Reorganisation der Jugendhilfe
Den einschneidenden Änderungen im System der Jugendhilfe liegen eine Reihe inhaltlicher Ausgangspunkte zugrunde. An erster Stelle finden wir das Vier-Punkte-Prinzip: die Hilfe sollte möglichst

· *frühzeitig* erfolgen,
· *kurz* und *leicht* sein sowie
· *in räumlicher Nähe* angeboten werden können.

Abb. 1

Funktionen: **Setting/Art der Hilfe:**

▼

	Präventive Hilfe/ ambulante Hilfe	Tageshilfe	Tages- und Nachthilfe	Pflegefamilie
Beratung				
Versorgung/ Pflege				
Aufenthalt				
(leicht-) pädagogische Hilfe/Begleitung				
(intensiv-) pädagogische Hilfe/Behandlung				

Dieses Prinzip lässt sich «übersetzen» in:

- grössere Aufmerksamkeit für die Prävention;
- Bevorzugung von ambulanter vor (teil-)stationärer Hilfe;
- Bevorzugung von Pflegefamilien, Formen der Tagesbehandlung und Behandlung zu Hause vor Unterbringung in Heimen.

Dieses Prinzip liegt auch den Prozessen der Regionalisierung, Umstrukturierung und der (landesweit durchgeführten) Verlegung von Einrichtungen zugrunde, sodass die Hilfe nun auch tatsächlich unweit der Wohnumgebung der Klienten und Klientinnen angeboten werden kann.

Zweitens sollen die Hilfeleistungen vermehrt massgeschneidert erbracht werden, d. h.: nachfrage- anstatt angebotsorientiert. Dies hat zur Folge, dass Einrichtungen ihr Angebot direkter auf Bedürfnisse oder Probleme der Klienten und Klientinnen abstimmen müssen – was man u. a. durch das Fördern von Gründungen multifunktioneller Organisationen und Kooperationsverbände, die eine breite und flexible Palette an Hilfsformen führen, zu erreichen versucht. Passend zu diesem Prinzip der Hilfe-nach-Mass und des nachfragebezogenen Angebots ist – in Politik und Regelungen – die Bevorzugung von freiwilliger vor obligatorischer Hilfe sowie das Bestreben, die sektoralen Trennungslinien zwischen Jugendhilfe, Jugendschutz und seelisch-geistiger Gesundheitshilfe zu durchbrechen. Ein weiteres wichtiges Instrument bilden die landesweiten Anforderungen in Bezug auf die Qualitäts- und Klientenpolitik, welche die Einrichtungen zu grösserer Transparenz, Flexibilität und Klientenorientierung sowie zum Ablegen von Rechenschaft gegenüber Klienten/Klientinnen und Gesellschaft verpflichten bzw. stimulieren.

Drittens wird in der Politik der Behörden die Aktivierung «eigener Problemlösungspotentiale» und die «Trag- und Spannkraft» von problembelasteten Familien und Jugendlichen stark hervorgehoben. Im Anschluss daran wird grosser Wert gelegt auf Methoden, mit denen die Hilfsquellen und protektiven Faktoren sowohl bei den Betroffenen selber wie auch in ihrer direkten sozialen Umgebung aktiviert werden können – dies, um die Abhängigkeit von Fürsorge- und Hilfsarrangements zu reduzieren.

Umfangs- und Intensitätsvergrösserung, Regionalisierung und Standortverlegung

In den vergangenen Jahren haben die Einrichtungen der sekundären Jugendhilfe im Zeichen der Umfangs- und Intensitätsvergrösserung, Regionalisierung und Standortwechsel gestanden. Überall sind durch die Zusammenlegung separater Einrichtungen für Pflegeauffang, Tagesbetreuung und stationäre Hilfe regionale multifunktionelle Organisationen entstanden. Die allgemeine Erwartung war, dass von den vierhundert Einrichtungen (Stand des Jahres 1992) bloss noch 120–150 übrigbleiben würden (Clarijs, 1993). Diese multifunktionellen Organisationen (abgekürzt MFOs) bieten – der Name sagt es bereits – Hilfe unterschiedlicher Art und Funktion in mehreren Settings: sie rangiert von (intensiver) ambulanter Hilfe über Tagesbehandlung bis Pflegemassnahmen und Betreuung rund um die Uhr. Zum Beispiel wird den Klienten und Klientinnen nicht nur intensive ambulante Hilfe zu Hause angeboten, sondern auch intensive Begleitung während eines Aufenthaltes in einem Heim oder beim Verbleib in einer Pflegefamilie. Was die konkrete Durchführung betrifft, treffen diese Einrichtungen/Organisationen Vereinbarungen mit ihren Geldgebern.

Als Geldgeber fungieren seit der Einführung des Gesetzes über die Jugendhilfe die provinzialen Regierungen. Das Ziel ist, dass überall im Lande solche regionalen Einrichtungen entstehen. Parallel zur Regionalisierung und zum Umfangs- und Intensitätswachstum hat auch ein «Umverteilungsprozess bzw. Verlegungsprozess» stattgefunden.

In bestimmten Regionen des Landes gab es – in Anbetracht der dortigen Bevölkerungsgrössen – entweder zuviel oder zuwenig Einrichtungen. Dieser Umstand geht zurück auf die historischen Gründungsbedingungen mancher Einrichtungen. Viele Heime hatte man in dünnbevölkerten Gebieten weit entfernt von den weltlichen Verlockungen der Grossstädte angesiedelt. Getreu dem Ausgangspunkt, auch die Sekundärhilfe habe möglichst nahe der angestammten («eigenen») Lebenswelt des Jugendlichen zu erfolgen, wird in der heutigen Zeit logischerweise gerade das Umgekehrte angestrebt, braucht es doch in den urbanisierten Gebieten mit einer starken Konzentration an Jugend- und Erziehungsproblemen mehr Einrichtungen als in dünnbesiedelten und weniger problematischen Gebieten. Bei der Verlagerung der Finanzierung dieser Einrichtungen auf die Provinzen hat der Staat bestimmten Provinzen mehr, anderen weniger Geld überwiesen als ihnen aufgrund ihrer historischen Errungenschaften zugestanden wäre. Diese Verlegung von Einrichtungen – und damit die Verschiebung von Finanzmitteln von einer Provinz oder Region zu einer anderen – ist zurzeit noch in vollem Gang.

Regie in der Jugendhilfe

Anlässlich einer Reihe von Empfehlungen zur Verflechtung und Kooperation in der Jugendhilfe erschien im Juli 1994 die Regierungsrichtlinie *Regie in der Jugendhilfe*. Darin ist u. a. von den Zugangsmöglichkeiten und von zusammenhängender Hilfe in Form von Programmen die Rede. Es wird unterschieden nach:

a) frei zugänglicher Hilfe (= z. B. Beratung, Information und leichte, kurzfristige Hilfe);

b) Hilfe auf Indikationsbasis (= insbesondere intensive Hilfe- und Betreuungsformen).

Die nationale Steuergruppe *Regie in der Jugendhilfe* hat 1995 die Projektgruppe *Zugang* gegründet, u. a. mit dem Ziel, die bei der Zuleitung zur Jugendhilfe anfallenden Funktionen zu brauchbaren Hilfsmitteln für die Praxis auszuarbeiten. Die Projektgruppe hat bei ihrem Vorgehen eine funktionelle Sichtweise gewählt (dies im Einklang mit *Regie in der Jugendhilfe*, in der acht Funktionen unterschieden werden). Um eine Verbindung zur lokalen auf Prävention angelegten Jugendpolitik zu schaffen, hat sie noch zwei funktionelle Cluster hinzugefügt.

Im *frei zugänglichen Hilfsangebot* finden wir folgende Funktionen:
1. *Beratung und Information.* Aufgaben mit präventivem Charakter, welche im Hinblick auf Erreichbarkeit und Zugänglichkeit auf lokaler Ebene erledigt werden müssen.
2. *Fort- und Weiterbildung von Fachkräften.* Dadurch werden Fachkräfte, deren Funktion es ist, Klienten und Klientinnen an die Jugendhilfe zu überweisen, in die Lage versetzt, Probleme in einem frühzeitigen Stadium zu erkennen.
3. *Anmeldung und Screening/Prädiagnose.* Sie sind an mehreren regionalen Orten durchzuführen, um die Zugänglichkeit der Jugendhilfe zu verbessern.
4. *Frei zugängliche ambulante Behandlung oder Begleitung.* Die Zahl der Kontakte soll – vorläufig – im Schnitt nicht mehr als zwölf betragen.

Funktionen der *indizierten Hilfe* sind:
1. *Pflege/Versorgung*
2. *Aufenthalt/Verbleib*
3. *Betreuung*
4. *Begleitung*
5. *Beratung*
6. *Behandlung*

Hierzu gehören auch Intensivformen der ambulanten Hilfe, nachdem Diagnose und Indikation gestellt worden sind und von einer Zuweisung und Platzierung die Rede ist. Solche Formen ambulanter Hilfe stehen also nicht zur freien Verfügung – dasselbe gilt für Hilfe in den Bereichen Pflegefamilie, Tageshilfe und 24-Stunden-Hilfe.

Funktionen des *Zugangs* betreffen:

1. Diagnosestellung durch qualifizierte Fachkräfte, um auf neutrale Art und Weise feststellen zu können, was mit einem Klienten oder einer Klientin los ist.
2. Indikationsstellung durch qualifizierte Fachkräfte, um auf neutrale Art und Weise feststellen zu können, welches Angebot am geeignetsten ist.
3. Überweisung durch eine neutrale Instanz, um Hilfesuchende adäquat selektieren und zuteilen zu können.
4. Unterbringung als Effektuierung der Überweisung.
5. Casemanagement in Bezug auf Effektuierung, Kontinuität und Zusammenhang (in) der zugeteilten Hilfe.

4. Die Praxis der (freiwilligen) ambulanten Jugendhilfe

Freiwillige ambulante Hilfe

Mittlerweile dürfte klar geworden sein, dass im Rahmen all dieser Entwicklungen die ambulante Jugendhilfe auf verschiedene Art und Weise, an verschiedenen Orten und in unterschiedlichen Abstufungen erhältlich ist. Sie kann ja als frei zugängliche Hilfe wie auch in der Form indizierter Hilfe erfolgen, variieren zwischen leicht/elementar und intensiv und von lokalen Einrichtungen, Stellen für Jugendhilfe oder multi-funktionellen Organisationen durchgeführt werden.
Um die Tätigkeiten in einer etwas konkreteren Gestalt zu zeigen, folgen nun einige Beispiele.

Frei zugängliche Hilfe: Information und Beratung

Informieren und Beraten sind Funktionen, die im Rahmen der frei verfügbaren Hilfe verrichtet werden. Diese Tätigkeiten können sich beziehen auf:

- allgemeine Entwicklungs- und Erziehungsfragen;
- Erziehungsprobleme verbunden mit Entwicklungsstörungen;
- Probleme auf Seiten der Erziehenden selber;
- psychosoziale und gesellschaftliche Problematik bei Jugendlichen unterschiedlicher Altersgruppen.

Diese Funktionen können sowohl von den Einrichtungen der Jugendhilfe wie auch von lokalen Fürsorge-Organisationen erledigt werden.

Zu denken ist dabei z. B. an folgende Aufgaben/Funktionen und Instanzen

- die (oft nur) einmalige Beratung durch das Kindertelefon/Notruftelefon *(Kindertelefon)*;
- Information und Beratung durch das Beratungszentrum für Jugendliche *(JongerenAdviesCentrum/JAC)* oder durch Beratungsstellen für Jugendliche und Eltern *(Adviesbureau voor Jongeren en Ouders/AJO)*
- pädagogische Information und Beratung durch den Erziehungstelefondienst.

Auch erfolgen unter dem Nenner der frei zugänglichen Hilfe oft Aktivitäten in den Bereichen Früherkennung/Signalisierung und Überweisung. Zum Beispiel sind während des vergangenen Jahrzehnts in vielen Gemeinden Quartiernetzwerke, genauer Beratungs- bzw. Konsultationsnetzwerke entstanden, an denen sich mehrere Basiseinrichtungen in einem Stadtteil oder Quartier beteiligen (Polizei, Schulen, Konsultationsstellen, Arbeit mit Kindern, Sozialarbeit, Ludotheken, Erziehungsläden usw.); diese Netzwerke richten sich sowohl auf das frühzeitige Aufdecken von Erziehungsproblemen in Familien wie auch auf Entwicklungsprobleme bei Kindern.

Auf zwei Formen dieser frei zugänglichen Beratung, nämlich 1) die pädagogische Beratung der Eltern bzw. der für die Erziehung zuständigen Personen sowie 2) die prozessmässige Hilfe für Jugendliche mit (leichten) psychosozialen Problemen, wollen wir jetzt näher eingehen.

Pädagogische Beratung

Pädagogische Beratung richtet sich an Eltern, die bei ihren tagtäglichen Erziehungsproblemen auf Hilfe angewiesen sind. Indem man die Eltern beim Erziehen unterstützt, können die Probleme wieder beherrschbar gemacht werden und in der Folge kann (meistens) auf weitere Hilfe verzichtet werden. Pädagogische Beratung existiert im Rahmen der Erziehungshilfe in mehreren Variationen – von der Unterstützung bei Erziehungsfragen durch Beratungsstellen über telephonische Information durch den Erziehungstelefondienst oder Beratungsgespräche in einem Erziehungsbüro bis zu Hausbesuchen. Aber welcher Prägung auch immer, pädagogische Beratung ist:

- leicht zugänglich; sie erfolgt in niederschwelligen Einrichtungen nahe der Wohnumgebung der Eltern. Diese brauchen keine Überweisung und finden darum schnell Hilfe;
- von kurzer Dauer, d. h. die Beratung besteht aus höchstens fünf Gesprächen;
- ein Mix aus Information und individueller Unterstützung (es bestehen direkte Kontakte zu den Eltern);
- gegründet auf Fragen eines Elternteiles/beider Eltern (Ausgangslage bildet ein *spezifisches* Anliegen oder Problem);
- ausgerichtet auf relativ leichte Erziehungsprobleme (alltägliche, erkennbare Probleme, die – im jeweiligen Fall – erst seit kurzem aktuell und nicht-komplexer Natur sind).

Die Funktion wird in der Regel von einer pädagogisch ausgebildeten Fachkraft wahrgenommen, auch wenn in einigen Fällen mit geschulten Freiwilligen (z. B. mit Quartierbetreuern/-innen) gearbeitet wird – in diesem Fall ist die sozialpädagogische Fachkraft für die Supervision verantwortlich. Für Eltern entstehen Fragen zur Erziehung und zu Erziehungsproblemen meistens erst dann, wenn die eigene tägliche Erziehungspraxis ihren Erwartungen nicht entspricht oder wenn sie mit zusätzlichen Schwierigkeiten konfrontiert werden, zum Beispiel weil ihr Kind mit Entwicklungsstörungen, Verhaltensproblemen oder einem schwierigen Temperament zu kämpfen hat. So gibt es Kinder, die Probleme haben, sauber zu werden, Mühe zeigen, soziale Kontakte einzugehen, sich gegenüber anderen Kindern aggressiv benehmen oder sich extrem unruhig verhalten.

Bei der pädagogischen Beratung wird davon ausgegangen, dass

- Eltern in Bezug auf das eigene Kind über (gewisse) Fähigkeiten verfügen und folglich in der Lage sind, passende Lösungen für ihre Situation beizusteuern;
- die Fragen und Bedürfnisse der Eltern sowie ihre eigenen erzieherischen Ansichten an zentraler Stelle stehen;
- Eltern mit ihrem Kind das Beste vorhaben und bereit sind, sich für dessen Erziehung einzusetzen.

Kurzfristige unterstützende Hilfe

Das JAC und die AJO sind Beispiele tiefschwelliger Einrichtungen, wo Jugendliche (und auch ihre Eltern) für Information, Beratung, kurzfristige ambulante Unterstützung und Überweisung an spezialisierte Hilfe anklopfen können.

Diese und ähnliche Einrichtungen richten sich vor allem auf Jugendliche von zwölf Jahren und älter und informieren und beraten sie über ihre Lebensbereiche (Wohnen, Arbeit, Bildung, Einkommen, Freizeitgestaltung usw.) sowie die damit zusammenhängenden Aspekte wie Gesetzgebung und Bestimmungen. Ausserdem findet man dort auch kurzzeitige ambulante Hilfe. In der Praxis ist die *psychosoziale* Betrachtungsweise charakteristisch für die Implementation dieser Funktion. Dies heisst, dass man sich auf die jugendliche Person in ihrer sozialen und gesellschaftlichen Umgebung konzentriert. Probleme wie Ausreissen, (Klein-)Kriminalität, Schwänzen der Schule, Alkohol- und Drogenkonsum, Verhaltensauffälligkeit sowie psychische Schwierigkeiten werden häufig betrachtet als Faktoren in einer konfliktreichen Relation zwischen den (sich entwickelnden) Jugendlichen und ihrer sozialen Umgebung (Eltern, Altersgenossen, Schule, Gesetzgebung usw.). Probleme, die vor allem mit Persönlichkeitsstörungen und psychopathologischen Manifestationen zusammenhängen, werden in der Regel an Einrichtungen der (ambulanten) seelisch-geistigen Gesundheitshilfe weitergeleitet. Es obliegt den Helfenden – in Kooperation mit Klienten und Klientinnen – die im Hinblick auf Entstehung und/oder Lösung der Problemsituation relevanten Themen und Aspekte für die von ihnen gemeinsam angestrebte Problembewältigung fruchtbar zu machen. Dazu braucht es das Geschick, ein Gleichgewicht zu finden zwischen der Inventarisierung von problemkonstituierenden Faktoren und dem Innewerden jener positiven Situationsaspekte, welche zur Problemlösung aktiviert werden können.

Die prozessmässige Hilfe setzt sich leichte, konkrete und auf Aktivierung angelegte Ziele. Sie geht von aktuellen Begebenheiten (vom Hier-und-Jetzt) aus und bindet diese auch in eine Zukunftsperspektive ein. In der Praxis verwendet man dazu vor allem die erkenntnisgenerierende und/oder die verhaltensbezogene Methode. Im ersten Fall geht es primär darum, Klienten und Klientinnen Einsichten in das Entstehen und Andauern ihrer Probleme zu vermitteln und deren Ursachen und Hintergründe ausfindig zu machen. Die verhaltensbezogene Arbeitsweise zielt auf konkrete Änderungen, indem Jugendlichen beigebracht wird, wie sie Situationen beeinflussen und ihr eigenes Verhalten verbessern können – ohne dass dabei ihrerseits (tiefere) Einsichten unbedingt erforderlich sind.

Von Bedeutung ist, möglichst schnell richtig einschätzen zu können, ob Klienten und Klientinnen mit kurzfristiger ambulanter Hilfe ausreichend geholfen werden kann oder ob es da noch mehr braucht. Ist

Letzteres der Fall, so sind Funktionen gefragt, die den Zugang zu erweiterten, komplexeren Hilfeleistungen ermöglichen.

Zugang: Diagnostik, Indikationsstellung, Überweisung, Platzierung und Casemanagement

Falls frei zugängliche Hilfe nicht ausreicht, treten zunächst die beiden Funktionen Diagnostik und Indikationsstellung in den Vordergrund. Obwohl selbstverständlich schon früher ein Urteil über die Art der Problematik und die zu leistende Hilfe gebildet worden ist, wird nun aber explizit erörtert, worum es beim Hilfsbegehren geht und welche Hilfe vonnöten ist. Bei der Diagnostik geht es darum, mit Hilfe methodischer Prinzipien sowohl vom Jugendlichen wie auch vom Klientsystem ein möglichst detailliertes Bild zu gewinnen, in welchem Elemente wie Hilfsbegehren, Problematik, die damit verknüpften Faktoren sowie die für eine eventuelle Lösung vorhandenen Anhaltspunkte in einem sinnvollen Zusammenhang vorhanden sind. Bei der Indikationsstellung, Zuweisung von Hilfe und Platzierung geht es

a) um das Formulieren eines Hilfsplanes (oder Teile desselben) sowie
b) um die Ankopplung an das Hilfsangebot, welches unter Umständen durch eine Kombination von Komponenten aus den von unterschiedlichen Einrichtungen oder Einrichtungsabteilungen gemachten Angeboten konkretisiert werden kann.

Das Casemanagement kann in Bezug auf den Schwerpunkt «Zugang» als Form der Sachverwaltung, Aufsicht und/oder Prozessüberwachung aufgefasst werden.
Casemanager(innen) wachen darüber, dass die Hilfe planmässig verläuft; er kann – nach Rücksprache – beschliessen, den Plan zu korrigieren. Eine von den Behörden angeordnete Platzierung erfolgt im Rahmen der Vormund- oder der Erziehungsbeistandschaft.

Bis vor kurzem wurden die Funktionen sozusagen ziemlich isoliert und fragmentiert ausgeübt, d.h. die Bereiche der ambulanten Hilfe, Jugendschutz und seelisch-geistigen Gesundheitshilfe prägten Form und Inhalt der Funktionen jeweils auf ihre eigene Art und Weise; von allen drei Teilsektoren aus wurden Jugendliche weitergeleitet und in sekundären Einrichtungen für Tageshilfe, stationäre Hilfe und Pflege untergebracht. Zurzeit wird ein gemeinsamer Zugang zu der indizierten (sekundären) Jugendhilfe angestrebt. **3** Für die Zukunft bedeutet dies, dass die Funktionen überarbeitet und neu zugeordnet werden müssen. Es steht ausser Zweifel, dass sie dabei noch weiter rationalisiert und professionalisiert werden.

Indizierte Hilfe: intensive ambulante Begleitung und Behandlung

Intensive (ambulante) Hilfe und Behandlung kann auch als Form indizierter Jugendhilfe auftreten und demzufolge in einer multifunktionellen Organisation erfolgen. Beispiele sind: *Video HomeTraining/VHT*, *Families First* und *VertrekTraining/VT* (= «Starttraining»). Die beiden ersten Angebote richten sich an Familien (*Video Hometraining* an solche mit vorwiegend Erziehungsproblemen, *Families First* befasst sich mit Mehrfachproblematik). *VertrekTraining* exemplifiziert ein intensives individualisiertes Begleitungsangebot für Jugendliche und zielt auf ihre soziale Selbstständigkeit und gesellschaftliche Integration.

Video Home Training (VHT)

arbeitet mit Videoaufnahmen von Interaktionen zwischen Eltern und Kind in «alltäglichen» Situationen des Familienlebens. Die erfolgreichen Kontaktmomente werden anschliessend besprochen. Die Hilfe richtet sich namentlich auf die Kommunikation zwischen Eltern und Kind. Dabei werden die Erziehungsschwierigkeiten betrachtet als das Resultat mangelhafter Kommunikationsabläufe zwischen den Beteiligten. Das *VHT* kann sowohl bei Familien mit verhältnismässig geringfügigen Problemen wie auch bei solchen mit komplexen, mehrdimensionalen Problemen zum Einsatz kommen; je nach Ernst der Lage kann das *VHT* drei bis acht Monate dauern.

Families First (FF)

ist eine spezielle Form der Krisen- oder Nothilfe für Familien; sie wird während 4–6 Wochen bei den Betroffenen zu Hause durchgeführt. Das Ziel ist, eine drohende externe Platzierung des Kindes zu verhindern und zu erreichen, dass die Familie wieder Kontrolle über die eigene Situation gewinnt. Einer der Ausgangspunkte ist, dass eine Familie imstande sein sollte, die eigenen Probleme zu lösen, wenn sie ihre Kompetenz vergrössert hat. Um feststellen zu können, was es dazu braucht, muss zuerst analysiert werden, wieso das Gleichgewicht zwischen Aufgaben und vorhandenen Lösungsmöglichkeiten gestört ist. Nur dann wird klar, welche Fähigkeiten in welchen Bereichen (z.B. Erziehung, Stressbewältigung, Aufsetzen von Haushalts-

3
Das niederländische Sozialsystem kennt eine Linien-Abfolge. Oft unterschieden zwischen der:

· Null-Linie (Familie, Nachbarn, Freunde, Bekannte, Arbeit, Schule usw.)
· Primärlinie (Sozialarbeit, Hausarzt, ambulante Familiendienste, Pflegedienste usw.)
· Sekundärlinie (Riagg, andere ambulante Einrichtungen)
· Tertiärlinie (stationäre Einrichtungen wie Psychiatrische Anstalten, Wohnheime, Jugenderziehungsheime usw.)

Die Primärlinien sind offen zugänglich, Die Sekundär- und Tertiärlinie eher spezialisierte Einrichtungen, gegenüber denen die Primärlinie Aufgaben der Vorbeugung und Nachbetreuung wahrnimmt.

plänen, Pflege sozialer Kontakte) sich die Familie noch anzueignen hat, um ihre Probleme meistern zu können. *Families First* hat folgende Merkmale:

· sofortiges Einschreiten bei Krisen;
· Probleme und Ziele der Familie stehen im Zentrum;
· Hilfe erfolgt in der direkten Umgebung der Familie;
· der/die Betreuer(in) ist bezüglich Konsultationen jeden Tag rund um die Uhr für die Familie erreichbar;
· das Programm ist intensiv, flexibel und zeitlich beschränkt (4–6 Wochen);
· eine Fachkraft betreut höchstens zwei Familien;
· intensive Supervision, systematische Planung und Kontrolle u. a. mit Hilfe eines Qualitätssystems.

Der Schwerpunkt liegt bei dieser Methode auf Kompetenzsteigerung; der/die Familien-Betreuer(in) offeriert dazu praktische und materielle Hilfe.

«Starttraining» (Vertrektraining/VT 4)

ist ein kurzfristiges, ambulantes und intensives Trainingsprogramm und hat zum Ziel, Jugendlichen nach dem Verlassen der stationären Einrichtung bei ihrer Integration in eine neue und selbständige Situation ausserhalb der Einrichtung behilflich zu sein. Zurzeit bestehen auch Pläne, diese Form der Hilfe den sogenannten Zimmertrainingszentren (KamerTrainingsCentra's/KTC's) anzubieten und sie für kurzfristige (intensive) ambulante Begleitung von entlaufenen Jugendlichen oder solchen ohne feste Bleibe einzusetzen. Das *Vertrektraining* richtet sich in erster Linie an jene Jugendliche ab 15 Jahren, für die ein erhöhtes Risiko besteht, dass sie nach dem Verlassen der stationären Einrichtung in eine Situation der Obdachlosigkeit hineinschlittern. Die Merkmale des *VT* sind:

· ihre Schnelligkeit, Kürze und Intensität *(VT* kann rasch anlaufen und dauert nicht länger als zehn Wochen. Auf zwei Jugendliche entfällt ein Trainer/eine Trainerin);
· die sozialökologische Verfahrensweise. Im Anschluss daran richtet *Vertrektraining* sich auf alle Aspekte der Alltagssituation von Jugendlichen, wie Einkommen, Wohnen, Arbeit, Ausbildung, Freizeit, soziale Netze usw.
· das aktivierende Vorgehen. Der Trainer oder die Trainerin ergreift Initiativen, die die Jugendlichen dazu veranlassen, sich sowohl

um ein adäquates Beziehungsnetz wie auch um positive Kontakte zu Personen und Instanzen in ihrer neuen Umgebung aktiv zu bemühen – dies, damit sie in ihrem neuen sozialen Umfeld gut zu funktionieren wissen.

5. Sozialarbeit in der Jugendhilfe

Sozialarbeit aufgeteilt nach Funktionen und Domänen

Es ist nützlich, einen Moment bei jenen Funktionen zu verweilen, die im Bereich der Jugendhilfe häufig zur Arbeitsdomäne der Sozialarbeit gerechnet werden. Wenn man die Management-, Stab- und Unterstützungsfunktionen ausser Betracht lässt, können die Aufgaben der Jugendhilfe auf zwei Hauptgruppen (Berufsgruppen) verteilt werden. Es sind:

- die Sozialarbeit (Soziale Dienstleistung);
- die Gruppenarbeit (Sozialpädagogische Arbeit).

Anfänglich deckte sich diese Aufteilung nach Berufsgruppen mit jener nach Leistungsart:

- ambulante Hilfe;
- (teil-)stationäre Hilfe.

Diese spezifische Bindung von Gruppe und Leistungsart ist aber heute fragwürdig geworden. In vielen (teil-)stationären Einrichtungen sind (und waren) auch Sozialarbeiter und Sozialarbeiterinnen tätig. Sie sind z. B. am Intake und an der Betreuung des Kindes und der Eltern beteiligt – dies als Ergänzung zur Gruppenarbeit. Ausserdem hat u. a. unter Einfluss einer Reihe sozialpolitischer Steuerungsmassnahmen (siehe Kapitel 2) das Angebot an Intensivhilfe für Familien und Adoleszenten sehr stark zugenommen. De facto geht es dabei um spezialisierte Formen der Sozialarbeit. Spezialisierte Sozialarbeiter-(innen) fungieren z. B. als Video-Hometrainer, Familienbetreuer oder als persönlicher Trainer, Coach oder Begleiter von Jugendlichen beim Heimaustritt oder bei Formen des betreuten Wohnens. Auch im Bereich des Jugendschutzes sind spezialisierte Sozialarbeiter(innen) tätig – als Vormund oder als Konsulent(in).

Verallgemeinernd kann festgehalten werden, dass die Aufgaben des Sozialarbeiters/der Sozialarbeiterin vor allem bei den Funktionen Beratung, Information und Aufklärung (d. h. im Bereich der Primärhilfe) sowie bei den Betreuungs- und Behandlungsfunktionen (d. h. im Sekundär- und Tertiärbereich) anzusiedeln sind. Die Funktionen des Gruppenleiters (des Sozialpädagogen) bewegen sich mehr im Gebiet Pflege/Versorgung, Aufenthalt, pädagogischer Hilfe, Betreuung und Begleitung. Daraus wird bereits ersichtlich, dass sich die beiden Berufsdomänen immer mehr überlappen. So gibt es mittlerweile Sozialpädagogen/-pädagoginnen (früher Gruppenarbeiter/-arbeiterinnen) genannt, die Video-Hometrainings durchführen oder Jugendliche in einer Heim- oder Anstaltumgebung im Hinblick auf ihr soziales und gesellschaftliches Funktionieren intensiv betreuen.

Im Tarifvertrag für die Jugendhilfe aus dem Jahre 1996 werden folgende Formen sozialer Dienstleistung unterschieden:

· Sozialberatung
· Ambulante Hilfe
· spezialisierte ambulante Hilfe
· Jugendschutz

Die Funktion der *Sozialberatung* richtet sich spezifisch auf Tätigkeiten im Bereich Information, Beratung und Aufklärung. Zu denken ist dabei an Spiel- und Erziehungsberatung, Kindertelefondienste, Jugendinfotreffs usw. *Ambulante Hilfe* befasst sich mit der Betreuung von Jugendlichen (und ihren Eltern), die mit Problemen und/oder mit Defiziten in ihrem sozialen (und sozialpädagogischen) Funktionieren zu kämpfen haben. In diesem Rahmen befasst sich der Helfer/die Helferin u. a. mit (leichten) *psychosozialen* Schwierigkeiten, welche das soziale Handeln und Verhalten beeinträchtigen (wie Engpässe in der Beziehung zu den Eltern, Konflikte mit Altersgenossen usw.) sowie/oder mit *sozial-gesellschaftlichen* Dilemmas wie Schule, Arbeit, Einkommen usw. Solche Hilfe ist u. a. anzutreffen in Einrichtungen wie Jugendberatungszentren und Stellen für Erziehungssupport. *Spezialisierte ambulante Hilfe* und *Jugendschutz* sind Funktionen, die zur spezialisierten Sozialarbeit gehören, wie z. B. die Hilfe an Familien mit Mehrfachproblemen (= ein Mix aus materiellen, psychosozialen und pädagogischen Problemen). Diese Funktionen sind in der Regel in Einrichtungen für Jugendschutz, (teil-)stationäre Jugendhilfe und seelisch-geistige Gesundheitshilfe anzutreffen. Meistens erfüllen die (spezialisierten) Sozialarbeiter und Sozialarbeiterinnen Aufgaben in den Bereichen:

- Intake und Massnahmenplanung;
- individueller Betreuung und Behandlung;
- Elternbegleitung;
- Hometraining.

Jugendschutz ist eine Form der spezialisierten Sozialarbeit im Bereich der gerichtlich angeordneten Jugendhilfe. Dazu gehören u. a. die Vormund- und Erziehungsbeistandschaft, die Resozialisierung und der Kinder- und Jugendschutz. Der Jugendschutz tritt normalerweise in der Person des Vormundes, des Erziehungsbeistandes oder des Beraters in Erscheinung und zwar in Situationen, in denen Unteraufsichtstellung oder Aberkennung bzw. Entzug der elterlichen Gewalt (Sorge) angedroht wird oder bereits Tatsache ist. Gerichtlich angeordnete Hilfe betrifft Erziehungssituationen, welche das Leben und/oder die Entwicklung von Kindern/Jugendlichen ernsthaft in Gefahr bringen und freiwillige Hilfe verunmöglichen, z.B. wenn Eltern oder Personen, in deren Obhut sich ein Kind befindet, dargebotene Hilfe zurückweisen oder wenn Jugendliche derart zu entgleisen drohen, dass obligatorische Hilfe unvermeidbar wird.

Zahlen über den Umfang der Sozialarbeit in der Jugendhilfe sind nicht vorhanden. Im Tarifvertrag der Jugendhilfe für 1996 werden 53 Funktionen unterschieden; sie sind verteilt auf die Kategorien Management, Stabstellen, Hilfe, Hauswirtschaft, Technik, Verwaltung und Sekretariat. Von den 17 im Vertrag genannten Hilfefunktionen gehören bloss die vier weiter oben erwähnten zur Domäne der Sozialarbeit. Insgesamt unterstehen 13 100 Arbeitnehmer und Arbeitnehmerinnen dem Tarifvertrag (Stand Dezember 1995). Wieviele von ihnen in jeder der vier sozialen Dienstleistungsfunktionen tätig waren, ist unbekannt. Angaben zur Anzahl der Fachkräfte, die in der seelisch-geistigen Gesundheitshilfe für Jugendliche tätig sind, fehlen ebenfalls.

Perspektiven der Sozialarbeit im Bereich der Jugendhilfe

Resümierend kann festgehalten werden, dass sich die Sozialarbeit in der niederländischen Jugendhilfe folgendermassen manifestiert:

a) Sie operiert in drei verschiedenen Teilsektoren (= Jugendhilfe, Jugendschutz und seelisch-geistige Gesundheitsarbeit).

b) Sie ist in unterschiedlichen Settings tätig (je nachdem, wo sich der Klient/die Klientin befindet, arbeiten Sozialarbeiter/innen in

Tagesstätten, Heimen, mit Pflegefamilien oder in der häuslichen Sphäre).

c) Sie übernimmt verschiedene Funktionen (Information und Beratung, Indikationsstellung, Platzierung und Casemanagement, Betreuung und Behandlung).

d) Ihre Arbeit kennt unterschiedlichen Intensitätsausprägungen (rangierend von leicht und allgemein bis intensiv und spezialisiert).

Im Allgemeinen geht es um Hilfe für:

· Jugendliche und ihre (Pflege-)Eltern bei Problemen materieller, psychosozialer, pädagogischer und sozial-gesellschaftlicher Natur.

Diese Hilfe erfolgt auf Antrag

· der Jugendlichen selber;
· der Eltern;
· der für die Jugendlichen zuständigen Personen;
· der (direkten) Umgebung oder
· von Rechts wegen, d. h. aufgrund einer behördlichen und/oder richterlichen Massnahme.

Die Erwartung ist, dass diese Aufgaben und Funktionen – u. a. infolge einschneidender Änderungen im System der Jugendhilfe – noch weiter an Bedeutung gewinnen werden. Und dadurch wird auch der Bedarf an Professionalisierung und Spezialisierung weiter zunehmen.

Literatur

A. Anker/K.Bakker/J. Bosters/M. Glas. Moeilijke Jeugd: naar een samenhangend aanbod van zorg en welzijn voor jongeren met meervoudige problemen. SWP, Utrecht 1994

K. Bakker/T. ter Bogt/M. v.d. Waal. Opgroeien in Nederland. Acco/NIZW, Amersfoort 1993

K. Bakker (Red.) Ambulante hulp aan huis: van projecten naar programma. NIZW, Utrecht 1993

G. Blokland. Over opvoeden gesproken. Methodiekboek pedagogisch adviseren. NIZW Utrecht 1996

H. C. Boers/C. van Dam. Zicht op zorg en welzijn: Voorzieningen. NIZW, Utrecht 1996

Y. Clarijs. «Een babylonische spraakverwarring, schaalvergroting en het overheidsbeleid.» In: Tijdschrift voor jeugdhulpverlening en Jeugdwerk. Jahrgang 5, Ausgabe 4, 1993

Y. Clarijs/A. van Montfoort. «Toegang tot de jeugdzorg: stand van zaken.» In: Tijdschrift voor jeugdhulpverlenoing en Jeugdwerk. April 1995, 4–5

Commissie Harmonisatie van Normen. «Harmonisatievan normen op het terrein van de jeugdhulpverlening, deel 3. Eindadvies aan de minister van WVC en staatssecretaris van Justitie.» Rijswijk 1991

H. van Deur. Samen door de bocht. Het methodisch handelen in de vrijwillige ambulante jeugdhulpverlening. NIZW, Utrecht 1996

M. Matthijs/M. Vincken. De zorg voor de jeugd: jeugdzorg in vogelvlucht. NIZW, Utrecht 1997

Ministerie van Volksgezondheid, Welzijn en Sport, Ministerie van Justitie en Ministerie van Onderwijs, Cultuur en Wetenschappen. Preventieve en curatieve jeugdzorg. Beleidskader 1996–1999 Rijswijk, Den Haag en Zoetermeer, September 1995

Ministerie van Volksgezondheid, Welzijn en Sport en Ministerie van Justitie. Regie in de jeugdzorg. Regeringsstandpunt. Rijswijk 1994

Ministerie van Welzijn, Volksgezondheid en Culturr, Ministerie van Justitie. Wet op de jeugd hulpverlening. April 1991

Ministerie van Weltzijn, Volksgezondheid en Cultuur. Jeugd verdient de toekomst. Nota intersectoraal jeugdbeleid. Rijswijk, November 1993

L. Müllerf (Schlussredaktion). Thuisbehandeling & hometraining. SWP, Utrecht 1992

F. Peters (Endredaktion). Zicht op zorg en welzijn: beroepen. Arbeid en arbeidsmarkt in zorg en welzijn. NIZW, Utrecht 1997

Plaats maken: op weg naar goede jeugdzorg. Taskforce jeugdhulpverlening, April 1994

J. v. Susteren/K. Deckers/J. Peters. Helpen in de eigen omgeving: vindplaatsgericvht werken. SWP, Utrecht 1991

C. Tilanus. Jeugdhulpverlening en de overheid. SWP, Utrecht 1992

J. Timmermans. Samenhang in de zorg voor jeugdigen. SCP, Rijswijk 1987

T. van Yperen (Red.). Stand van zaken Toegang tot de jeugdzorg ll. NIZW Utrecht 1996

T. van Yperen/E. van Rest. «Modulen als basi voor de jeugdzorg.» In: 0–25 Tijdschrift voor de jeugd, Juni 1995, 45–47

Karl-Ernst H. Hesser

Sozialarbeit im Kinder- und Jugendschutz

Einleitung

Der Kinder- und Jugendschutz als institutionalisierter Einsatz für das Schicksal von Minderjährigen ist in den Niederlanden über 100 Jahre alt. 1896 wurde in Amsterdam als erste Organisation in diesem Bereich die *Pro Juventute* gegründet. [1] Bald aber wurden auch in anderen Orten private Initiativen zum Schutz der von Verwahrlosung bedrohten und/oder kriminellen Minderjährigen ergriffen.

Die Initianten waren in erster Linie Juristen, die einerseits diesen Minderjährigen Rechtsschutz gewähren, andererseits aber auch eine adäquate Gesetzgebung schaffen wollten, indem sie eine solche vorbereiteten und die für ihre Einführung erforderlichen Schritte unternahmen. So entstand Anfang des 20. Jahrhunderts das sogenannte *Gesetz über die Schulpflicht* (1901), welches Eltern dazu verpflichtete, ihre Kinder in die Schule zu schicken. Zu gleicher Zeit entstanden die *Kindergesetze,* die es ermöglichten, den Eltern die Gewalt über ihre Kinder zu entziehen oder sie davon zu befreien. Dieses Gesetz kam zur Anwendung, sobald Eltern nicht (länger) in der Lage waren, ihre Verantwortlichkeit für das geistige und körperliche Wohl ihrer Kinder wahrzunehmen und deren Persönlichkeit angemessen zu fördern. Kinderarbeit wurde im Gesetz explizit als Grund für den Entzug der elterlichen Gewalt aufgeführt.

1922 wurde das Institut *Jugendrichter* und in seinem Sog die Massnahme über die Erziehungsaufsicht eingeführt, wodurch es möglich wurde, die elterliche Gewalt vorübergehend einzuschränken. Der Jugendrichter ernannte einen Beistand, dessen Direktiven die Eltern zu befolgen hatten. Das Herzstück dieses Systems war die zentrale Position des Jugendrichters; er bestimmte nicht nur, was zu tun sei,

1

J. P. Verkaik.
Voor de jeugd van tegenwoordig – Kinderbescherming enjeugdhulpverlening door Pro Juventute in Amsterdam 1896–1994. SWP Utrecht, 1996

sondern war auch verantwortlich für die Ausführung der Kinder- und Jugendschutzmassnahmen. Dazu konnte er auf ein umfassendes Instrumentarium in den Bereichen Zivil- und Strafrecht für Minderjährige zurückgreifen. Das für die damalige Zeit äusserst Moderne an dieser Einrichtung war die Tatsache, dass für die von Verwahrlosung bedrohten (kriminellen) Minderjährigen ein einheitliches Regime geschaffen wurde. Die mit der Ausführung der Kinder- und Jugendschutzmassnahmen beauftragten Beistände waren normale Bürgerinnen und Bürger – Freiwillige oder Ehrenamtliche, die sich in welt- und lebensanschaulich geprägten Kinder- und Jugendschutzvereinen organisierten. Bei der Ernennung eines Beistandes hatte der Jugendrichter den ideologisch/konfessionellen Hintergrund der involvierten Eltern in Betracht zu ziehen. Rekrutiert wurden deshalb nur immer Beistandspersonen, deren Gesinnung mit jener der Eltern im Einklang stand. Auf diese Weise wurde der Gedanke vermieden, die Kinder bekämen eine staatliche Erziehung.

Dieses System hätte ohne die private Träger, d. h. ohne die Organisationen welt- und lebensanschaulicher Couleur, niemals lanciert werden können; denn sie waren es, die sich bislang des Schicksals der von Verwahrlosung bedrohten und kriminellen Minderjährigen angenommen hatten. Auch waren es diese nicht-staatlichen Organisationen gewesen, welche die Initiativen für das Zustandekommen des Systems Jugendrichter & Erziehungsaufsicht ergriffen hatten. Durch das *Gesetz über die Schutzaufsicht* (1922) erfüllten die privaten Beistands- bzw. Vormundschaftseinrichtungen nunmehr eine öffentliche Aufgabe; sie wurzelte in den Befugnissen des Jugendrichters, der den Erziehungsbeistand ernannte und ihn bei der Umsetzung seiner Massnahmen kontrollierte. Ungeachtet der Tatsache, dass bereits in den 30er Jahren professionelle «Beamte für die Kindergesetze» bei Beistandseinrichtungen tätig wurden, kann doch erst nach dem Zweiten Weltkrieg von einer Professionalisierung die Rede sein.

In den 50er Jahren erfolgte der Aufstieg der mit der Ausführung der Kinder- und Jugendschutzmassnahmen beauftragten Sozialarbeit. «Einzelhilfe» und «Aufgabenorientierte Einzelhilfe» waren Konzepte, die auch für den Kinder- und Jugendschutz brauchbar waren oder verwendbar gemacht werden konnten. 1995 arbeiteten bereits circa 1300 Sozialarbeiter und Sozialarbeiterinnen in Institutionen für Erziehungsbeistandschaft. Die folgende Übersicht zeigt die jüngste Entwicklung:

Zahlen der unter Aufsicht gestellten Jugendlichen nach Aufenthaltsort

Stichdatum: 31. Dezember 1996

Jahr	daheim	Pflegefamilie	Heim	Zimmer	anderswo	Gesamt
1992	6 544	2 469	2 953	201	1 076	13 243
1993	7 587	2 783	3 090	231	1 311	15 002
1994	8 345	2 789	3 192	319	1 424	16 069
1995	8 841	2 923	3 290	343	1 468	16 865
1996	9 227	3 167	3 398	380	1 543	17 715

Der Eintritt der Sozialarbeit in den Bereich der Kinder- und Jugendschutz brachte schon bald eine Reihe von Dilemmas ans Licht.

Namentlich in den 70er Jahren lautete die zentrale Frage: Ist denn Kinder- und Jugendschutz überhaupt eine Form von Sozialarbeit? Häufig nämlich stellen Klienten und Klientinnen gar keinen Antrag auf einen solchen Schutz, von Freiwilligkeit kann folglich keine Rede sein. Es handelt sich um gesetzlich angeordnete Hilfe, die nicht abgelehnt werden kann. Kritik und Skepsis waren besonders innerhalb der Sozialarbeit anzutreffen und hingen nicht zuletzt auch damit zusammen, dass viele Erziehungsbeistandseinrichtungen in dieser Periode (= die 70er Jahre) angefangen hatten, so genannte «Beratungsstellen für Jugendliche und Eltern» zu gründen, wo freiwillige ambulante Jugendhilfe angeboten wurde.

Infolge eines grossangelegten Fusionsprozesses Anfang der 90er Jahre sind alle fragmentierten, welt- und lebensanschaulichen Erziehungsbeistandseinrichtungen auf 14 grossstädtische und/oder provinziale sowie 5 spezialisierte, landesweit tätige Einrichtungen zurückgestuft worden. Demzufolge ist die ideologische Identität und Legitimität verloren gegangen. Vor der so genannten Entsäulung und der damit verbundenen Entideologisierung war die Beistandsarbeit viel stärker in der Gesellschaft verankert gewesen und hatte das Vertrauen der Bürger und Bürgerinnen genossen. Weil gegenwärtig das welt- und lebensanschauliche Substrat für die Arbeit keine tragende Bedeutung mehr haben kann, soll Professionalität an dessen Stelle treten. Dies führt dazu, dass sich die vorhin erwähnte Frage, ob denn Hilfe, die unter Zwang erfolgt, den Namen auch wirklich verdient, um so dringlicher stellt.

Eine weitere Frage ist: Wer ist im Kinder- und Jugendschutz denn eigentlich der Klient? Ist es das «von sittlichem und physischem

Untergang» bedrohte Kind, wie es das Gesetz aus 1922 formuliert hatte? Sind es die Eltern des Kindes, die ihre Verantwortlichkeit nicht tragen können? Oder sollte gleich die ganze Familie als Klient(in) betrachtet werden?

Während längerer Zeit wurden diese Fragen von den Sozialarbeitern/ Sozialarbeiterinnen und ihren Vorgesetzten unterschiedlich beantwortet.

Daneben entstand – auch in der öffentlichen Diskussion – immer mehr Aufmerksamkeit für die Rechtsposition von Eltern, deren Gewalt aufgrund der Unteraufsichtstellung ihrer Kinder eingeschränkt worden war. Die Frage lautete: Wo können diese Eltern sich für ihre Rechte einsetzen? Eine wichtige Frage, denn durch das Recht des Staates, in die Familienverhältnisse einzugreifen, ensteht ein Dilemma, weil den Eltern die elterliche Gewalt oder – wie es heute heisst – die elterliche Sorge über ihre Kinder zusteht. Und dies hat zur Konsequenz, dass sie nicht nur die Pflicht, sondern eben auch das Recht haben, ihre Kinder nach eigenem Gutdünken zu erziehen. Dieser Grundsatz findet sich im Familien- und Jugendrecht. Das Recht auf ein Familienleben und auf eine Privatsphäre sind jene Basisprinzipien, die von den Politikern am Anfang des 20. Jahrhunderts, als sie damit anfingen, diese Materie gesetzlich zu regeln, ins Auge gefasst worden waren. Mittlerweile sind diese im Gesetz, in der Verfassung und in internationalen Vereinbarungen, z. B. im Europäischen Vertrag über die Menschenrechte, fest verankert. Dieser Vertrag, insbesondere Artikel 6, verlangt eine Urteilsprechung durch ein unabhängiges Gericht. Im niederländischen Kinder- und Jugendschutz-System war aber die Trennung der Befugnisse ungenügend realisiert worden. Nicht nur wurde die Massnahme über den Erziehungsbeistand vom Jugendrichter selber verhängt, auch bei deren Umsetzung war er federführend. Vor allem deswegen wurde 1995 im *Gesetz über die Schutzaufsicht* eine Modifikation angebracht, welche für alle Beteiligten, aber insbesondere für die in diesem Bereich tätigen Sozialarbeiter und Sozialarbeiterinnen weit reichende Folgen zeitigt [2].

Die neue Praxis

Der Gesetzestext lautet jetzt folgendermassen:
Eine Unteraufsichtstellung kann verfügt werden

- wenn die sittlichen oder geistigen Interessen oder die Gesundheit von Minderjährigen ernst zu nehmenden Bedrohungen ausgesetzt sind;

2
J. de Savornin Lohman. «De nieuwe OTS-wetgeving bezien vanuit overheidstaak bescherming te bieden aan kinderen, wier ouders onvoldoende veiligheid bieden.» In: Tijdschrift voor Familie- en Jeugdrecht, April 19, 1997

· wenn andere Massnahmen (sogenannte freiwillige Hilfeleistungen) gescheitert sind oder voraussehbar scheitern werden.

Der Jugendrichter entscheidet in obigem Sinn meistens auf Antrag des so genannten Rates für den Kinder- und Jugendschutz. Dieser Rat ist ein 1956 entstandenes Institut, das aus den 1905 gegründeten Vormundschaftsräten hervorgegangen ist, deren Kollegien – ähnlich wie bei den frühen Einrichtungen für Erziehungsbeistandschaft – mit Privatpersonen besetzt gewesen waren. Das Arbeitsgebiet des Rates ist auf 14 Regionen (Bezirke) aufgeteilt, welche weitgehend der Arrondisementsverteilung (der Aufteilung des Landgerichtes) entsprechen. Die öffentliche Aufgabe des Rates besteht darin, dem Jugendrichter Fälle zuzuführen und ihm in seiner Beschlussfassung zur Seite zu stehen.

Der Rat beschäftigt circa 1 000 Sozialarbeiter(innen) bzw. Gutachter(innen). Sie prüfen bei Meldungen – z.B. von Seiten der Lehrpersonen –, ob von einer für das Kind bedrohlichen Situation im Sinne des Gesetzes die Rede ist. Sie klären ab, ob eine eventuelle Überweisung an die freiwillige Hilfe möglich ist, oder sie bitten den Jugendrichter, er möge eine Kinder- und Jugendschutzmassnahme verhängen. Hat der Jugendrichter entschieden, dass eine Unteraufsichtstellung begründet ist, so überlässt er deren Ausführung einer Einrichtung für Erziehungsbeistand. Der Jugendrichter installiert also nicht länger selber eine Beistandsperson. (Dieses Vorgehen ist übrigens ein konkretes Beispiel der im Kapitel «Aktuelle Entwicklungen» skizzierten Paradigmaverschiebung von «meinen» zu «unseren» Klienten und Klientinnen.)

Die Einrichtung für Erziehungsbeistand trägt heute nicht nur die Verantwortung für die Ausführung der beschlossenen Massnahme, sondern auch für deren Überwachung. Die Kontrolle darüber obliegt dem Rat für den Kinder- und Jugendschutz. Der Auftrag der Beistandseinrichtung umfasst:

· Aufsicht über die Minderjährigen;
· das Anbieten von Hilfe und Unterstützung an Minderjährige und Eltern, um eine sittliche, geistige oder körperliche Gefährdung der Schützlinge abzuwenden.

Diese Hilfe und Unterstützung sollen sich insbesondere danach richten, dass die Zuständigkeit für Erziehung und Versorgung soviel wie möglich bei den Eltern verbleibt. Wie stark das Denken im Sinn des «family life» diese Gesetzesänderung dominiert hat, wird ersichtlich aus der Tatsache, dass erst in Absatz 3 des betreffenden Artikels folgende Bestimmung anzutreffen ist: Bei älteren Minderjährigen sind – unter Berücksichtigung ihrer Entwicklung – Hilfe und Unterstützung abgestimmt auf Vergrösserung der *Selbständigkeit*. Und in Absatz 4 wird noch einmal betont, dass die Beistandsinstitution die Beziehung zwischen Eltern/Elternteil und deren/dessen minderjährigen Kindern zu fördern habe.

Damit sie diesen Auftrag selbständig ausführen und die Aufsichtsaufgaben wahrnehmen kann, verfügt die Beistandseinrichtung – als private Institution – über öffentlich-rechtliche Kompetenzen. Konkret bedeutet dies, dass die Einrichtung nunmehr eigenverantwortlich Entscheidungen treffen kann, welche im Rahmen praktizierter öffentlicher Gewalt Verfügungen genannt werden. Einige Beispiele zu dieser Verfügungskompetenz:

- Zwecks Ausführung ihrer Aufgabe kann die Beistandsinstitution den Eltern/einem Elternteil, aber auch den Minderjährigen selbst, falls diese 12-jährig oder älter sind, schriftliche Anweisungen in Bezug auf Versorgung und Erziehung zukommen lassen.
- Hat der Jugendrichter auf Antrag der Beistandseinrichtung eine externe Platzierung eines/einer Minderjährigen stattgegeben, so erfolgt deren konkrete Umsetzung (erst), nachdem die Einrichtung selber eine Verfügung erlassen hat. Dies gilt auch bei einem Heimwechsel oder bei Beendigung einer externen Platzierung.
- Besuchsregelungen für Eltern und Kontakte zwischen ihnen und dem Kinde währenddessen externer Platzierung werden ebenfalls durch eine Verfügung vonseiten der Einrichtung geregelt.
- Beistandseinrichtungen können auch auf Begehren der Beteiligten Verfügungen erlassen. Beteiligte sind auf jeden Fall die Eltern sowie die Minderjährigen, sobald diese 12-jährig oder älter sind. Solche Verfügungen regeln z. B. dass
  - bei externer Platzierung die Besuchsregelung für Eltern aufgrund neuer Umstände eine Modifikation erfährt,
  - eine Weisung wegen veränderter Umstände für nichtig erklärt wird,
  - die Beendigung oder Reduzierung externer Platzierung in den Weg geleitet werden soll.

Gegen die Verfügungen der Beistandseinrichtung können die Betroffenen (darunter auf jeden Fall Eltern/Elternteile und Minderjährige über 12 Jahre) beim Jugendrichter Berufung einlegen. Nach der Revision des Gesetzes über die Schutzaufsicht hat der Jugendrichter heute eine deutlichere Position; er nimmt, wie der Richter der ordentlichen Rechtspraxis, eine eher «abwartende Haltung» ein.

Die Beistandseinrichtung, die mit öffentlich-rechtlichen Befugnissen ausgestattet ist, wird gegenwärtig als Verwaltungsorgan betrachtet. Auf deren Entscheidungen findet das Allgemeine Verwaltungsrecht Anwendung. Darin spielen heute vor allem die so genannten «allgemeinen Prinzipien ordentlicher Verwaltung» eine zentrale Rolle. An diesen Kriterien misst der Jugendrichter die Entscheidungen/Verfügungen der Beistandseinrichtung, falls involvierte Personen oder Instanzen dagegen Berufung einlegen. Wichtige Grundsätze für die Beistandseinrichtung sind:

Das Prinzip der korrekten Behandlung
Hat der Beistand seine protokollarischen Aufgaben und Verpflichtungen wahrgenommen? Sind Abmachungen und Verantwortlichkeiten – z.B. in Bezug auf den Hilfsplan – klar formuliert und mit den Betroffenen besprochen worden?

Das Verhältnismässigkeitsprinzip
Ist der vorgesehene Schritt oder die Massnahme dem angestrebten Ziel angemessen? Ist die signalisierte Problematik, welche den Anlass für Schritte oder Massnahmen bildet, klar, pointiert und sachgerecht dargestellt und ist sie optimal dokumentiert?

Die sorgfältige Entscheidungsprozedur
Sind die Betroffenen in einem möglichst frühen Stadium über den vorgesehenen Schritt informiert worden? Was ist gemacht worden, um «die Anhörung beider Parteien» zu stimulieren und nötigenfalls zu unterstützen? Hat es Untersuchungen im sozialen Umfeld des Klienten/der Klientin gegeben und haben deren Resultate den vorgeschlagenen Schritt unterstützt?

Die fundierte Beschlussbildung
In wessen Interesse erfolgen die vorgeschlagenen Massnahmen? Sind Anliegen anderer Beteiligter berücksichtigt worden? Ist der Vorgang mit Kollegen und Kolleginnen besprochen worden? Auf welche

Art und Weise ist von Empfehlungen Dritter Gebrauch gemacht worden?

Das Prinzip einer tragfähigen Motivierung
Stehen die Motive mit dem vorgeschlagenen Schritt im Einklang? Bilden sie eine konsistente Ganzheit für dessen Unterbauung? Was kann vernünftigerweise als Resultat des Schrittes erwartet werden? Welche Konsequenzen sind möglich, wenn er nicht vollzogen wird?

Diese Prinzipien machen deutlich, dass die Beistandsarbeit herausgefordert ist, inhaltlich-professionelle Arbeit zu bieten und dabei prozedural korrektes Vorgehen ins Zentrum zu rücken [3]. Um diesen Anforderungen gerecht zu werden, hat *Vedivo,* eine Stiftung, der alle Beistandseinrichtungen angeschlossen sind, für den gesamten Sektor eine kohärente Qualitätspolitik formuliert, Protokolle und Formulare entwickelt, ein Funktionsprofil für die Arbeit anfertigen lassen und eine Funktionsschulung für neue und erfahrene Fachkräfte lanciert.
Was bedeutet nun dies für die praktische Tätigkeit von Sozialarbeitern und Sozialarbeiterinnen in den Diensten einer Beistandseinrichtung?

Die Praxis der Erziehungsbeistandsarbeit
In Bezug auf die praktische Umsetzung stellen sich folgende Leitfragen:

1) Wie manifestiert sich nun diese doppelte Herausforderung, d.h. inhaltlich- *und* prozedural-korrektes Handeln, in der Praxis der Beistandsarbeit?
   Welche Konzepte unterstützen die Arbeit auf operativem und auf organisatorischem Niveau?
2) Welche Organisationsformen sind für das praktische Handeln massgebend?

Die Praxis
Innerhalb von fünf Arbeitstagen nach dem Urteil des Jugendrichters und dessen Aufforderung an eine Einrichtung, Erziehungsmassnahmen zu ergreifen, muss ein Beistand eingesetzt und die Eltern sowie der/die Minderjährige, falls diese(r) 12-jährig oder älter ist, zu einem so genannten «Vorstellungsgespräch» eingeladen worden sein. Mittlerweile existieren bereits mehr oder weniger standardisierte Pflich-

3
J. Jonkers, H. v. d. Bosch, A. Ayal. De ondertoezichtstelling, juridischehandleiding voor de uitvoeringspraktijk. Vedivo, Utrecht 1996

tenhefte für diese Vorstellungsgespräche. Die darin enthaltenen Schwerpunkte und Leitfragen werden nach drei Gesichtspunkten geordnet. Man unterscheidet:

· *prozessmässige Aspekte:* Wie haben die Klienten/Klientinnen den Ablauf bis dato erfahren? Wie betrachten sie die entstandene Situation? Und so fort.
· *prozedurale Aspekte:* Präsentation der Einrichtung mit Hilfe des Einrichtungsprospektes, Klärung und Erläuterung jener Rechte, über welche Klienten und Klientinnen verfügen. Wo kann Beschwerde eingelegt werden? Wann und wie kann Einspruch gegen Entscheidungen der Einrichtung erhoben werden? Wie sind Gesuche einzureichen? Usw.
· *inhaltliche Aspekte:* Das Schaffen von Transparenz in Bezug auf die Gründe für eine Erziehungsbeistandschaft. Angaben zur Art und Weise, wie Klienten/Klientinnen und Einrichtung eine solche Zwangsmassnahme erfahren und wie sie damit umzugehen gedenken usw.

Bereits in dieser ersten Phase des Kontaktes muss der Beistand sich auf ein Dilemma, die so genannte Perspektivenkollision, gefasst machen. Bei den Eltern dominiert üblicherweise die «Familienperspektive». Kurz gefasst heisst das: Man habe das Beste gegeben, nicht alles sei zwar gelungen, man wisse, dass es Probleme gebe, habe jedoch Angst, diese zuzugeben und darüber zu reden, weil man den Beistand in Verdacht habe, er wolle das Kind/die Kinder auswärts unterbringen. Auf der anderen Seite befindet sich der Beistand mit seiner «Hilfeleistungsperspektive»: Er weiss, dass Probleme existieren – sie sind ihm von anderen signalisiert, vom Rat für den Kinder- und Jugendschutz untersucht und dem Jugendrichter rapportiert worden – und er möchte helfen, diese Probleme zu beseitigen; gerade deswegen hebt er sie hervor, hat aber auch Angst, die Familie werde ihn abweisen und in wortwörtlichem Sinn draussen vor der Tür stehen lassen.

Auf diese Weise kann leicht eine Situation entstehen, in der alle Beteiligte Hemmungen haben, das brisante Thema zu berühren; die einen sprechen ihre Bedürfnisse nicht offen aus, möchten aber dennoch, dass man ihnen bei deren Erfüllung hilft, die andere Seite bleibt stumm in Bezug auf Schritte, die zu tun aus professioneller Sicht für Eltern und Kind(er) jedoch notwendig wären. Grundsätzlich ist ein solches Paradigma auch in anderen (freiwilligen) Hilfskonstellationen vorhanden; die Beistandssituation unterscheidet sich aber dadurch, dass es bei ihr neben der horizontalen auch eine vertikale Dimension gibt: der Beistand verfügt – salopp ausgedrückt – über die Kompetenz zum Einschreiten und zur Durchsetzung seiner Vorstellungen [4]. Es ist für ihn keine leichte Aufgabe, mit diesem Dilemma zurecht zu kommen. Aber just in dieser Situation könnte nun das Recht auf «family life», welches die jüngste Gesetzesänderung so dominiert hat, hilfreich sein und mit Klienten/Klientinnen besprochen werden. Noch effizienter wäre es gewiss, wenn dieses «Recht» auch in der Sozialhilfe-Philosophie oder Mission einer Einrichtung aufgenommen und in ihrem Image-Prospekt verbalisiert werden könnte. Dann würde die ganze Last wohl auch nicht länger auf den Schultern des einzelnen Erziehungsbeistandes ruhen.

4
C. van Nijnatten.
Het gezicht van gezag –
visies op gezagsrelaties.
Boom, Amsterdam/Meppel,
1996

Innerhalb von 6 Wochen nach der ersten Begegnung muss ein Hilfsplan ausgearbeitet werden. Die Verpflichtung, mit im voraus fixierten Hilfsplänen zu arbeiten, wurde bereits 1987 im *Gesetz über die Jugendhilfe*, welches auch die Aufsichtsarbeit regelt, festgeschrieben. Vor 1995, als der Jugendrichter auch noch die Ausführung der Massnahme(n) überwachen musste, hatte der Hilfsplan mehr den Charakter einer Berichterstattung zuhanden desselben – und fungierte in dieser Form quasi als Beglaubigung der von einem Beistand jeweils geleisteten Arbeit. Heute aber übernimmt der Hilfsplan vielmehr die Rolle eines Kommunikationsmittels zwischen Beistand und

· Klient(in),
· dem/der für die Billigung des Planes zuständigen Teamleiter(in),
· – falls nötig – weiteren Anbietern von Hilfe, Versorgung und Dienstleistungen.

Ausserdem bildet der Appendix des Hilfsplanes eine Grundlage für mögliche Entscheidungen und Gesuchsschriften von Seiten der Erziehungsbeistandschaft.

Mittlerweile ist für diesen Hilfsplan ein *elektronisches Formular* entworfen worden, welches bereits weitgehend praktisch implementiert wird. Dabei wird mit folgender Systematik hantiert:

a) Zunächst muss die (problematische) Ausgangslage klargestellt werden – d. h. die Situation des Kindes und die Art und Weise, wie Eltern damit umgehen. Vor allem auch im Zusammenhang mit dem vorhin geschilderten Perspektiven-Dilemma verwenden die Beistandspersonen dabei Konzepte zur Hilfeleistung, welche gemäss dem sozialökologischen Ansatz entwickelt worden sind. Bei diesem Zugriff achtet man nicht bloss auf Probleme und Defizite, sondern richtet sich in der Assesment-Phase auch ausdrücklich nach den Möglichkeiten und Stärken der Klienten und Klientinnen, ihrer sozialen Netze und der Institutionen, die sich bereits um diese Klienten und Klientinnen kümmern.

b) Der nächste Schritt ist die Stellungnahme des Beistandes in Bezug auf das Wesen der Problematik. Ausgehend von der eigenen Fachkompetenz und seinen entwicklungspsychologischen und pädagogischen Erfahrungen formuliert dieser all jene Aspekte, die für Kind und Eltern relevant sind. Im Rahmen der Professionalisierung werden auch immer häufiger spezifische diagnostische Instrumente oder von Dritten durchgeführte Untersuchungen in Anspruch genommen – dies um Arbeit und Leitlinie des Beistandes zusätzlich zu unterbauen. Der Dialog mit Klienten und Klientinnen, in dem der Erziehungsbeistand sein Vorgehen erklärt und rechtfertigt, verlangt von ihm Erfindungsreichtum und Durchhaltevermögen. Er darf niemals vergessen, dass all das, was er jeweils pro Situation und Familie an «Hilfe und Unterstützung» als notwendig betrachtet, immer einen Zusammenhang mit den Bedürfnissen und Möglichkeiten der Betroffenen aufzuweisen hat. Untersuchungen haben gezeigt, dass für das Gelingen der im Rahmen einer Aufsicht zu leistenden Hilfe dieser Phase des Planes entscheidende Bedeutung beizumessen ist.

c) Die Antwort auf die Frage, ob ein Kind (fürs Erste) zu Hause bleiben kann oder extern untergebracht werden muss, hängt zu einem wichtigen Teil von den Resultaten des obenerwähnten Dialogs mit den Klienten/Klientinnen und weiteren Beteiligten ab. Wie erwähnt bleibt etwa die Hälfte der unter Aufsicht gestellten Minderjährigen weiterhin in der elterlichen Wohnung.
In den letzten Jahren mehren sich aber die Signale, dass die Unterbringungsmöglichkeiten für Minderjährige, für die externe Platzierungen indiziert wurden, völlig inadäquat sind. Die Heimkapazität ist ungenügend und es gibt zu wenig Pflegefamilien. Hier nun

manifestiert sich ein weiteres, für die Aufsichtsarbeit aber spezifisches Dilemma: Sie ist eine der wenigen Praxisfelder, die noch in den (landesweit gültigen) Zuständigkeitsbereich des Justizministeriums fallen. Für alle sonstigen Formen der (Jugend-)Hilfe sind die Grossstädte und die Provinzen zuständig. Eine Koordination von Massnahmen und Kompetenzen ist bis jetzt nur ungenügend erfolgt. Die 1998 eröffnete Stellen (Büros) für Jugendhilfe (siehe Kapitel «Sozialarbeit in der Jugendhilfe») bringen darin hoffentlich Verbesserung. Dennoch ist es bemerkenswert, dass gerade Erziehungsbeistandseinrichtungen eine Reihe von Initiativen (mit)initiiert und mitgetragen haben, deren Ziel es ist, Jugendlichen sichere Orte/Unterkünfte zu garantieren. So gibt es unterdessen für Familien, deren Kind(er) extern platziert werden sollte(n), gediegene Unterstützungsprogramme (z. B. *Families First* und *Intensive Familienbetreuung*).

Andererseits ist – unter Einfluss der wachsenden Zahl allochtoner Erziehungsbeistandsklienten – der Entwicklung von Methoden für eine so genannte Netzwerkplatzierung intensive Aufmerksamkeit zuteil geworden. Primäres Ziel ist dabei, jenen Kindern, für die eine externe Platzierung indiziert worden ist, eine Pflegefamilie innerhalb des eigenen Verwandten- oder Beziehungskreises zu finden.

d) Beim gängigen Formular «Hilfsplan» besteht der nächste Schritt in der Formulierung von Zielen, Handlungsschwerpunkten und Abmachungen.

Viel häufiger als früher wird heute bei der Zielformulierung auf das Berufsprofil des Sozialarbeiters/der Sozialarbeiterin Bezug genommen. Darin ist festgehalten, dass Ziele positiv, konkret und messbar zu formulieren sind, die Möglichkeiten der Klienten und Klientinnen berücksichtigt und in Kooperation mit ihnen realisiert werden müssen.

Der Begriff «Handlungsschwerpunkte» will besagen, dass – nach Abschluss der Zielformulierung –, möglichst klar angegeben werden soll, welche konkreten Aktivitäten für das Erreichen dieser Ziele nötig sind. Darauf muss anschliessend auf übersichtliche Weise angegeben werden können, *wer* (Beistand, Klient/in oder andere) *was wann* zu tun hat, um die erwünschten Resultate herbeiführen zu können. Und als letzter Schritt ist in jedem Hilfsplan anzugeben, wann eine erste Evaluation stattfinden wird. Für den Erziehungsbeistand sind folgende Punkte protokollarisch geregelt:

- halbjährliche interne Evaluationen;
- (weichenstellende) Auswertung nach einem Jahr, wobei insbesondere beurteilt wird, ob die Aufsicht zu beenden ist oder – auf Antrag der Einrichtung zu Handen des Jugendrichters – verlängert werden sollte.
- zwischenzeitliche Evaluationen im Falle besonderer Vorkommnisse – mit oder ohne Antrag z. H. des Jugendrichters (z. B. mit einem Antrag auf externe Platzierung).

e) Ein Hilfsplan muss im Namen der Einrichtung vom Beistand, dessen Teamleiter(in) und vom Klienten/von der Klientin unterzeichnet werden. Damit wird bekräftigt, dass der Plan für alle Beteiligten Richtschnur für das weitere Vorgehen ist.

Die Umsetzung des Hilfsplanes läutet eine neue Phase ein. Früher betrachteten Erziehungsbeistände sich selber mit Vorliebe als Helfende, jederzeit bereit sich sehr intensiv für ihre «Fälle» ins Zeug zu legen, aber zurzeit ist eine Wende im Gang. Ausgehend vom Konzept «Casemanagement» definieren Beistände ihre Hauptaufgabe heute in erster Linie als Organisation und Koordination von Hilfe, Betreuung, Versorgung und Dienstleistungen.

Nachdem die Phasen des Assessment und der Planung durchlaufen sind, gilt es – unter Inanspruchnahme des Casemanagement-Vokabulars – folgende Punkte ins Auge zu fassen:

Linking
Das Zurverfügungstellen von Angeboten (Produkten) im Hinblick auf die konkrete Nachfrage seitens der Klienten und Klientinnen;

Monitoring
Das kritische Beobachten und Kontrollieren der von Drittpersonen oder -instanzen zu erbringenden Hilfe-, Betreuungs- und Dienstleistungen;

Evaluation
Das periodische Auswerten der in Gang gesetzten Aktivitäten.

Diese Neuprofilierung der Erziehungsbeistandsarbeit wird noch einige Zeit in Anspruch nehmen. Die betreffenden Fachkräfte müssen sich erst noch an ihre explizite Funktion eines Organisators und Koordinators von Hilfe, Betreuung und Dienstleistungen gewöhnen. Aber auch andere Erbringer von Diensten werden sich auf die neue Art und Weise, wie ein Beistand seiner Verantwortlichkeit und Fachkompetenz Gestalt gibt, noch einstellen müssen.

Die Organisation der Erziehungsbeistandsarbeit

Ende der 80er und Anfang der 90er Jahre wurden die circa 65, oft welt- oder lebensanschaulich geprägten Einrichtungen für Beistandsarbeit von einer gigantischen Fusionswelle erfasst. 19 Einrichtungen – grossstädtisch, provinzial oder landesweit – spezialistisch organisiert – blieben noch übrig. Parallel dazu wurde das Beratungsgremium der Einrichtungsdirektoren in eine Stiftung umgewandelt *(Stiftung Vedivo),* deren Zweck darin besteht «die Entwicklung der Vormundschaft, Erziehungsbeistandschaft und Jugendresozialisierung zu fördern». Durch Aufbau und Implementierung einer konsistenten Ganzheit aus Qualitätspolitik, Protokollen und Formularen, Informationssystemen, funktionsbezogener Schulung und einem Funktionsprofil **5** wurden weitere Professionalisierungs- und Profilierungsbestrebungen des Sektors kräftige Impulse verliehen, wobei auch die – bereits stipulierte – Änderung des *Gesetzes über die Schutzaufsicht* eine wichtige Rolle gespielt hat. Auch die Einrichtungen selber machten sich daran, Organisationsmodelle einzuführen, welche den aktuellen Anforderungen an Ausführung von und Aufsicht über die Arbeit entsprechen würden. Dabei stützten sie sich u. a. auf externe Empfehlungen. Ohne Rücksicht auf die regionalen Unterschiede, die es bei diesen privaten Einrichtungen immer noch gibt, bestehen die organisatorischen Veränderungen aus folgenden Punkten:

1. Innerhalb der grossen, oft multifunktionellen Einrichtungen existieren die Institutionen für Erziehungsbeistand (auf Drängen des für die Subventionen zuständigen Justizministeriums) als selbstständige Rechtspersonen, sie treten als unabhängige Stiftungen auf.

2. Diese Stiftungen werden von einem Direktor/einer Direktorin geleitet; diese/r wird von einem Expertenstab für finanzielle, personelle oder juristische Fragen unterstützt.

3. Die Ausführung der Aufgaben ist noch weiter regionalisiert worden. Für die Regionen und/oder Stadtteile sind regionale Teams oder Einheiten (Units) gebildet worden welche von einem Teamleiter oder Unitmanager gesteuert werden. Der frühere «Praxisbe-

5
K. E. H. Hesser e.a. Functieprofiel voor het (gezins)voogdijwerk. Vedivo, Utrecht 1995

treuer» ist somit durch eine/n linienverantwortlichen Manager/in mittlerer Position ersetzt worden.

4. In allen Einrichtungen sind nach der Reorganisation auch Stabsfunktionen geschaffen worden, welche die operativen Fachkräfte unterstützen und manchmal auch selber über Entscheidungskompetenzen verfügen (z. B. beim Bewilligen weiterführender externer – oft diagnostischer – Forschungarbeit/-produkte). Besetzt werden diese Stabsfunktionen u. a. von Fachkräften aus den Bereichen Psychologie, Orthopädagogik und Recht sowie von Sozialarbeitern und Sozialarbeiterinnen mit einem Nachdiplomstudium.

5. Die Zahl der Sozialarbeiter und Sozialarbeiterinnen in ausführenden (operativen) Teams fluktuiert zwischen 10 und 30. In allen Einrichtungen besteht die Tendenz, diese Teams personell aufzustocken. Dabei ist man bestrebt, die Verantwortlichkeit nach Möglichkeit dorthin zu verlegen, wo sie sich in der Praxis auch zu bewähren hat – dies u. a. im Hinblick auf die Gründung von sich selbst lenkenden und organisierenden Teams. Aus diesem Grund werden innerhalb der Teams zur Förderung der Interkollegialität auch noch so genannte Basisteams gebildet und wird häufig mit strukturierter Intervision und anderen Formen kollegialer Unterstützung gearbeitet.

In zunehmendem Mass wird bei den Einrichtungen für Erziehungsbeistand an der Implementierung des «resultat-orientierten Managements» gearbeitet – dies im Anschluss an die ebenfalls stark auf Resultat ausgerichtete operative Arbeit. Ähnlich wie mit Klienten und Klientinnen konkrete, wirkungsorientierte Ziele und Handlungsschwerpunkte abgesprochen werden können, ist dies auch mit individuellen Fachkräften und dem ganzen Team möglich. Die Resultate solcher Vereinbarungen werden in individuellen und teamorientierten Handlungsplänen manifest. Unter Berücksichtigung des Resultatprinzips arbeitet die Beistandschaft ebenfalls energisch an der Entwicklung und Implementierung einer Klientenpolitik; darin stehen Qualität und Kundenfreundlichkeit an zentraler Stelle, während auch die verbesserte Rechtslage der Klienten und Klientinnen explizit zum Ausdruck gebracht wird.

Perspektiven
Wurde die Erziehungsbeistandsarbeit früher als irrelevant abgetan – dies namentlich unter Einfluss der Kritik, die in den 70er Jahren laut

6

G. v. d. Laan.
Legitimatieproblemen in het
maatschappelijk werk. SWP,
Utrecht 1994 (3. Ausgabe)

7

G. v. d. Laan.
«Dwang, drang en de plicht
tot legitimatie.» In: Tijdschrift
voor deSociale Sector.
Juni 1997/6

8

R. H. Rooney.
Strategies for work with
involuntary clients.
Columbia University Press,
New York 1992

wurde – und als eine «erzwungene, nicht ins Aufgabenpaket der Sozialarbeit passende Form von Hilfe» betrachtet, so ist heute ein Sinneswandel zu beobachten. Die Erziehungsbeistandschaft wird gegenwärtig im Rahmen einer gesellschaftlichen Verantwortlichkeit für die Entwicklung der Kinder durchgeführt. Man kann bisweilen nicht umhin, ihnen und ihren Eltern obligatorische Hilfe und Unterstützung «anzubieten». Ähnliche Tendenzen sind auch in anderen Domänen wahrnehmbar. Die Allgemeine Sozialarbeit appliziert auch schon Programme – z. B. im Auftrag der Sozialdienste –, in denen Langzeitarbeitslose bei ihrer Rückkehr in den Arbeitsmarkt betreut werden. Die freiwillige Jugendhilfe arbeitet «outreachend» (aufsuchend) und nahe bei den «Quellen oder Fundorten», damit sie Jugendliche mit Problemen rechtzeitig ausfindig machen und ihnen Hilfe bieten kann. Bereits Anfang der 90er Jahre hatte die Studie «Legitimationsprobleme in der Sozialarbeit» [6] eine breite Diskussion über die Legitimation im Sozialsektor in Gang gesetzt. Und heute ist klar: «Je mehr die (professionelle) Autorität zum Einsatz kommt, desto mehr Anstrengungen sind nötig, sie gegenüber Klienten und Klientinnen zu rechtfertigen». [7] Dazu braucht es sektorspezifische Methodikentwicklungen – vor allem in der Erziehungsbeistandschaft, ist man doch, wie Rooney in *Strategies for Work with Involuntary Clients* festhält, «schon zu lange davon ausgegangen, dass die Konzepte, Methoden und Techniken freiwilliger Hilfe auch auf die Arbeit mit ‹unfreiwilligen Klienten und Klientinnen› angewendet werden können». [8]

Mit einer solchen spezifischen Methodikentwicklung wurde bereits 1997 ein Anfang gemacht. Sie ist umso dringlicher, weil sich seit 1998 auch die regionalen Erziehungsbeistandseinrichtungen an den regionalen «Stellen (Büros) für Jugendhilfe» beteiligen. Als Mitspielerin in diesen kompakten Kooperationsverbänden wird nun die Erziehungsbeistandschaft ihre eigene Identität und Verantwortlichkeit unter Beweis stellen müssen.

4 Professionalisierung und Profilierung der Sozialarbeit

Einleitung

In den Niederlanden sind die Begriffe *Professionalisierung* und *Profilierung* in der Diskussion über Sozialarbeit geradezu unentbehrlich geworden.

In diesem Teil werden sukzessive folgende Schwerpunkte behandelt:

- die Debatte über die Professionalisierung und Profilierung,
- der diesbezügliche Beitrag der Hochschulen bzw. ihrer sozial-agogischen Fakultäten,
- der Niederländische Berufsverband für Sozialarbeiter/innen NVMW,
- das Niederländische Institut für Fürsorge und Soziales NIZW.

Diese Themen nehmen Bezug auf die typisch niederländischen Entwicklungen, wie sie in den vorangegangenen Kapiteln skizziert worden sind. Namentlich die «Entsäulung» und darauf folgend die «Regionalisierung» der Sozialdienste sowie der Rückzug des Staates haben die jüngeren Entwicklungen in der praktischen Sozialarbeit beeinflusst.

Das 1987 gegründete *Nederlands Instituut voor Zorg en Welzijn/NIZW* (Niederländisches Institut für Fürsorge und Soziales) hatte bei diesen Entwicklungen eine steuernde und innovatorische Aufgabe übernommen bzw. vom damaligen Ministerium für Kultur, Freizeit und Sozialarbeit (dem heutigen Ministerium für Volksgesundheit, Gemeinwohl und Sport) als Auftrag entgegengenommen. Auch der Niederländische Berufsverband für Sozialarbeiter/innen hat in dieser Entwicklung eine wichtige Rolle gespielt.

Karl-Ernst H. Hesser

Fort- und Weiterbildung im Bereich der Sozialarbeit

1. Professionalisierung der Sozialarbeit

In allen Sektoren der sozialen Dienstleistung waren in den vergangenen Jahren grosse Veränderungen zu beobachten. Global lassen sich diese folgendermassen umreissen:

1

Es entstanden neue Klienten/Klientinnen oder Klientengruppen. Dabei soll in erster Linie an die «Neulinge», d.h. Arbeitsmigranten, -migrantinnen und politische Flüchtlinge, aber auch an die wachsende Anzahl von Arbeitslosen gedacht werden. Einrichtungen und Sozialarbeiter(innen) mussten lernen, wie mit ihnen unzugehen ist.

2

Man wurde auf neue Probleme aufmerksam, welche der Sozialarbeit von Seiten neuer Gruppen oder der bereits mit sozialen Dienstleistungen bekannten Klienten(-gruppen) vorgelegt wurden. Zu erwähnen sind das vergleichsweise junge Interesse an Problemen im Zusammenhang mit Inzest, Gewalt gegen Frauen und Kinder sowie Aggresivität und Kriminalität unter hauptsächlich – und in der Regel arbeitslosen – Jugendlichen. Einrichtungen und Sozialarbeiter(innen) müssen auf diese Probleme neue Antworten finden und passende Programme entwickeln.

3

Es entstand Bedarf an neuen Konzepten und Theorien für die Sozialarbeit. Und es kam ziemlich rasch zur Implementierung systemtheoretischer Konzepte in fast allen Sektoren der sozialen Dienstleistung, nachdem die Beschränkungen der vorher gängigen Casework-Konzepte aufgezeigt worden waren. Für die Praxis der sozialen Dienstleistung stiessen auch das sozialökologische und das aufgabenorientierte Konzept auf Interesse. Die schnelle Übertragung des «Families First»-Konzeptes in die Arbeit mit in ihrer Entwicklung bedrohten Kindern wie auch die Implementierung des Casemanagements in verschiedenen Sektoren sozialer Dienstleistung sind schöne Beispiele methodischer Umorientierung. Einrichtungen und Sozialarbeiter(innen) müssen von diesen neuen Konzepten und Theorien Kenntnis haben und in der Lage sein, diese in den eigenen Praxisfeldern zum Einsatz zu bringen.

4

Aber auch neue Steuerungsmassnahmen auf sowohl staatspolitischer Ebene wie auf Einrichtungsniveau führten zu etlichen Veränderungen. Man denke dabei in erster Linie an das in den 80er Jahren eingeläutete Ende der Zielgruppenorientierung, nachdem 1983 in der Regierungsbotschaft/der Note über die «Minoritätenpolitik» bekanntgegeben worden war, dass kategoriale Einrichtungen für Migranten aufgehoben werden mussten und die allgemeinen Einrichtungen sich für alle Einwohner und Einwohnerinnen der Niederlande zu «öffnen» hätten. Das Gesetz über die Jugendhilfe aus 1987 ist ein weiteres gutes Beispiel des neuen Kurses. In diesem Gesetz wird als Ausgangspunkt für die Hilfe an Jugendliche (und ihre Eltern) festgehalten, dass eine solche Hilfe Klienten und Klientinnen möglichst früh, möglichst unbürokratisch und dessen Lebensraum möglichst nahe zur Verfügung gestellt werden muss.

Einrichtungen, besonders jene innerhalb der Sektoren der Allgemeinen Sozialarbeit sowie solche für Drogenhilfe, haben in Bezug auf aufgabenorientierte und kurzfristige Dienstleistungen bereits Massnahmen und Strategien entwickelt und auch schon implementiert.

Einrichtungen und Sozialarbeiter(innen) müssen die sozialpolitischen Neuerungen berücksichtigen und in ihren Organisationen und bei der Arbeit anwenden. Es besteht ein wachsendes Bewusstsein, dass diese Massnahmen – sowohl auf Makro- wie auf Mesoebene – von Anfang an aus der Praxis heraus genährt und beeinflusst werden müssen, u.a. mittels systematischer Signalisierung (Früherkennung).

Solche Veränderungen stellen für die Sozialhilfe Herausforderungen dar. Strateg(inn)en, Massnahmenplaner/innen, Manager/innen und Fachexpert(inn)en müssen lernen, wie sie am besten mit den Veränderungen umgehen können. 1994 ist – vor allem auf Initiative des NIZW – ein umfangreiches Handbuch veröffentlicht worden; es trägt den Titel Scholing met beleid: Handleiding voor strategisch scholingsbeleid in de sector zorg en welzijn (= Schulung mit System: Handbuch für strategische Aus- und Weiterbildung im sozialen Sektor) [1]. Darin wird eine bedeutsame Unterscheidung gemacht zwischen dem «Ausbildungsbedürfnis», wie es die individuelle Fachkraft verspürt, und der «Ausbildungsnotwendigkeit», wie sie sich im Hinblick auf Auftrag und Aufgaben von Einrichtungen in einem sich wandelnden Umfeld manifestiert und vom Management der Einrichtungen definiert wird. Die Ausbildungspolitik wird zu einem integralen Bestandteil der strategischen Vorgehensweise der Einrichtungen (inklusive jener im Bereich der sozialen Dienstleistungen), damit auf die signalisierten Veränderungen adäquat reagiert werden kann.

Andererseits werden in diesem Leitfaden konkrete Schritte präsentiert und Instrumente angeboten, mit denen die Ausbildungsnotwendigkeit für die Einrichtung formuliert werden kann. Dies hat bereits zu individuellen und kollektiven Ausbildungspfaden geführt. Es wird davon ausgegangen, dass für die Realisierung dieser Ausbildungspolitik minimal 2% der Brutto-Lohnsumme reserviert werden muss. Die Ausbildungspolitik und ihre Implementierung ist aber nicht nur eine Angelegenheit für das jeweilige Einrichtungsmanagement; auch bei den Tarif-Verhandlungen steht sie auf der Agenda. Ausserdem stellen involvierte Ministerien oft zusätzliche Mittel zur Verfügung – insbesondere, wenn es dabei um die Konkretisierung von Ausbildungsmassnahmen im Zusammenhang mit der Implementierung von Regierungspolitik geht – so hat z.B. kürzlich das Justizministerium für die Reorganisation der Gefangenenfürsorge sowie für die Änderung des Gesetzes über die Vormundschaft/Erziehungsbeistandschaft und die daraus resultierenden Konsequenzen für die Aufsichtsarbeit Finanzbeiträge gesprochen.

Daneben können Einrichtungen für soziale Dienstleistungen oft auf traditionelle Finanzquellen (Fonds, Stiftungen) zurückgreifen, wenn sie für notwendige Innovationen besondere Mittel brauchen.

In diese Professionalisierungsbestrebungen passt auch das aus Amerika stammende Konzept (der) «Employability». Von Fachkräften wird erwartet, dass sie selber Verantwortlichkeit dafür übernehmen, dass ihre Professionalität à jour bleibt, damit sie ihre Attraktivität auf dem Arbeitsmarkt, also auch im Sektor Sozialhilfe und Gemeinwohl, nicht einbüssen. In manchen Programmen für Fortbildung und Förderung

1

Stuurgroep Project Schlingsbeleid. Scholing met beleid, ahndleiding voor strategisch scholingsbeleid in de secotr zorg en welzijn. VOG, NFVLG Fiad-Wdt. Utrecht 1994

von Expertenwissen stellt der Arbeitgeber den Fachkräften die Hälfte bis zwei Drittel der dafür benötigten Zeit zur Verfügung, den Rest müssen diese aus ihrer so genannten «Freizeit» selber «berappen».

In nächster Zukunft wird auch das Steueramt die Anstrengungen der Fachkräfte in Bezug auf die Steigerung ihrer Employability sowie die dazu getätigten Investitionen zu honorieren wissen; in grösserem Umfang als bislang wird man die anfallenden Kosten von den Lohn- und Einkommensteuern abziehen dürfen.

Von der Notwendigkeit einer weiteren Professionalisierung der sozialen Dienstleistungen sind unterdessen wohl alle überzeugt. Namentlich nach dem Verschwinden der weltanschaulich und politisch geprägten Säulen (Blöcke) standen die sozialen Einrichtungen vor der Herausforderung, sich eine neue Identität zu suchen, welche die weltanschauliche bzw. parteipolitische ersetzen sollte. Und man wurde fündig: die gesuchte Identität präsentiert sich unter dem Stichwort Professionalität und muss in den neuen (meistens durch regionale Fusionen entstandenen) Einrichtungen aufgebaut werden.

Die skizzierten Entwicklungen spielen sich zwar alle im Bereich der praktischen Arbeit ab, beeinflussen aber auch das Curriculum der Fachhochschulausbildung in Sozialarbeit auf einschneidende Art und Weise (siehe dazu Kapitel 5).

2. Profilierung der Sozialarbeit

Mit dem Professionalisierungsprozess geht eine zweite Entwicklung einher, die am besten mit *Profilierung* umschrieben werden kann. Die Notwendigkeit, soziale Dienstleistungen zu profilieren, manifestiert(e) sich auf verschiedenen Stufen.

1

Zunächst muss *der Beruf an-sich* beschrieben werden. 1987 hat die Projektgruppe *Berufsfragen Sozialarbeit* in engem Kontakt zu Berufsgruppen und Feldorganisationen das «Berufsprofil für Sozialarbeiter und Sozialarbeiterinnen» entwickelt und festgeschrieben. [2] Es behandelt folgende Schwerpunkte:

· Standortbestimmung der Sozialarbeit,
· Aufgaben und Methoden,

2
Project Beroepsvraagstukken Maatschappelijk Werk. Beroepsprofiel de Maatschappelijk Werker. PBM, Den Bosch 1987

- Fähigkeiten/Fertigkeiten von Sozialarbeitern und Sozialarbeiterinnen,
- Arbeitsfeld und Organisation,
- den Kodex für Sozialarbeiter und Sozialarbeiterinnen.

Man erwartete von diesem Berufsprofil u. a., dass es nicht nur einen funktionellen Effekt auf die Ausbildungen, die Fortbildungspolitik und Methodenentwicklung, sondern auch einen strukturellen Einfluss auf Subventionsregelungen, Arbeitsbedingungen und die Beziehungen zwischen Fachkräften und ihren Arbeitgebern ausüben würde. Ausserdem wurde mit diesem Profil ein erster Schritt getan auf dem Weg zur staatlichen Anerkennung des Berufs und zum Titelschutz. Und selbstredend war es auch der Abstimmung des Sozialarbeiterberufes auf andere Berufe dienlich. Zum Profilierungsprozess passt im Weiteren die Einsetzung eines Extraordinarius für Sozialarbeit an der Universität Utrecht.

Dieses Berufsprofil der Sozialarbeit hat auch die Profilierung weiterer sozialagogischer Berufe stimuliert. So gibt es mittlerweile Profile für die sozialpädagogischen Hilfe, soziokulturelle Bildungsarbeit, sozialjuristische Hilfe & Dienstleistungen sowie für den Mitarbeiter/die Mitarbeiterin «Personal und Arbeit». Und wiederum hat das NIZW dazu einen wichtigen Beitrag geliefert.

3

K. E. H. Hesser. Functieprofiel voor het (gezins)voogdijwerk. Vedivo, Utrecht 1995

4

Handboek Reclassering. Reclassering Nederland, Den Bosch, März 1995

2

Es wurde – parallel zur Notwendigkeit, Berufsprofile zu erarbeiten – als ebenso unabdingbar betrachtet, für gewisse dieser Berufsprofile detaillierte Funktionsprofile zu entwickeln. Das «Funktionsprofil für Erziehungsbeistand & Vormundschaft» **3** sowie das *Handbuch Reclassering* (= Handbuch zur Resozialisierungsarbeit) **4** von Einrichtungen, die im Feld der Wiedereingliederung operieren, sind diesbezüglich gute Beispiele. Solche Funktionsprofile haben mehrere Zwecke:

- sie stärken die professionelle Identität der in der spezifischen Funktion tätigen Fachkräfte;
- sie tragen dazu bei, dass innerhalb eines Sektors in Bezug auf das Wesen der ausführenden (operativen) Arbeit ein Grundkonsens vorhanden ist;
- sie legitimieren die Arbeit gegenüber Dritten, insbesondere Geldgebern/Subventionsstellen, und liefern Beiträge im Rahmen der Funktionsbewertung;
- sie bilden die Grundlage für die Formulierung einer notwendigen, funktionsspezifischen Ausbildungspolitik und für die Methodikentwicklung.

Aufbauend auf solche Funktionsprofile sind nun in einer Anzahl Sektoren Protokolle, Formulare und sonstige Instrumente entwickelt worden – weitere befinden sich zurzeit in Vorbereitung –, um die Basisvereinbarungen über das Wesen der ausführenden Arbeit noch weiter zu verdeutlichen und ihnen Form zu geben.

Protokolle regeln meistens die Handlungsabläufe; sie beschreiben die Rechte und Pflichten der Klient(inn)en, Sozialarbeiter(innen) und Führungspersonen. Formulare sind ein Hilfsmittel für Standardprozeduren bei der ausführenden Arbeit und verleihen ihnen Strukturen (Standardprozeduren sind z. B. das Planen der Hilfe – vor allem dort, wo dieser gesetzlich vorgeschrieben ist, wie in der Jugendhilfe oder im Jugendschutz –, das Intake, die Evaluation und das Abschliessen von Kontrakten).

5

M. Scholte/P. van Splunteren. Wegen en overwegen. NIZW, Utrecht 1995

Instrumente werden in der sozialen Dienstleistung vor allem für die Aufnahme (das Intake) und das Assessment von Klienten und Klientinnen entwickelt, aber auch für diagnostische Aufgaben im Bereich der Jugendhilfe und des Jugendschutzes. Eingesetzt werden sie, um jeweils die Situation und den Umfang von Hilfe- und Dienstleistungen fundiert taxieren zu können. 5

All diese Anstrengungen erfolgen im Hinblick auf das Qualitätsniveau der sozialen Dienstleistungen. Der Entwicklung einer Qualitätspolitik wird im Sektor Sozialhilfe und Gemeinwohl ein hoher Stellenwert eingeräumt; dementsprechend kreieren die Einrichtungen (regelmässig) neue Funktionen, z. B. «Mitarbeiter(in) für Qualitätspflege».

3

Profilierung in räumlich-organisatorischem Sinn ist ebenfalls eine Notwendigkeit. Einerseits sind im Rahmen der Regionalisierung durch die Fusionen weltanschaulicher und/oder parteipolitisch orientierter Einrichtungen oft grosse regionale – d. h. städtische oder provinziale – Einrichtungen entstanden. In der Jugendhilfe nennt man diese Einrichtungen «multifunktionelle Organisationen». Andererseits hat man aber just dank dieser Regionalisierung erkannt, dass es – ausgehend von den Fragen und Bedürfnissen der Klienten und Klientinnen in einer Region – unumgänglich ist, ein gut funktionierendes Zusammenspiel aller Einrichtungen für Sozialdienste zu bewerkstelligen. Es ist deshalb nötig, dass eine Einrichtung möglichst klar und deutlich ihre Möglichkeiten, ihr Angebot formuliert. Im Rahmen einer spezifischen Funktion, z. B. der ambulanten Jugendhilfe, müssen jetzt spezifische Programme definiert werden. Namentlich durch die Einführung des Casemanagements – es richtet sich auf Personen mit komplexen, multiplen Problemen – ist eine solche Transparenz im Angebot der Einrichtungen eine conditio sine qua non. Casemanagement hat seinen Ort zwischen Nachfrage (seitens Klienten und Klientinnen) und Angebot (seitens der Einrichtungen), zwischen Hilfesuchenden und Hilfeleistenden. [6]

Diese Arbeitsweise hat in den Sektoren Sozialpsychiatrie, Erziehungsbeistand & Vormundschaft sowie Gefangenfürsorge/ Resozialisierungsarbeit bereits Fuss gefasst, wird sich aber in der nahen Zukunft überall dorthin ausbreiten, wo die soziale Dienstleistung mit komplexer, mehrgliedriger Problematik konfrontiert wird.

4

Abschliessend muss noch darauf hingewiesen werden, dass die Profilierung der Sozialarbeit in enger Relation mit ihrer Legitimierung steht. Seit der Veröffentlichung der Studie «Legitimationsprobleme in der Sozialarbeit» von G. van der Laan am Anfang der 90er Jahre läuft in allen Sektoren der Sozialarbeit die Diskussion über den Zusammenhang zwischen inhaltlicher, professioneller und prozeduraler Korrektheit im Handeln der Sozialarbeiter und Sozialarbeiterinnen [7]. Diese müssen ihre Aktivitäten legitimieren können:

- gegenüber Klienten und Klientinnen, u. a. durch das Aushändigen eines Leitfadens in Sachen Beschwerdeführung und durch die schriftliche Fixierung von Zielen, Handlungsschwerpunkten und Abmachungen in einem von beiden Parteien – Klient und Helfer – zu unterzeichnenden Hilfsplan;
- gegenüber Kollegen und Kolleginnen, und zwar in Form strukturierter Konsultation und Intervision;
- gegenüber Führungskräften oder -gremien, indem ihnen z.B. wichtige Entscheidungen und Dokumente – in protokollarisch und prozedural korrekter Form – vorgelegt werden und Hilfspläne von ihnen – wie beim Jugendschutz und bei der Resozialisierung – approbiert und unterzeichnet werden;
- gegenüber Dritten (z. B. Kooperationspartnern, Geldgebern);
- gegenüber der Gesellschaft als Ganzes.

Die fortschreitende Professionalisierung der sozialen Dienstleistungen sowie die Profilierung ihrer spezifischen Funktionen konfrontieren alle Beteiligten – Entwerfer von Steuerungsmassnahmen, Manager/

[6]
N. van Riet/H. Wouters. Casemanagement. Een leerwerkboek over de organisatie en coördinatie van zorg-, hulp- dienstverlening. Van Gorcum, Assen 1996 Dieses Werk erscheint in deutscher Fassung unter dem Titel «Case Management», Luzern 2000

[7]
G. v. d. Laan. Legimatie problemen in het Maatschappelijk Werk. SWP, Utrecht 1994, 3. Auflage

innen, Fachkräfte und Dozentinnen für Berufskunde – mit grossen Herausforderungen. Substantiell geht es dabei stets um Methodik- und (darauf anschliessend) um Organisationsentwicklung im Sozialwesen.

Seit 1987 erfüllt das NIZW, was Forschung und Entwicklung anbelangt, für das ganze Sozialwesen landesweit eine zentrale unterstützende Aufgabe.

Für verschiedene Teilsektoren haben die meistenfalls regional organisierten Einrichtungen spezielle Unterstützungsinstitute auf die Beine gestellt. So gründeten zum Beispiel

- die Sozialpädagogischen Dienste *SOMMA,* die nationale Organisation für Dienstleistungen an geistig Behinderte;
- die Einrichtungen für Suchthilfe das *Trimbos Institut;*
- die Einrichtungen zur Förderung der Vormund- und Erziehungsbeistandschaft und der Jugendresozialisierung die Stiftung *Vedivo.*

Das Entstehen von grossen – meistens multifunktionellen – Einrichtungen für Sozialdienste hat ebenfalls die Organisation regionaler Unterstützungsnetzwerke ermöglicht.

3. Die Rolle der Ausbildungen

Bis 1987 bestand für den sozialen Sektor eine zweijähriges Nachdiplomstudium, welches – in separaten Instituten untergebracht – vom Unterrichtsministerium subventioniert wurde. Unter Berücksichtigung lokaler Variationen wurden folgende drei Lehrgänge angeboten:

- Methodikentwicklung und Berufsinnovation;
- Supervision und Praxisberatung;
- Organisation, Massnahmensteuerung/Sozialpolitik und Management.

Absolventen und Absolventinnen dieser Ausbildungen waren meistens in mittleren Kaderpositionen oder Stabsfunktionen in Einrichtungen für soziale Dienstleistungen anzutreffen. 1987 trat das *Gesetz über die Fachhochschule* (oder: *das Gesetz über den berufsbildenden Tertiär-*

unterricht) in Kraft. Dies bedeutete das Ende für die vom Unterrichtsministerium subventionierten Weiterbildungen. Seitdem werden bloss noch die sogenannten 4-jährigen Grundausbildungen auf Fachhochschulniveau finanziert.

Zu gleicher Zeit gibt das *Gesetz über die Fachhochschulen* von 1987 Hochschulen die Möglichkeit, den für sie relevanten Berufsfeldern eigene «Dienstleistungen» anzubieten – dies aber unter der Bedingung, dass sie für ihre Angebote externe Geldquellen anzapfen. Mit anderen Worten: diese Aktivitäten müssen privatisiert werden.

Fünf Hochschulen haben die Institute für Nachdiplomstudien inzwischen privatisiert. Es sind dies die Hochschulen Amsterdam, Rotterdam, Arnhem-Nijmegen, Utrecht und Groningen.

Diese Fortbildungen sind nun auf ein Jahr reduziert worden und die Kosten belaufen sich auf etwa DM 11000,–. Die Studiengebühren müssen vom Studierenden, ihrem Arbeitgeber und/oder von beiden bezahlt werden.

Ungeachtet der Tatsache, dass heute bloss noch 25% der einstigen Studentenzahl die Weiterbildungen absolviert, erfüllen diese trotzdem immer noch eine wichtige Funktion bei der Schulung von Kaderpersonal für Institutionen der sozialen Dienstleistungen. Von 1997 an werden zwei Master-Ausbildungen – Master of Management und Master of Social Work – nach amerikanischem und angelsächsischem Muster angeboten; sie bauen auf den erwähnten Weiterbildungen auf und kennen praxisgerichtete Untersuchungen und Fallstudien als Schwerpunkt. Eine Master-Ausbildung kostet etwa DM 9000,–.

Neben den privatisierten Fortbildungen waren es vor allem die bereits erwähnten Hochschulen, die eine beachtliche Palette an Dienstleistungen auf den Ausbildungs- und Beratungsmarkt für den Sektor Sozialhilfe und Gemeinwohl geworfen haben. Unter dem Nenner «Nachdiplomstudium an der Fachhochschule» werden sehr variierte Kurse zu aktuellen Themen angeboten. Daneben wird mehr und mehr «massgeschneiderte Schulung» geliefert, dies in Form von In-Company-Trainings für grosse Einrichtungen oder als funktionsorientierte Schulungen (z. B. für die Resozialierungsarbeit und den Jugendschutz). Wie bei der ausführenden Arbeit, erhält auch hier die Nachfrage-Orientierung immer mehr Gewicht.

Ausserdem offerieren Hochschulen den Einrichtungen für soziale Dienstleistungen folgende Unterstützungsformen:

- Supervision für Fachkräfte;
- Aufbau und Strukturierung interkollegialer Konsultations- und Intervisionsformen;
- Coaching des (mittleren) Managements in Einrichtungen für soziale Dienstleistungen.

Auch bei der Beratungstätigkeit fangen die Hochschulen an, sich zu profilieren. Bei ihnen werden Ratschläge eingeholt in Bezug auf Ausbildungspolitik, Organisation der sozialen Dienstleistungen und die Formulierung allgemeiner und strategischer Richtlinien & Massnahmen. Forschungsarbeiten, die von den Hochschulen im Auftrag ausgeführt werden, erfolgen meistens in Form von

- Evaluationen staatlicher und nicht-staatlicher Sozialpolitik;
- Untersuchungen in Bezug auf das Einführen von sozialpolitischen Massnahmen;
- Handlungsanalysen und Methodikentwicklung.

Wegen der Nachfrage- und Marktausrichtung bedeuten diese kommerziellen Nonprofit-Aktivitäten auf den Gebieten Ausbildung, Beratung und Forschung für die Hochschulen respektive für ihre Mitarbeiter(innen) nichts Geringeres als einen kulturellen Umschwung. Darum wird diese Arbeit zunehmend in eigenständigen Rechtsformen untergebracht.

Trotz der Konkurrenz von insbesondere kommerziellen Beratungsstellen gelingt es aber diesen Hochschulabteilungen bzw. den sozialagogischen Fakultäten, ihren Beitrag zur Professionalisierung und Profilierung des Sektors Sozialhilfe und Gemeinwohl zu leisten.
Dank der gelieferten Qualität, der gewährleisteten Kontinuität und – vor allem – ihrer fachinhaltlichen Bindungen mit den sozial-agogischen Arbeitsfeldern sind sie für den Sektor zu einem veritablen Partner geworden.
Besonders geschätzt wird aber auch ihre Kooperation im Bereich Ausbildung und Förderung von Fachwissen; dies im Rahmen der Karriere-Entwicklung und Mobilität von Mitarbeitern und Mitarbeiterinnen in Organisationen für soziale Dienstleistungen. Eine zu spezifische auf Einrichtung und Funktion zielende Ausbildung behindert die Mobilität und die horizontale Entwicklung der Karriere. Deshalb kommt es immer häufiger vor, dass die Hochschulen ihre Nachdiplom-Programme dem Niederländischen Berufsverband für Sozialarbeiter/

innen zur Begutachtung vorlegen. Dieser nämlich prüft und bewertet spezialisierte und funktionsgerichtete Ausbildungen in Anbetracht der für die Sozialarbeit relevanten Berufsaspekte.

Leo van der Ark

Der Niederländische Berufsverband für Sozialarbeiter/innen (NVMW)

Obwohl in den Niederlanden die Ausbildung zum Sozialarbeiter/zur Sozialarbeiterin schon fast hundert Jahre alt ist, hat es doch bis 1946 gedauert, ehe erstmals ein Berufsverband gegründet wurde. Obwohl es auch vor dem Zweiten Weltkrieg schon Initiativen in die Richtung gegeben hatte, so muss doch der *Niederländische Verband der Sozialarbeiter* (1946) als erster eigentlicher Berufsverband betrachtet werden. Zusammen mit dem *Bund der Sozialarbeiter in den Niederlanden* bildeten sie 1947 den *Niederländischen Bund für Sozialarbeiter*. Im selben Jahre entstand auch der *Katholische Verein für Sozialarbeiter*. Als diese beiden Institutionen 1950 fusionierten, war der erste *Niederländische Berufsverband für Sozialarbeiter/innen* eine Tatsache. 1978 ging er in die *Niederländische Organisation für Wohlfahrtsarbeiter/NOW* auf. Zusammen mit anderen Berufsgruppen, wie die Soziokulturelle Arbeit und die Gemeinwesenarbeit, wurde eine breitabgestützte Berufsorganisation auf die Beine gestellt. Das es überhaupt soweit kommen konnte, geht einerseits auf das hohe Ansehen der Agogik zurück und andererseits auf die Dringlichkeit, die Verwandtschaft zwischen den agogischen Berufen zu akzentuieren. Die NOW hatte fast zehn Jahre Bestand. 1988 führte das stark empfundene Bedürfnis nach einer Wiederbelebung der Berufsidentität der Sozialarbeit zur (erneuten) Gründung des *Nationalen Vereins für Sozialarbeiter*; 1994 nahm dieser auch wieder seinen alten Namen an: *Niederländischer Berufsverband für Sozialarbeiter/innen (NVMW)*.

20% von den etwa 14 000 in den Niederlanden tätigen Sozialarbeitern und Sozialarbeiterinnen sind dem NVMW angeschlossen. Dieser sorgt für:

- die Instandhaltung/Pflege des Berufes;
- die Qualitätsgarantie bei der Berufstätigkeit;
- die Interessenvertretung ihrer Mitglieder.

Sozialarbeiter und Sozialarbeiterinnen sind in den unterschiedlichsten Organisationen und Positionen tätig. Damit den spezifischen Anforderungen des Berufes die ihnen gebührenden Aufmerksamkeit gewidmet werden kann, unterscheidet der NVMW die Arbeit nach Sektoren. Sozialarbeit gibt es in/im:

- Betrieben
- Schulen
- Krankenhäusern
- psychiatrischen Kliniken
- Pflegeheimen
- Bereich der Allgemeinen Sozialarbeit
- Rehabilitationszentren
- der Behindertenbetreuung
- Asylantenzentren
- Bereich der ambulanten seelisch-geistigen Gesundheitshilfe
- Kinder- und Jugendschutz
- kommunalen Sozialdiensten
- Straf- und Resozialisierungsbereich
- sozialpädagogischen Diensten
- Konsultationsstellen für Alkohol-und Drogenprobleme
- der stationären Jugendhilfe
- Einrichtungen für Schwangerschaftshilfe und alleinerziehende Eltern
- Krisenzentren/Notstellen
- privat betriebenen Praxen

Pflege und Instandhaltung des Berufes

In all diesen Sektoren wird den relevanten Themen durch gezielte Massnahmensteuerung, Publikationen und das Organisieren von Kongressen Aufmerksamkeit entgegengebracht. Der NVMW erwirkt mittels alljährlich stattfindender Konferenzen, dass die Einheit des Berufes erhalten bleibt. So sind für alle Sozialarbeiter und Sozialarbeiterinnen in den Niederlanden das Berufsprofil und der sogenannte Kodex verbindlich; diese Dokumente bilden ebenfalls die Basis für die Curricula der Fachhochschulausbildungen in Sozialarbeit. In dem vom

NVMW, den Arbeitgebern und Arbeitnehmern anerkannten Berufsprofil sind Standortbestimmung, Aufgaben, Kompetenzen und Fähigkeiten der Sozialarbeiter(innen) festgehalten.

Dadurch, dass der NVMW zum korrekten Verständnis dieses Profils
regelmässig Erläuterungen beisteuert, bleibt es ein Dokument mit
hohem Gebrauchswert, das viel dazu beiträgt, dass die Berufsidentität aufrechterhalten werden kann.

Der Verband verfolgt die Entwicklungen im Beruf u. a. durch Rücksprache mit den Sektoren. Folglich kann er, falls dies erwünscht ist,
Korrekturen am Berufsprofil vornehmen. Z. B. war mal eine Zeit lang
die Rede von verstärktem Interesse an der individuellen Hilfe, was
dazu führte, dass der Beruf immer mehr die Züge einer auf das Individuum ausgerichteten Therapie annahm. In den Hintergrund gedrängt
wurden dadurch jedoch die eigentlichen Inhalte der Sozialarbeit, nämlich die psychosoziale Hilfe und Dienstleistung (= Betreuung, Beratung, Unterstützung von und Berichterstattung an Klienten/Klientin-
nen und die für sie relevante Umgebung). Mittlerweile aber werden
Sozialarbeiter und Sozialarbeiterinnen wieder vermehrt eingesetzt
für Einflussnahme auf die Umgebungsfaktoren; z. B. beraten betriebs-
interne Sozialarbeiter(innen) das Management über Verbesserung
der Arbeitsverhältnisse.

Qualitätsgarantien

Bereits 1946 hat der Bund der Sozialarbeiter Vorschläge für eine gesetzliche Anerkennung seines Berufes ausgearbeitet. Bis zur Realisierung des *Gesetzes über die Berufe in der individuellen Gesundheits-
(für)sorge (BIG)* im Jahre 1993 hatte ein solcher Berufsschutz nicht
verwirklicht werden können.

1990 hat der NVMW das Berufsregister für Sozialarbeiter und Sozialarbeiterinnen gegründet; damit möchte der Verband Anerkennung,
Schutz und Qualitätsgarantie verwirklichen.

Weil für Sozialarbeiter und Sozialarbeiterinnen der Eintrag ins und
im Berufsregister mit Auflagen verknüpft ist, dürfen Einrichtungen
und Klient(inn)en von ihnen hochstehende Leistungen erwarten. Für
Arbeitgeber ist es im Hinblick auf ihre eigene Qualitätspolitik von
Bedeutung, professionelle Mitarbeiter und Mitarbeiterinnen, die den
höchsten qualitativen Anforderungen genügen, in ihren Reihen zu wissen. Die Sozialarbeiter und Sozialarbeiterinnen ihrerseits entnehmen
dem Eintrag im Berufsregister einen wichtigen Teil ihrer Identität und

ihres beruflichen Stellenwerts, was ihnen auf dem Arbeitsmarkt gute Perspektiven bietet.

Für den Eintrag ins Berufsregister müssen drei Anforderungen erfüllt sein. Aufgenommen werden jene NVMW-Mitglieder, die

- über einen Fachhochschulabschluss in Sozialarbeit/Sozialen Dienstleistungen verfügen,
- nach der Diplomierung minimal zwei Jahre Praxiserfahrung inklusive Supervision und Mentorat vorweisen können, wobei der Zeitraum, in dem die Arbeit verrichtet wurde, nicht weiter als fünf Jahre zurückliegen darf,
- pro Woche mindestens 16 Stunden als ausführende(r) Sozialarbeiter(in) aktiv sind.

Nach der Registrierung obliegen Sozialarbeitern und Sozialarbeiterinnen folgende Verpflichtungen:

- periodische Fortbildung;
- Annahme von (weiterer) Supervision, Intervision und Arbeitsbegleitung;
- Einhaltung der im Kodex für die Sozialarbeit niedergelegten Verhaltensregeln.

Das System der Registerpunkte

Alle eingetragenen Sozialarbeiter und Sozialarbeiterinnen müssen eine bestimmte Anzahl so genannter Registerpunkte sammeln. In Bezug auf die periodische Fortbildung hat nun das Berufsregister die von anerkannten Instituten angebotenen Bildungsgänge und Trainings qualitativ eingestuft und ihnen dementsprechend Registerpunkte verliehen. Teilnahme an solchen Kursen trägt also zum Erreichen der bei einem Registereintrag erforderlichen Punktezahl bei. Neulich ist für das Vergeben von Registerpunkten an Kurse und Trainings eine Systematik entwickelt worden, womit die Berufsrelevanz dieser Bildungseinheiten zum Ausdruck gebracht werden soll. Ein solches System ermöglicht es dem Berufsverband, z.B. bei der Feststellung von Lücken in der Berufstätigkeit eines Sozialarbeiters/einer Sozialarbeiterin, (vorübergehend) bestimmte Kurse speziell (höher) zu taxieren.

Die Arbeit, die gemäss den Verhaltensregeln des Kodex ausgeführt wird, unterliegt Kontrollen. Der NVMW verfügt dazu über ein Disziplinarrecht und ein Disziplinargremium. Ein Bewertungssystem für die Supervision und weitere berufsbildende und -begleitende Aktivitäten ist zurzeit in Entwicklung.

Interessenvertretung

Der NVMW hat das Berufsregister in einer unabhängigen Rechtsperson untergebracht. Dadurch wird die Qualitätsgarantie objektiviert. Dies nützt sowohl den Arbeitgebern, die ausschliesslich registrierte Sozialarbeiter und Sozialarbeiterinnen in ihren Organisationen aufnehmen möchten, wie auch den Sozialarbeitern und Sozialarbeiterinnen selber. Mit Hilfe des Berufsregisters wird nämlich die Schaffung eines Zertifikats für die Fachkräfte angestrebt. Eine neutrale Instanz soll feststellen, ob diese bestimmten Anforderungen genügen. Auf diese Weise soll eine Normerhöhung in der Berufstätigkeit und eine Verbesserung bei der Qualität von Hilfe- und Dienstleistungen erreicht werden.

Für die Sozialarbeit ist von grösster Wichtigkeit, dass weitere Qualitätsverbesserungen angestrebt werden. In Anbetracht des Wachstums der Sozialarbeit in den letzten Jahrzehnten darf gefolgert werden, dass in der niederländischen Gesellschaft ein grosser Bedarf an/ein grosses Bedürfnis nach psychosozialer Hilfe, Begleitung, Unterstützung und Beratung besteht.

Damit die Sozialarbeit ihren professionellen Beitrag zum Funktionieren der Gesellschaft und seiner Mitglieder aufrechterhalten kann, ist es notwendig, dass auch sie sich anhand jener allgemeinen Kriterien entwickelt, welche die Gesellschaft im Hinblick auf die Berufstätigkeit handhabt. Deshalb agiert der NVMW als Gesprächspartner von Arbeitgeber- und Arbeitnehmerorganisationen, wenn es darum geht, periodisch die Berufsqualifikationen (neu) zu fixieren. Bei der Ausbildung in Sozialarbeit verwenden die Hochschulen diese Qualifikationen als Basis zur inhaltlichen Ausprägung ihrer Curricula und zur Bestimmung der für die Curricula massgebenden Schlussanforderungen. Auch deswegen bemüht sich der Berufsverband, die Sozialarbeiter und Sozialarbeiterinnen von der Notwendigkeit permanenter Fort- und Weiterbildung zu überzeugen. Wissen, Fähigkeiten und Fertigkeiten müssen nicht nur immer à jour sein, sondern auch ständig vertieft und erweitert werden.

Sowohl Grundstudium wie Fort- oder Weiterbildung müssen dafür sorgen, dass die Berufsfähigkeit der Sozialarbeiter zeit- und sachgerecht bleibt. Deshalb befasst sich der NVMW zurzeit insbesondere mit Ausbildungskomponenten, in denen das Trainieren von Fähigkeiten wie integrales Management, Produkte-Definierung, Qualitätssicherung und Berufsentwicklung zentral steht. Auch unterstützen und stimulieren seine Mitarbeiter/innen (Funktionäre) individuelle Mitglieder, wenn diese die besagten Fähigkeiten z.B. nach nur knapper Vorbereitungszeit (erstmals) in der Praxis zur Anwendung bringen sollten.

Integrales Management

Eine Funktion erfolgreich ausüben können, setzt voraus, dass man immer wieder den Beweis erbringt, dass diese Funktion auch tatsächlich ihren Beitrag an die Zielsetzungen derjenigen Organisation liefert, in der sie ausgeübt wird. Damit dies gelingt, müssen (auch) Sozialarbeiter und Sozialarbeiterinnen interdisziplinär kooperieren können – und das heisst: verhandeln und auf bestechend klare Art und Weise artikulieren können, wie der eigene Beitrag an die angestrebten Organisationsziele aussehen wird.

Definition der Produkte

Auch Sozialarbeiter und Sozialarbeiterinnen müssen – mehr als je zuvor – in der Lage sein, Angaben über den *Umfang* ihrer Beiträge zu den Organisationszielen zu machen. Die exakte Planung und Darstellung der Hilfe- und Dienstleistungen als Resultat des professionellen Handelns ist ein unverzichtbares Element geworden. Die Tätigkeiten der Sozialarbeiter und Sozialarbeiterinnen müssen als klar profilierte «Produkte» definiert werden.

Qualitätsgarantie

Von Sozialarbeitern und Sozialarbeiterinnen werden neue Qualifikationen verlangt; umso mehr, als angenommen wird, dass auch sie Erfolgsgarantien übernehmen. Das Tragen von Verantwortlichkeit für eingesetzte Methoden und erzielte Resultate gehört zu den Standardpflichten in der Sozialarbeit.

Entwicklung des Berufes

Der NVMW möchte mit den oben geschilderten Massnahmen und Richtlinien seinen Anteil zur offiziellen Etablierung des Berufes leisten. Dies wird ihm aber nur gelingen, wenn den Fachkräften und deren Praxis eine umfassende Akzeptanz zuteil wird.

Im Weiteren möchte der NVMW die Entfaltung des Berufes fördern, indem er in den Niederlanden die Ausbildung zum «Master of Social Work» ermöglicht. Es wäre für die Entwicklung des Berufes zweifellos von Vorteil, wenn für die Ein- und Ausführung von Neuerungen eine Anzahl «Masters» zur Verfügung stünde.

In diesem Zusammenhang widmet der Berufsverband der wachsenden Zahl selbstständig operierender Sozialarbeiter und Sozialarbeiterinnen in den Niederlanden spezielle Aufmerksamkeit. Weil diese sich auf den Markt begeben, bilden sie, was die aktive Präsentation ihres (Sozialarbeit-)Angebotes betrifft, eine Art Avantgarde. Sie müssen dazu aber noch ergänzende Qualitätsanforderungen erfüllen – auf jeden Fall, was Niederlassung, Praxisräume und Tarifsysteme anbelangt, aber auch im Bereich der Berufsverantwortlichkeit.

Ausserdem beobachtet der NVMW die Entwicklung des Berufes im europäischen Rahmen sehr aufmerksam. Die Praxis der Sozialarbeit in den Niederlanden wird sich stärker als bislang nach dem Modell der «europäischen Sozialarbeit» ausrichten müssen. Deswegen partizipiert der Berufsverband voller Überzeugung an einem Forschungsprojekt mit dem Titel «Unterwegs zu Social Work?».

Zum Schluss

Alles deutet darauf hin, dass die professionelle Sozialarbeit erneut im Rampenlicht steht. Die Zeiten, in denen der Beruf mit Begriffen wie «weich», «prozessmässig» und «wenig produktiv» identifiziert wurde, liegen hinter uns.

Der Appell an Sozialarbeiter und Sozialarbeiterinnen, sie sollten doch Beiträge zu Produkten ihrer Dienstleistung liefern, wächst. Einige Beispiele mögen dies belegen:

- *Spitäler* wünschen sich u.a. Beiträge in Bereichen wie Krankheitsverarbeitung, Verwirklichung der Rahmenhilfe und Verkürzung der Liegedauer;
- *Pflegeheime* beauftragen ihre Sozialarbeiter und Sozialarbeiterinnen mit dem Aufbau und der Aktivierung von Hilfsnetzwerken für ihre Insassen;
- *Eltern* von und *Einrichtungen* für geistig behinderte Personen möchten, dass Sozialarbeiter(innen) als «Makler in Sachen Hilfe» agieren – dies im Hinblick auf die Geldsummen, worüber Patienten/Patientinnen und ihre Eltern aufgrund patientgebundener Budgets verfügen können;

- über tausend der im *Schulbereich* angestellten Sozialarbeiter(innen) sind auf der Ebene des Basisunterrichts aktiv; dort liefern sie Beiträge an die Betreuung von Kindern mit Lernschwierigkeiten;
- die *Arbodienste* schliesslich, die laut dem *Gesetz über die Arbeitsverhältnisse* Leistungen für Betriebe erbringen müssen, setzen für die Erfüllung ihre (Wohlfahrts-)Aufgaben ebenfalls immer häufiger Sozialarbeiter ein.

Soviel zu den konkreten Einsatzbereichen und -optionen. Obwohl es sich wie gesagt nur um einige wenige Beispiele handelt, möge dennoch die Annahme erlaubt sein, dass sie ein für die aktuelle Entwicklung der Sozialarbeit repräsentatives Bild vermitteln. Mit anderen Worten: Einiges weist darauf hin, dass sich für den Sozialarbeiterberuf eine Renaissance anbahnt.

Literatur

E. Bosmans. De ontwikkeling van een instrument ter beoordeling van het aanbodvan post-initieel onderwijs voor geregistreerde maatschappelijk werkers. Utrecht, Febraur 1996

J. Buitink. Op één lijn. SWP 1993

NVMW. Beroepscode voor de maatschappelijk werker en reglement voor detuchtrechtspraak. Utrecht 1996

NIZW. Beroepsdomein maatschappelijk werk. Utrecht 1995

NVMW. Beroepsprofiel van de maatschappelijk werker. Utrecht 1995

Stichting Beroepsregister van maatschappelijk werkers. Inschrijvingsprocedure, voorwaarden tot inschrijving. Utrecht 1995

Peter van Splunteren

Das niederländische Institut für Fürsorge und Soziales NIZW:

Forschung und Entwicklung als Motor für das Gesundheits- und

Sozialwesen in den Niederlanden

Einleitung

Das Niederländische Institut für Fürsorge und Soziales, das NIZW, ist eine nationale Organisation, deren Auftrag es ist, Neuerungen, Verbesserungen und mehr Kohäsion im breiten Gesundheits- und Sozialsektor zu realisieren. Diese Aktivitäten werden manchmal auch mit dem Terminus Forschung & Entwicklung (F & E) bezeichnet. Der Sektor beschäftigt etwa 400 000 Fachkräfte und ausserdem noch viele Freiwillige. Das NIZW richtet sich mit seinen Aktivitäten auf diese Leute sowie auf die Einrichtungen und Praxisfelder, in denen sie tätig sind (Pflege- und Altersheime, häusliche Hilfe, Jugendhilfe, Einrichtungen für körperlich und geistig Behinderte, Kinderbetreuung, Allgemeine Sozialarbeit, Auffang und Betreuung von Obdachlosen sowie die lokale Wohlfahrtsarbeit). Das NIZW erhält vom Ministerium für Volksgesundheit, Soziales und Sport (VWS) eine Basissubvention von etwa 14 Millionen DM pro Jahr. Ausserdem kommt das NIZW zu Einnahmen, indem sie im Auftrag spezielle Projekte für Organisationen und Behörden ausführt. Beim NIZW arbeiteten 1997 etwas mehr als 300 Personen. Erstes Ziel des Instituts ist es, einen Beitrag zu einem passenden, qualitativ hochstehenden Angebot für Klienten und Klientinnen der obenerwähnten Einrichtungen zu liefern.

Das NIZW entstand 1988 auf Initiative des Ministerium für VWS. In diesem kurzen Beitrag betrachten wir das Institut anhand folgender drei Fragen:

- Welche Gründe gab es, das NIZW ins Leben zu rufen?
- Wie hat sich das Institut in den vergangenen 10 Jahren entwickelt?

· Welche wichtigen Produkte und Dienste kann es den verschiedenen Zielgruppen anbieten?

1. Entstehungsgeschichte

Die Gründung des NIZW im Jahre 1988 erfolgte im Sog grosser Umstrukturierungen bei den nationalen Organisationen im Sektor Fürsorge und Soziales. Diese hatte Mitte der 70er Jahre ihren Anfang
genommen.

Vor 1988 bestanden in den Niederlanden Dutzende von kleinen und
grossen landesweiten Organisationen, welche für die Interessen der
lokal operierenden Einrichtungen dieses Sektors zuständig waren. Im
Vergleich mit anderen europäischen Ländern hatten – und haben immer noch – die Niederlande ein verhältnismässig breites und differenziertes System an Einrichtungen, wo Menschen Hilfe finden, falls
Not oder Mangel auftritt. All diese Einrichtungen besassen nun ihre
eigenen nationalen Organisationen, welche oft mehrere Funktionen
gleichzeitig zu erfüllen hatten z. B.: Interessenvertretung der eigenen
Organisationen beim Verteilen der Subventionsgelder, Arbeitgeber-
aufgaben, wenn es um Arbeitsbedingungen für die Belegschaft ging
und Forschung & Entwicklung beim Lancieren oder Ankurbeln von Er-
neuerungen und Verbesserungen in der ausführenden Arbeit. Für den
niederländischen Staat, der hauptsächlich die nationalen Organisationen subventionierte, war es ausgesprochen schwierig, dieses Sam-
melsurium von Institutionen richtig in den Griff zu bekommen und zu
steuern. Und dass es steuernde Massnahmen bedurfte, war durch den
Rapport *Kiesels of tegels* (Kommission Vonhoff 1980 – «Kiesel- oder
Ziegelsteine») klar geworden, wurde doch darin aufgezeigt, dass es,
was die Zweckmässigkeit dieser Organisationen betrifft, nicht immer
zum Besten stand: zu starke Zersplitterung und zu viel Aufwand für
Lobbying, Beratung und eigene Angelegenheiten, dafür zu wenig
Beachtung von Zusammenhängen und Anliegen der ausführenden Arbeit – dies das Fazit der Problemanalyse im Rapport. Zur Behebung
der Mängel wurde ein «Scheidungsszenario» vorgeschlagen. Die Einrichtungen sollten nach Ablauf einer Übergangsregelung selber die
Interessenvertretung und Arbeitgeberfunktionen übernehmen. Bera-
tungs- und Verhandlungsgespräche mit den Behörden wurden auf fünf
verschiedene Bereiche verteilt – Hilfe ersten Grades (Primärhilfe), lokale
Wohlfahrtsarbeit sowie Jugend-, Betagten- und Behindertenhilfe. Auch

wurde ein nationales Institut gegründet, welches den Auftrag erhielt, die inhaltliche Entwicklung der Arbeit zu stimulieren und zu fördern. Die Gründung dieses Instituts war aber nicht nur auf Sparüberlegungen zurückzuführen. In der ausführenden Arbeit hatte sich nämlich auch die Einsicht durchgesetzt, dass es wegen der in der Praxis oft und immer mehr vorkommenden Verflechtungen (die Gemeinwesenarbeit hatte Verbindungen zur Betagtenbetreuung, die Jugendarbeit zur Familienhilfe, die Sozialarbeit stand in Kontakt mit dem Auffang für Obdach- und Heimatlose usw.) an der Zeit war, Kooperation und Koordination in systematischer Form voranzutreiben. Dadurch, dass die Arbeitsentwicklung verschiedener Sektoren nunmehr von einem zentralen Institut aus betreut und koordiniert wurde, erhoffte man sich einen Mehrwert, der auch auf die Arbeitsbereiche der verschiedenen Organisationen ausstrahlen würde. In den folgenden Abschnitten wird geschildert, wie das NIZW sich im Lauf der Zeit entwickelt hat und was es zur Steigerung der Qualität und der internen Zusammenarbeit im Gesundheits- und Sozialsektor hat beitragen können.

2. Von Projekten zu Programmen

Das NIZW war in den ersten fünf Jahren seines Bestehens organisatorisch auf folgende fünf, von den Behörden ihm überantwortete Fokussierungsgebiete ausgerichtet:

1

Häusliche Hilfe und Prävention. Die Adressaten dieses Fokussierungsgebietes sind Einrichtungen, die zur Primärhilfe gerechnet werden, z.B. Familienhilfe, die Allgemeine Sozialarbeit und die so genannten Krankenpflegevereine (= Vereine für bestimmte Formen von Krankenpflege). Diese besorgen ausser kurativer Versorgung und Hilfe allerhand auf Prävention ausgerichtete Dienste. Das geschätzte Kostenvolumen für diese Einrichtungen belief sich 1991 auf zirka 2,75 Millarden DM.

2

Betagte. Es geht hier um eine Skala von Einrichtungen und Hilfeleistungen an Senioren und Seniorinnen wie z.B. Pflegeheime, Altersheime und ambulante Seniorenarbeit. Geschätzte Kosten für 1991: 8,2 Milliarden DM.

3

Behinderte. Neben den allgemeinen Einrichtungen für häusliche Hilfe gehören zu diesem Arbeitsfeld die speziellen Hilfeeinrichtungen für Personen mit einer körperlichen oder mentalen Behinderung. Es geht sowohl um grossangelegte stationäre Einrichtungen, die mehrere Funktionen in einem Paket anbieten (Wohnen, Hilfe & Pflege, Bildung, Erziehung) wie auch um kleinkonzipierte Einrichtungen, die Einzelfunktionen erfüllen (Hilfe, Wohnangelegenheiten). Die geschätzten Kosten für 1991: 3,3 Milliarden DM.

4

Jugend. Hier geht es um ambulante und stationäre Einrichtungen für Jugendliche zwischen 0–21 Jahren. Zu diesem Fokussierungsgebiet gehört ebenfalls die Kinderbetreuung. Geschätzte Kosten für 1991: 1,1 Milliarden DM.

5

Lokale Wohlfahrtsarbeit. Es handelt sich um ein Konglomerat aus örtlichen Einrichtungen. Dazu gehören: Gemeinwesenarbeit, Klub- und Quartierhausarbeit, Bildungsarbeit, Arbeit mit Frauen, Migranten und mit Obdachlosen. Geschätzte Kosten 1991: 0,92 Milliar-den DM.

Projektmässige Arbeitsentwicklung auf drei Niveaus.
Während der ersten Periode seiner Existenz entschied sich das NIZW für die Möglichkeit, den F & E-Auftrag anhand dreier *Kernaufgaben* zu operationalisieren; diese berührten die Gesundheits- und Sozialarbeit auf drei Niveaus. Die erste Kernaufgabe war das Entwickeln von Methodiken für professionelles Handeln. Die Ausführung der Arbeit durch die individuellen Fachkräfte bildete dabei der zentrale Anhaltspunkt. Kernaufgabe *zwei* bestand in der Verbesserung der Bedingungen unter denen die Arbeit auszuführen war. Die Organisation wurde hier zum Kristallisationspunkt für Verbesserungen. Die *dritte* Kernaufgabe nahm den Gesundheits- und Sozialsektor als Ganzes ins Visier, wobei das Erfassen von Kennzahlen und Daten von Organisationen sowie die Herstellung von Trendstudien die Hauptanliegen waren. Die dominierende Arbeitsform in der Anfangszeit war das Projekt. Die mit Abstand häufigsten Aktivitäten des NIZW waren projektmässiger Natur. Die einzelnen Projekte hatten begrenzte, aber unterschiedliche Laufzeiten. Die Bandbreite lag zwischen ein paar Monaten und einigen Jahren, aber im Schnitt betrug die Dauer eines

Projektes 1–2 Jahren. Projektleiter(innen) waren für die Resultate und die Qualität der Produkte verantwortlich. An den Projekten beteiligten sich in der Regel 1–4 NIZW-Mitarbeiter(innen). Normalerweise beteiligte sich ein(e) NIZW-Mitarbeiter(in) jährlich an 3–5 Projekten. Obwohl die Projekte nach Programmen organisiert und ausgeführt wurden, gingen von solchen Programmen in den Anfangsjahren dennoch keine steuernden Impulse aus. Allmählich wuchs die Zahl der Projekte und in der Folge auch die Palette der Produkte. Im Jahre 1995 waren an die 230 Projekte in Bearbeitung. Zahllose Produkte in Form von Artikeln, Büchern, Broschüren, Drehbüchern, Studientagen, Kongressen, Kursen, Videofilmen und Disketten hatten – mit mehr oder weniger Resonanz – ihren Weg in die Praxis gefunden und legitimierten das NIZW als F & E-Instanz für den Gesundheits- und Sozialsektor.

Innovationen mit Hilfe von Programmen

Obwohl es unbestreitbar ist, dass von der projektmässigen Arbeitsweise eine Reihe positiver Impulse ausgingen, wie z. B. das Bestreben, konkrete Produkte zu liefern, so traten aber nach und nach auch deren Schwächen ans Licht. Projekte bilden nämlich häufig nur ein kleines Glied in grösseren Veränderungs- und Innovationsprozessen. Grob skizziert kennt ein Innovationsprozess mehrere Stadien:

- Problemanalyse und -evaluierung;
- Entwicklung von Lösungen in Form einer Methode, eines Produktes usw.;
- Testen der Neuerung;
- Bei Eignung: Implementierung in der Berufspraxis.

Das Niveau eines Projektes nun reicht in den meisten Fällen nicht aus, um diese lang andauernden und komplizierten Innovationsprozesse verständlich zu machen. Mitte der 90er Jahre gelangte das NIZW zur Überzeugung, dass das Ausführen derartiger Prozesse seine eigentliche Mission sein sollte. Und mit dieser Ansicht stand das Institut nicht alleine da, äusserten doch die Behörden immer häufiger ihren Unmut über die ungenügende Umsetzung der von ihnen finanzierten Projekte. Programme nun sollten die Lösung werden und dem NIZW helfen, die von ihm gewählte Stossrichtung zu verwirklichen. Unter Programm wird verstanden: ein Paket begründeter und kohärenter Aktivitäten zwecks Bewerkstelligung von Innovationen.

Ausserdem intensivierte das NIZW seine Aktivitäten auf dem Gebiet von Information für Berufsgruppen und die breite Öffentlichkeit; auch wurde eine selbstständige Abteilung für Implementierung gegründet. 1966 wurde der interne Veränderungsprozess abgeschlossen und die Aktivitäten und Projekte wurden in etwa 20 Programmen untergebracht. Innerhalb dieser Programme nimmt die projektmässige Arbeit nach wie vor eine dominierende Stellung ein. Programme (an denen sich in der Regel jeweils 4–8 Mitarbeiter/innen beteiligen) gibt es u. a. für:

- Erziehungshilfe;
- Signalisierung und Hilfe im Frühstadium;
- Prävention gegen Misshandlung;
- Versorgung und Pflege;
- Begleitung auf dem Weg in die Selbständigkeit;
- multikulturelle Aspekte im Gesundheits- und Sozialwesen;

Organigramm

C30	Programm für Berufs- und Bildungsfragen	**UTG**	Transfer/Weitergabe
DO	Dokumentationszentrum	**OT**	Ausbildung & Training
RED	Redaktionen	**CS**	Kongressbüro
IT	Informationstechnologie	**VD**	Meinung & Debatte
DIV	Projekte/Platforms	**INT**	Internationale Beziehungen
CM	Clustermanager	**PZ**	Personalabteilung
MA	General Manager	**FA**	Finanzverwaltung
AF	Adjunkt-Direktor im Bereich Finanzierungspolitik	**ID**	Interner Dienst
SKO	Stabfunktionär für Qualität + Organisation	**BI**	Betriebsinformation
UIT	Verleger		

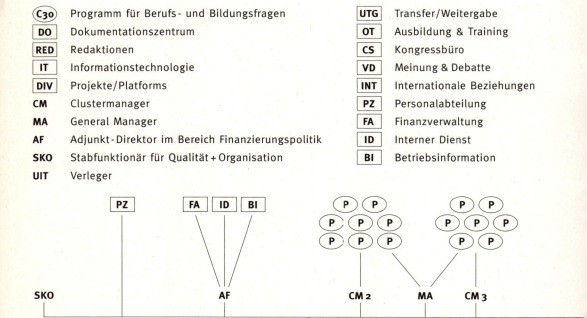

- Freiwilligenarbeit;
- Rahmenhilfe;
- Qualitätshilfe;
- Indikationsstellung;
- lokale Gesundheitspoltik;
- Innovationen bei der Hilfe für Mentalbehinderte;
- Jugendhilfe;
- lokale Sozialpolitik;
- soziale Integrationsstrategien;
- Hilfe und Beratung bei materiellen und psychosozialen Problemen;
- Familienbetreuung/-begleitung;
- Berufs- und Ausbildungsproblematik.

Ein Organigramm des NIZW ist unten abgedruckt. Im nächsten Para-
graphen dann wollen wir uns mit dem befassen, was das NIZW seinen
«Abnehmern und Abnehmerinnen» zu bieten hat.

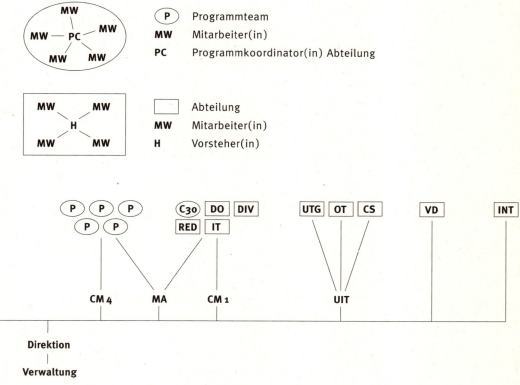

3. Produkte und Dienste

Wie aber nun macht sich das NIZW in der Praxis der Fachkräfte bemerkbar? Anders gesagt: Welche Dienste offeriert das NIZW seiner Kundschaft? Es ist nicht möglich, im Rahmen dieses Artikels die Angebotspalette lückenlos vorzustellen. Für detaillierte Informationen möge der Leser/die Leserin sich mit der Informationsabteilung des NIZW in Verbindung setzen. Aber zur Illustration, welche Arten von Aktivitäten innerhalb eines Programms ablaufen, werden drei verschiedene Projekte kurz vorgestellt. Anschliessend wird in Paragraph 4 ein Bild von den Diensten der Abteilungen Transfer und Information skizziert.

3.1 Exemplarische Projekte
Beispiel 1: Trainingspaket Aidshilfe
Das NIZW erhielt den Auftrag, im Bereich der Aidshilfe ein Trainingspaket zu entwickeln, welches landesweit vertrieben werden sollte. Das Paket war vorgesehen für das Training von Personen, die in der häuslichen und der Suchthilfe tätig sind und sollte auf Ausbildner(innen) und Trainer(innen) in beiden Bereiche zugeschnitten sein. Aus einer Analyse der Ausgangslage ging hervor, dass im Bereich der häuslichen Hilfe tatsächlich Bedarf nach einem Standardpaket mit Trainingsmaterial vorhanden war. Einige Einrichtungen hatten zwar unter grossem Aufwand selber schon Trainingseinheiten entwickelt, aber aus denen waren nur in wenigen Fällen auch Drehbücher hergestellt worden. Die kategorialen Einrichtungen (Hilfeleistungen für Homos, Lesben und Suchtabhängige) verfügen zwar im Bereich der Aidshilfe über mehr Kenntnis und Erfahrung als die häusliche Hilfe, aber das meiste davon befindet sich in den Köpfen der Helfenden und nicht auf dem Papier. Die Entwicklung des Trainingspakets wurde dann einem kleinen Team überlassen, in dem Experten und Expertinnen des NIZW und der kategorialen Hilfe vertreten waren. Ihnen oblag die Aufgabe, das Trainingsmaterial in drei Etappen zu gestalten. Zunächst sammelten sie vorhandenes Trainingsmaterial aus dem In- und Ausland, mit Hilfe dessen entwarfen sie einen Bauplan für den Trainingsleitfaden. Darauf wurde der Plan Schritt für Schritt zu einem Konzept-Trainingspaket konkretisiert; und am Ende verarbeiteten sie das Konzept zu einem definitiven Handbuch. Nach jeder Etappe wurde das Material einer Gruppe qualifizierter Trainer(innen) aus der kategorialen-, häuslichen und Suchthilfe vorgelegt. Diese be-

gutachteten jeweils Brauchbarkeit und Qualität des Pakets. Ausserdem wurden nach der zweiten Phase, d. h. nach Fertigstellung des Konzepts, Trainer(innen) gebeten, Teile des Pakets in ihren Trainings auszuprobieren. Der Beirat des Projektes setzte sich aus Fachleuten aller involvierten Parteien zusammen. Auch dieser hatte die Aufgabe, nach jedem Schritt den Inhalt des Materials zu beurteilen.

An einem abschliessenden Kongress wurde das Handbuch dem Präsidenten der Niederländischen Aidsstiftung überreicht. Die Distribution erfolgte regional durch Aidsberater und -beraterinnen und landesweit durch den Verlagsdienst des NIZW sowie durch Organisationen für Aidshilfe in den Niederlanden. Das Projekt wurde von einem Team mit zwei fest angestellten Personen betreut, hatte eine Gesamtdauer von fast zwei Jahren und verursachte Kosten in der Höhe von ungefähr DM 400 000,–.

Beispiel 2: Mütter informieren Mütter
Auf Antrag einer Einrichtung für häusliche Hilfe wurde in einem Grossstadtviertel ein Programm eingeführt, um Mütter aus unterprivilegiertem Milieu bei der Erziehung des ersten Kindes zu unterstützen. Das Programm basierte auf einem Programm aus Irland und wurde an die niederländische Situation und Einrichtungen angepasst. Kurzgefasst ging es darum, dass erfahrene Mütter monatlich einen Hausbesuch bei erstmaligen Müttern abstatten sollten. Anhand von Bildmaterial und einer Themenliste behandelte die für die Information zuständige Mutter eine Reihe von Schwerpunkten, die für eine gesunde Entwicklung des Kindes von Bedeutung sind (wie Verhaltensweisen von Kind und Eltern, Entwicklung, Sicherheit, Essgewohnheiten des Kindes usw.). Untersuchungen ergaben, dass das Programm effektiv war und man beschloss, es landesweit zu lancieren. Zielgruppen waren Einrichtungen, die sich mit der Hilfe für Kinder zwischen 0–4 Jahren und deren Eltern befassen. Die Projektleitung wählte eine Implementationsstrategie, die eng an das irische Muster anschliesst und vier Stufen kennt. In einem ersten Schritt wurde ein Prototyp des Programms angefertigt, welcher aus festen und frei wählbaren Teilen zusammengesetzt war. Nicht zur Diskussion standen der Inhalt des Programms, die Methoden-Prinzipien und die für die Ausführung verantwortlichen festangestellten Koordinator(inn)en. Flexible Teile waren u. a. die Anwerbung/ Rekrutierung von Freiwilligen und Müttern, die Dauer des Programms und die Betreuung der Freiwilligen.

Im zweiten Schritt wurde ein Trainingsmodell für teilnehmende Mütter und Koordinator(inn)en ausgearbeitet. Das Training umfasste Informationstransfer in Bezug auf Inhalt und Anwendung des Programms sowie Praxisbegleitung. Der dritte Schritt war das «Training-für-Trainer-Modell», ausgerichtet auf künftige Ausbildner(innen) von Koordinationsfachkräften. Das Schlussstück der Implementierung bestand in der Gründung einer separaten Stiftung, welche die Qualität des Programms kontrollieren und aufrecht erhalten sollte.

Organisationen, die das Programm anwenden wollten, erhielten zuerst ein Informationspaket. Beschlossen sie, das Programm auszuführen, wurde den dazu ausgewählten Koordinator(inn)en ein Training angeboten. Nachdem die Anwerbung von Freiwilligen und werdenden Müttern erfolgreich abgeschlossen war, erhielten erstere ebenfalls ein Training. Die Stiftung organisierte regelmässig Fortbildungen für Freiwillige und Koordinator(inn)en; Publikum und Zielgruppen wurden durch Beiträge in den (Fach-)Medien regelmässig auf das Projekt aufmerksam gemacht. Das Programm kannte – ohne die Evaluation – eine Laufzeit von gut zwei Jahren. Ein Projektteam bestehend aus 4–6 Personen war für die verschiedenen Stadien des Programms verantwortlich. Die Kosten des Projektes wurden mit etwa 0,9 Mio. DM beziffert.

Beispiel 3: Die Hausbesuch-Methode
Im Rahmen des dritten Europäischen Aktionsprogrammes gegen die Armut hat das NIZW – im Auftrag – u. a. an der Entwicklung einer Hausbesuch-Methode gearbeitet. Diese weist folgende Basismerkmale auf:

Die generelle, kurzfristige Zielsetzung des Programms ist, die Verhältnisse von Personen, die in sozialer Isolierung verkehren, erträglich zu machen; längerfristig sollte das Programm diese Leute zu einer stärkeren sozialen Partizipation veranlassen. Programmaktivitäten sind:

· das Ausfindigmachen von sozial isolierten Personen;
· Hausbesuche durchführen und Kontakte mit Klienten und Klientinnen aufbauen;
· prozessmässiges Begleiten von Klienten und Klientinnen, ausgerichtet auf das Greifbarmachen und Lösen von Problemen;
· – wenn möglich – Klienten und Klientinnen individuell der Schulung und/oder der (nicht-)bezahlten Arbeit zuführen.

Ein wichtiges Merkmal der Hausbesuch-Methode ist ihr integraler Charakter. Die finanziellen, physischen, mentalen und sozialen Verhältnisse der Klienten und Klientinnen stehen im Zentrum. Immer ausgehend von den Möglichkeiten der Betroffenen werden Lösungen gesucht, die es ihnen ermöglichen, das eigene Leben wieder aktiv zu gestalten.

Ein weiteres Merkmal ist die doppelte Aktivierung. Das heisst, dass nicht nur Klienten und Klientinnen aktiviert werden, sondern auch deren direkte soziale Umgebung (Nachbarn, Familie, Verwandte, Freiwillige, Helfer/innen und Erbringer von Dienstleistungen). Dazu werden wenn immer möglich sowohl das vorhandene Klienten-Netzwerk wie auch die formellen Netzwerke von Helfenden und Erbringern von Dienstleistungen eingesetzt. Ein drittes Merkmal dieser Methode ist die unverlangte Intervention, das Zugehen auf Klienten und Klientinnen, ohne dass dies von ihnen (explizit) begehrt wird. Hausbesucher(innen) treten, aufgrund von Signalen aus der Nachbarschaft und/oder dem sozialen/formellen Netzwerk, an Klienten und Klientinnen heran und offerieren ihnen ein Gespräch.

Mit Hilfe der Hausbesuch-Methode wird versucht, einen unmittelbaren Anschluss an die Lebenswelt der Klienten und Klientinnen zu schaffen. Von dieser Lebenswelt aus bemüht man sich, jene Faktoren und Umstände, welche die gesellschaftliche Partizipation fördern, den Klienten und Klientinnen näher zu bringen. Die Hausbesuch-Methode kennt einen Stufenplan, der dem methodischen Handeln der Hausbesucher(innen) einen umfassenden Charakter verleiht. Theoretisch lassen sich 7 Stufen unterscheiden:

1. Früherkennung
2. Kontaktnahme und Einführung
3. Situationsanalyse
4. Motivierung
5. Aktivierung von Klienten und Klientinnen und deren Umgebung
6. Handlungsplan
7. Überweisung und Nachbetreuung

Dieser Stufenplan darf jedoch nicht als eine Art Zwangsjacke betrachtet werden, in welcher bloss noch streng-systematische Schritte in fixer Reihenfolge erlaubt und möglich sind. In der Praxis funktioniert er nicht auf diese Weise. Oft machen Hausbesucher(innen) mehrere Schritte zu gleicher Zeit und pendeln quasi zwischen den verschiedenen Stufen hin und her. Wichtige Voraussetzungen für einen Hausbesuch sind:

- Das Zurverfügungstellen eines Netzwerkes aus Einrichtungen, auf welches Hausbesucher(innen) zurückgreifen können;
- Diskretion in Bezug auf private Daten;
- eine offene und engagierte Haltung seitens der Hausbesucher(innen) und
- eine professionelle Arbeitsweise, basierend auf Kenntnissen und Fähigkeiten, die der Sozialarbeit entnommen sind.

Dieses Programm wurde in etwa zwei Jahren entwickelt, an verschiedenen Orten in den Niederlanden ausprobiert, experimentell eingeführt und dann evaluiert. Vier Personen hatten auf Teilzeitbasis am Projekt gearbeitet und die Entwicklungskosten beliefen sich auf etwa DM 220 000,–.

3.2 Die Abteilungen Transfer und Information

Programmatisches und projektmässiges Handeln sind die innerhalb des NIZW vorherrschenden Arbeitsformen. Das NIZW verfügt aber auch über zwei Abteilungen, die nicht direkt mit Programmen und Projekten zu tun haben, sondern für die regulären (ständigen) Dienste verantwortlich sind. Gemeint sind die Abteilungen Transfer und Information. Die Abteilung Transfer ist erst in jüngster Zeit auf ihre jetzige Grösse herangewachsen. Sie umfasst Verlag, Ausbildung, Training und Kongressbüro. Publizität, PR, Marketing und Verkauf ressortieren direkt unter dem Verlag. Die Abteilung Transfer bestimmt nach aussen das Gesicht des NIZW; zudem trägt sie ihre Produkte mittels Kongressen, Lernpfaden, Studientagen, Veröffentlichungen und Trainings auch direkt an ihre Zielpublika heran. Und schliesslich obliegt ihr eine wichtige Aufgabe im Bereich der Implementierung von Projektresultaten.

Die Abteilung Information richtet sich an verschiedene Berufsgruppen und an das breite Publikum; ausserdem erfüllt sie auch eine interne Funktion für das NIZW-Personal. Ihre Hauptaufgabe besteht darin, über und für den Sektor Gesundheits- und Sozialwesen Informationen zu sammeln, diese zugänglich zu machen und zu vertreiben. Die Abteilung umfasst die Dokumentation, Adressenverwaltung sowie die Arbeitsfeld- und Publikumsinformationstellen. Sie beteiligt sich auch an Aktivitäten, die zum Ziel haben, Bereiche wie Sprache/

Präsentation, Bestandsaufbau, Methodik und Infoselektion zu standardisieren. Das Zurverfügungstellen von Information auf elektronischem Weg (Disketten, CD-ROM oder Online) wird zurzeit weiter vorangebracht.

Literatur

NIZW:

Beleidsplan 1991–1995

Op weg naar secotrinstituut. Interne notitie. 1995

Jaarverslag 1995

Werkplan 1997

Werkplan 1997

De weg van het product, over de uitgeverij, het congresbureau, opleiding en training. 1996

IZW en IT. Handleiding voor toegang tot informatie. 1996

Interne organisatie. 1996

Dick Herweg

5 Die Fachhochschulausbildung in Sozialarbeit

1. Einleitung – Die Positionierung der Fachhochschulen

Die Niederlande kennen zwei Formen höherer Berufsbildung: Universitäten und Fach- oder Berufshochschulen. Seit 1993 sind beide Formen dem *Gesetz über die Höhere Ausbildung und Wissenschaftliche Forschung* unterstellt. Die Universitäten offerieren Unterricht, Forschung und Training und sind gegenüber den Hochschulen stärker auf Forschung und Theorie angelegt. Berufsunterricht ist die Domäne der Hochschulen; sie zeichnen sich durch eine praktische Orientierung aus. Ihre Studiengänge sind mehr auf spezifische Berufe zugeschnitten. Das Praktikum, in denen Studierende ihre ersten beruflichen Erfahrungen sammeln und welches in der Regel ein Viertel des Studienaufwandes in Anspruch nimmt, ist an den Hochschulen ein wesentlicher Bestandteil.

Im internationalen Vergleich entspricht das Niveau der Hochschulen in etwa jenem der deutschen Fachhochschulen oder des französischen Institutes Universitaires de Technologie. Der Rat für Fachschulunterricht beschloss 1996, für die niederländischen Hochschulen den Terminus «Universities of Higher Professional Education» zu verwenden.

Um guten und modernen Berufsunterricht zu ermöglichen, unterhalten die Hochschulen enge Bande mit der Berufspraxis und streben einen intensiven Meinungsaustausch an, welche es ihnen ermöglicht, schnell und direkt auf Entwicklungen im Arbeitsfeld reagieren zu können.

In jüngster Zeit hat die höhere Berufsausbildung eine Reihe wichtiger Änderungen erfahren. Verbesserungen verwaltungsmässiger und finanzieller Natur haben dazu geführt, dass die Hochschulen hierzulande im Vergleich mit anderen europäischen Hochschulen über eine grosse Autonomie in Bezug auf Geldmittel und Bildungsinhalte verfügen. Eine weitere Tendenz an den niederländischen Hochschulen ist, dass Lehrpersonal und Studierende zunehmend mit einer Standardisierung der Qualitätsanforderungen konfrontiert werden.

Die häufigsten Organisationsformen für Hochschulen sind die Stiftung und der Verein.

Jede Hochschule verfügt über einen vom Minister für Bildung und Wissenschaften eingesetzten Aufsichtsrat. Der Verwaltungsrat bildet das höchste Führungsgremium. Es fällt auf, dass die Führungsgremien sich auf der ganzen Linie immer mehr Kompetenzen zueignen und davon auch Gebrauch machen. Die Entwicklung der Organisationsstruktur der Hochschulen kann als wachsende Professionalisierung des Managements charakterisiert werden. Die Mitglieder des Managements (z. B. die für die Studiengänge verantwortlichen Führungspersonen) werden nicht länger (intern) gewählt, sondern durchlaufen ein ordentliches (offenes) Bewerbungsverfahren.

Qualitatives und quantitatives Wachstum hat zu gigantischen Fusionsoperationen geführt. Diese sind mittlerweile abgeschlossen. Im Jahre 1996 gab es 69 Hochschulen, von denen 30 multisektoral gestaltet sind, d.h. sie sind unterteilt in mehrere Sektoren wie Gesundheitshilfe, Technik, Unterricht und Erziehung, Wirtschaft usw. 23 Hochschulen bieten sozialagogische Lehrgänge an. Die grösste Hochschule zählt 20 000, die kleinste 3500 Studierende. Die Gesamtzahl immatrikulierter Personen an den Fachhochschulen belief sich im Studienjahr 1996 auf 255 500. Die Studiengänge des Höheren Sozialagogischen Fachunterrichts zählten 28 700 Vollzeit- sowie 8900 Teilzeit-Studierende. Verglichen mit dem Jahre 1990 bedeutet dies eine Zunahme von etwa 10 000 Personen. Die Zahl der Absolventen und Absolventinnen der sozialagogischen Richtung belief sich 1996 auf 6600.

In den Jahren 1997–98 haben sich die Studierendenzahlen stabilisiert. Bemerkenswert ist der wachsende Zustrom aus den Berufsschulen (dem mittleren berufsbildenden Sekundärunterricht). Aber für die kommenden Jahre wird ein Rückgang dieses Zustroms prognostiziert.

2. Historische Skizze der sozialagogischen Fachhochschulausbildung

Verglichen mit anderen Fachhochschulen kann die Sozialagogische Fachhochschule auf eine lange institutionelle Tradition zurückblicken.

Die erste Schule für sozialagogische Arbeit wurde Ende des 19. Jahrhunderts in Amsterdam gegründet; heute ist sie Teil der Hochschule von Amsterdam.

Die starke Zunahme an Ausbildungsmöglichkeiten erfolgte jedoch erst nach dem Zweiten Weltkrieg. Parallel zum Ausbau des Sozialstaates wuchs die Zahl der Berufe und demzufolge auch jene der Studierenden.

Seit der Konfrontation mit der Wirtschaftskrise der 70er und Anfang der 80er Jahre und der (daraus resultierenden) öffentlichen Kritik an gewissen Aspekten des Sozialstaates durchläuft die sozialagogische Fachhochschulausbildung einen permanenten Veränderungsprozess. Sie ist der erste Fachhochschulsektor, für den einschneidende Veränderungen angekündigt wurden und auch durchgeführt worden sind. Die erste grossangelegte Reorganisation (Erweiterung, Aufgabenverteilung und Konzentration) hat zu einer Umfangsvergrösserung der Organisationen und einer Zusammenlegung von Lehrgängen geführt. Davon profitieren insbesondere die Studierenden, die seitdem leichter von einer Studienrichtung zu einer anderen wechseln können.

Eine weitere Reorganisation wurde 1987 in Angriff genommen und hat zu einer effizienteren Programmstruktur geführt. Zur selben Zeit formierte sich der Rat für die Fachhochschule; diese nationale Assoziation der Hochschulen gewann gesellschaftliches Ansehen und erhielt weitgehende Befugnisse. Ein wichtiger Bestandteil der Assoziation sind die Sektorräte (-ausschüsse). Der Sektorrat für den Sozialagogischen Fachunterricht (HSAO) kann als «Nationalversammlung» aller sozialagogischen Ausbildungen betrachtet werden. Diese Konferenz wird von einer sektoralen Kerngruppe geleitet; ihre Agenda enthält folgende Themen und Schwerpunkte:

- die Beziehung Unterricht-Arbeitsmarkt;
- spezifisch-sektorbezogene Untersuchungen;
- Marketing, Kommunikation und internationale Kontakte.

1989 wurde für die Sozialagogische Fachhochschule eine weitere Reorganisation in die Wege geleitet. Sie wurde als notwendig betrachtet, weil die Ausbildungen im Sozialsektor sich durch ein hohes Mass an Differenzierung sowie durch mangelnde Identität und Einheitlichkeit charakterisierten. Die Reorganisation hatte zum Resultat, dass die verschiedenen HSAO-Angebote in *fünf Studienrichtungen* untergebracht werden konnten.

Das Ziel dieser Operation war, den Ausbildungen im Hinblick auf Beruf und Arbeitsmarkt ein eigenes und profiliertes Gesicht zu verpassen. Parallel zu dieser Operation wurde auf nationaler Ebene eine breite und allgemein repräsentative Qualifikationsstruktur gewählt. Die spezifisch auf Funktionen ausgerichteten Ausbildungen sind demzufolge aus dem Sozialagogischen Fachhochschulunterricht verschwunden. In den nächsten Abschnitten erfolgt eine detaillierte Beschreibung der fünf Studienmöglichkeiten.

3. Die Studienrichtungen

Die fünf Richtungen, die der Sozialagogische Fachhochschulunterricht anbietet, heben sich durch ein verhältnismässig autonomes Programm voneinander ab. Pro Studienrichtung betrachten wir sukzessive:

a. die Charakterisierung des Berufes
b. die möglichen Funktionen
c. Einrichtungen und (private) Unternehmungen im Arbeitsfeld
d. Chancen auf dem Arbeitsmarkt

Bei Aussenstehenden erwecken die Darstellungen der niederländischen Sozialarbeit nicht selten den Eindruck der Unübersichtlichkeit – die Ursache liegt in den starken Differenzierungen, welche in der Arbeit anzutreffen sind. Deshalb werden im Folgenden die fünf Studienrichtungen ausführlich dargestellt. Beim Entwickeln von Profilen für die Berufsdomänen durch die jeweiligen Arbeitsfelder (siehe Abschnitt 5) wird Bezug genommen auf die Schlussanforderungen, welche die Studienrichtungen zu erfüllen haben.

3.1 Sozialarbeit und Dienstleistungen (MWD)
Charakterisierung
Die Sozialarbeit richtet sich an Personen, die Probleme in und mit ihrem sozialen Umfeld haben. Dabei kann es sich handeln um Probleme mit Instanzen, am Arbeitsplatz oder in der Familie. Häufig haben die Leute gleichzeitig mehrere Schwierigkeiten zu bewältigen. Der Kontakt zu Klienten und Klientinnen kennt verschiedene Ausprägungen: Diese können allein, aber auch im Gruppen- oder Familienverband betreut werden.

Damit die Begleitung und Unterstützung in professioneller Art und Weise angeboten und durchgeführt werden kann, wird die Tätigkeit von Sozialarbeitern und Sozialarbeiterinnen nach *fünf Kernaufgaben* unterteilt:

1

Das Begleiten von Personen, die psychosoziale Problemen mit oder in ihrer direkten Umgebung haben (Trauerbewältigung, Beziehungen, Arbeitslosigkeit, Krankheit, Schulden oder Erziehung). Von essentieller Bedeutung ist dabei immer der Zusammenhang zwischen der finanziellen und persönlichen Situation von Klienten/Klientinnen. Die Begleitung dieser Personen kann in Form individueller oder gruppenbezogener Hilfe erfolgen.

2

Beratung & Aufklärung (z.B. mit Bezug auf Gesetze, Regelungen und Einrichtungen) sowie konkrete Dienstleistungen (z.B. die Unterstützung von Patienten und Patientinnen, die für die Zeit nach ihrer Entlassung aus dem Spital Familienhilfe/spitalexterne Betreuung beantragen möchten). Oft wird dabei intensiv Gebrauch gemacht von Klienten-Registrationsdaten, Sozialkarteien und anderen, oft automatisierten Informationsquellen.

3

Prüfung der Klienten-Situation in Kooperation mit den Betroffenen selber, z.B. hinsichtlich Wiedereingliederung oder Jugendschutzmassnahmen. Nach Abschluss einer Untersuchung erstatten die Sozialarbeiter(innen) Bericht und beraten jene Personen und Instanzen, welche den Klienten und Klientinnen weiter unterstützen werden.

4

Das Signalisieren von Unzulänglichkeiten (Lücken, Unklarheiten usw.) bei Regelungen und Einrichtungen.
Aufklärung der Klientengruppen ist hier eine essentielle Aufgabe. Ausserdem pflegen Sozialarbeiter und Sozialarbeiterinnen Kontakte mit Organisationen, welche solchen Unzulänglichkeiten abhelfen könnten und versuchen, diese zum Eingreifen zu bewegen. Auch Früherkennung/Früherfassung und Prävention gehören zur Aufgabe. Jüngere Arbeitslose, Betagte oder auf Sozialhilfe angewiesene Mütter

sind einige der kategorialen Gruppen, mit denen Sozialarbeiter und Sozialarbeiterinnen konfrontiert werden.

5
Koordination und Organisation von Hilfe und Dienstleistungen.
Damit soll erreicht werden, dass die verschiedenen Einrichtungen und Instanzen auf einander abgestimmt sind und keine Leerläufe, Kollisionen oder Überschneidungen auftreten. Diese Kernaufgabe ist vor allem im Bereich der häuslichen Hilfe (Familienhilfe) oder bei der Begleitung von Langzeitarbeitslosen anzutreffen.

Arbeitsfeld
Das Arbeitsfeld diplomierter Sozialarbeiter und Sozialarbeiterinnen erstreckt sich auf: Fachstellen für Sozialarbeit, kommunale Sozialdienste, Gesundheitszentren, Gemeinwesenarbeit/Quartierarbeit, Beratungsstellen für Alkohol- und Drogensüchtige, Krankenhäuser, Pflegeheime und Betriebe.
Ausserdem gibt es noch folgende Arbeitsmöglichkeiten: spezialisierte Organisationen für Betagten- und Jugendarbeit, Kinder- und Jugendschutz, Resozialisierung, Familienhilfe und Auffanghäuser, sozialpädagogische Dienste, Notauffangstellen und Flüchtlingsarbeit.

Chancen auf dem Arbeitsmarkt
Der Studiengang bezieht sich auf alle Domänen des Arbeitsfeldes und ist dementsprechend eine umfangreiche Ausbildung. Die Diplomierten sind auf vielen Gebieten einsetzbar. Sozialarbeit ist in den Niederlanden ein in breiten Kreisen anerkannter Beruf mit eigenem Profil und Berufskodex. Der Arbeitsmarkt ist erfolgsversprechend: Von allen Personen, die im Studienjahr 1995–96 ihr Studium erfolgreich abgeschlossen hatten, fanden 81% innerhalb zwölf Monaten eine Stelle.

3.2 Sozialpädagogische Hilfe (SPH)
Charakterisierung
Bezeichnend für die Tätigkeit der sozialpädagogischen Fachkräft ist oft die kontinuierliche und direkte Beziehung zu Klienten/Klientinnen in deren Wohnumgebung. Die professionellen Kompetenzen sind deshalb stark durch einen normativen und ethischen Kontext geprägt. Ausgangspunkte für das Handeln sozialpädagogischer Helfer und Helferinnen sind:

- das Fördern und Instruieren von Klienten und Klientinnen in deren Wohn- und Lebenssituation;
- Respektierung der Autonomie und Förderung Selbstbestimmungsmöglichkeiten von Klienten und Klientinnen;
- Rücksichtnahme auf deren Eigenart und Biographie.

Eine diplomierte sozialpädagogische Fachkraft hat verschiedene Möglichkeiten. Sie kann:

a) innerhalb des Lebenskontextes ihrer Klienten und Klientinnen tätig sein. Konkret heisst das u. a.:
- an der Lebens- und Alltagssituation der Klienten und Klientinnen teilnehmen;
- sie in einer Art und Weise betreuen, begleiten und/oder behandeln, dass dadurch ihre Entwicklung gefördert wird;
- (dabei) ein breites Repertoire (musisch-)agogischer Methoden und Techniken anwenden;
- die eigene Haltung und Handlungen in Bezug auf das jeweilige Wirkungsfeld besprechen, evaluieren und korrigieren/optimieren.

b) methodische Arbeit (theoretischer und/oder praktischer Natur) in den Vordergrund rücken, z. B.:
- arbeiten und denken/forschen unter Rückgriff auf einen Systemansatz;
- zusammen mit Klienten/Klientinnen und/oder direkt Involvierten die Lebenssituation der Ersten prüfen und (anschliessend) Hilfsbegehren, -ziele und -pläne (neu) formulieren;
- unter Einsatz ethischer und systematischer Rahmenbedingungen die Wahl der in Hilfssituationen anzuwendenden Mittel und Methoden formulieren, unterbauen und rechtfertigen;
- Hilfeleistungen und Hilfspläne evaluieren und optimieren.

c) in Hilfsorganisationen Aufgaben übernehmen, d. h.
- in Teams sowie mit Fachkräften verschiedener Disziplinen zusammenarbeiten;
- Arbeitssupport planen, organisieren und praktisch umsetzen;
- Führungsaufgaben übernehmen und/oder Kollegen/Kolleginnen Arbeitssupport bieten:
- sich als sozialpädagogische Fachkraft in einer Organisation profilieren und positionieren;
- als Vertreterin der eigenen Organisation mit externen Personen und Einrichtungen zusammenarbeiten.

d) Im Bereich der Laufbahnplanung und Berufsentwicklung tätig sein.

Arbeitsfeld

Die Ausbildung liefert das Rüstzeug für eine grosse Zahl von Funktionen in der Arbeit mit Kindern, Jugendlichen, Erwachsenen und Betagten. Sozialpädagogische Fachkräfte arbeiten mit Leuten aller Altersklassen, die z. B. wegen Behinderungen, Erziehungsproblemen, unakzeptablen Verhaltensformen oder nicht vorhandener oder unter Spannung geratener Familienkonstellation auf Begleitung, Behandlung, Unterstützung und Betreuung/Versorgung angewiesen sind. Die Arbeit kennt drei Stossrichtungen:

1. Ambulante Hilfe

Die Klienten und Klientinnen leben daheim und ihnen wird geholfen, damit sie auch weiterhin dort bleiben können. Einrichtungen für ambulante Hilfe sind u. a.:

· Jugendberatungsstellen
· Riaggs (= Regionale Institute für ambulante seelisch-geistige Gesundheitshilfe)
· Zentren für betreutes Wohnen
· Zentren, die intensive Betreuung zu Hause anbieten
· Einrichtungen für den Kinder- und Jugendschutz

2. Teilstationäre Hilfe

In diesem Fall leben Klienten und Klientinnen zu Hause, verbleiben aber regelmässig in einer Einrichtung, welche Hilfe, Behandlung oder Betreuung anbietet. Häufig handelt es sich dabei um Tageszentren. Zu den Einrichtungen für teilstationäre Hilfe gehören u. a.:

· Kindertagesräume in medizinischem Ambiente
· Tages-Auffang- und Behandlungszentren für schulpflichtige Kinder
· Tageszentren/-räume für geistig Behinderte
· Tagesräume in psychiatrischen Kliniken

3. Stationäre Hilfe

Die Klienten und Klientinnen wohnen nicht daheim. Als Helfer(in) hat man es mit einer Situation zu tun, in der den Betroffenen das Zuhause ersetzt werden muss. Beispiele für diese Art der Hilfe sind:

· Behandlungszentren für Kinder und Jugendliche
· Psychiatrische Einrichtungen
· Psycho-geriatrische Einrichtungen

- Strafanstalten
- Zentren für Drogen- und Alkoholsüchtige
- Einrichtungen für Personen mit einer körperlichen (z. B. visuellen) oder geistigen Behinderung
- Krisenbetreuung für Familien

Funktionen

Sozialpädagogen und -pädagoginnen mit Fachhochschulabschluss können u. a. in folgenden Funktionen/Funktionsbereichen tätig sein:

- Gruppenleitung
- Sozialtherapie
- Aktivitätenbetreuung
- Teambegleitung
- Video Hometraining
- Casemanagement
- Abteilungsleitung
- Präventions-/Aufklärungsarbeit

Es muss darauf hingewiesen werden, dass für einige der obigen Funktionen zuerst gewisse Berufserfahrungen gesammelt werden müssen. Man redet dann von «Reifungsfunktionen».
Sozialpädagogen und -pädagoginnen sind in erster Linie im Teamverband aktiv.

Chancen auf dem Arbeitsmarkt

Die Absolventen und Absolventinnen sind auf vielerlei Gebieten einsetzbar und haben bislang rasch Stellen gefunden. 86% der Studierenden, die ihre Ausbildung 1995 beendet hatten, fanden innerhalb von sechs Monaten nach der Diplomierung Arbeit in ihrem Fachgebiet.

3.3 Kulturelle und gesellschaftliche Bildungsarbeit

Charakterisierung

Das Verbindende an den Tätigkeiten der in diesem Berufszweig tätigen Fachkräfte ist, dass sie sich immer im Kontext der Bildung & Erziehung, Erholung & Freizeit, Gemeinwesenaufbau und Kunst & Kultur bewegen (vgl. Spierts 1998). Fachkräfte für soziokulturelle Bildung sind in subventionierten oder kommerziellen Einrichtungen und Organisationen tätig.

Grob skizziert umfasst ihre Arbeit:
· die Organisation und Koordination von Aktivitäten;
· die Begleitung und Betreuung von Aktivitäten;
· das Kreieren von Bedingungen, um Aktivitäten zu ermöglichen.

Damit Individuen und/oder Gruppen gute Leistungen geboten werden kann, erwartet man von den Absolventen und Absolventinnen, dass sie folgende Funktionen beherrschen:
· das Knüpfen und Gestalten von Kontakten, um den Zugang zu (potentiellen) Teilnehmern und Teilnehmerinnen zu finden;
· das Programmieren und Organisieren, damit Aktivitäten und Programme zielorientiert entwickelt, ausgeführt und evaluiert werden können;
· das Begleiten von freiwilligen Helfern/innen und Teilnehmern/innen;
· das einrichtungsorientierte Arbeiten, sodass Verantwortlichkeit – meistens innerhalb eines Teams – für das Funktionieren der Einrichtung übernommen werden kann;
· das Entwickeln, Mittragen und Umsetzen von Steuerungsmassnahmen auf Basis der Einrichtungspolitik.

Arbeitsfeld
Die spezifische Kompetenz der soziokulturellen Fachkraft wird von vielen Bereichen und Organisationen nachgefragt. Zu erwähnen sind:
· Wohlfahrtseinrichtungen/Einrichtungen für das Gemeinwohl (Aufgabenbereiche: Freizeit- und Erholungsaktivitäten, Erziehung und Gemeinwesenaufbau, Kunst & Kultur für alle Altersgruppen);
· die Jugendarbeit (Aufgabenbereiche: Veranstaltungen, Arbeit mit Randgruppen oder in offenen Jugendzentren);
· Bildungsorganisationen (Volkshochschulen, Bildungszentren);
· die integrierte Bildungsarbeit (in/bei Gewerkschaften, politischen Parteien, Kirchen/Pfarreien, Spitälern und Strafvollzugsanstalten);
· erzieherische Dienstleistungen, Umwelt- und Drittweltbewegungen;
· die Gemeinwesenarbeit (Aktivitäten: Quartieraufbau/Stadtteilarbeit, Betreuung von Bewohnern/Bewohnerinnen bei Stadtsanierung und bei Projekten zur sozialen Erneuerung);
· Projekte zur Arbeitsbeschaffung und Wiedereingliederung;
· kulturelle Einrichtungen (Theater, Lokalradio und -fernsehen);
· Organisationen im Bereich Erholung, Freizeit und Tourismus.

Funktionen

Eine Fachperson für soziokulturelle Bildung mit Fachhochschulabschluss kann in folgenden Funktionsbereichen tätig sein:

- Gemeinwesenarbeit
- Quartier- und Klubhausarbeit
- Bildungs-, Erziehungs- und Freizeitarbeit
- Arbeit mit Kindern
- Jugendarbeit

Ausserdem sind in jüngster Zeit eine ganze Reihe neuer Initiativen,
Aktivitäten und Projekte entwickelt worden, z. B.:

- organisatorische und programmatische Arbeit in Quartiertheatern,
  Kreativitätszentren und sonstigen kulturellen Einrichtungen;
- Betreuung und Organisation von Arbeitsvermittlungs- und Arbeits-
  beschaffungsprojekten;
- Koordination sozialer Erneuerungsprojekte und Unterstützung von
  Bewohnern/Bewohnerinnen bzw. deren Initiativen oder Projekte.

Chancen auf dem Arbeitsmarkt

Die Absolventen und Absolventinnen sind auf vielen Gebieten ein-
setzbar und finden schnell passende Arbeit. 1994 hatte 90% der
Diplomierten innerhalb von sechs Monaten nach Abschluss ihres
Studiums eine Stelle.

3.4 Sozial-juristische Dienstleistungen

Charakterisierung

Die Kernaufgaben sozial-juristischer Dienstleistung sind:

1

Konkrete Dienste sowie Beratung und Aufklärung von Personen bezüglich Gesetze, Regeln und Einrichtungen. Es kann sich dabei um
Angelegenheiten handeln wie: Renten, Streitigkeiten unter Nachbarn,
Studienbeihilfen, Konsumentenfragen oder Schulden(-tilgung).
Häufig betreffen diese Dienste Einzelpersonen, aber im Falle von Aufklärung oder Interessenvertretung kann es sich auch um Klientengruppen handeln.

2

Ausführung und Anwendung von Gesetzen und Regeln. Möglich ist
z. B., dass ein(e) sozial-juristisch(r) Mitarbeiter(in) beim Sozialdienst

angestellt ist und über die Bewilligung von Sozialleistungen zu entscheiden hat. Dazu braucht es aber Kenntnisse des Allgemeinen Sozialhilfegesetzes.

Damit eine sozial-juristische Fachkraft über die Möglichkeit verfügt, richtige Entscheidungen zu fällen, ist es unabdingbar, dass diese sich mit Situation und Hintergrund der Klienten und Klientinnen ausführlich auseinandersetzen kann

3

Berichterstattung an und Beratung von Instanzen. Sie basieren auf Untersuchungen zur sozialen und wirtschaftlichen Situation der Klienten und Klientinnen.

4

Organisation und Koordination der Dienstleistungen. Dadurch wird zu verhindern versucht, dass die verschiedenen Einrichtungen und Instanzen unkoordiniert vorgehen und deswegen ihre Energie vergeuden.

5

Signalisierung (Früherkennung) und Aufklärung.

Oft signalisieren sozial-juristische Fachkräfte, dass gewisse Probleme, wie z. B. Lücken und Mängel in gewissen Regelungen, mehrere Personen zur selben Zeit belasten. Dann nimmt er in Kooperation mit Klientengruppen Kontakte auf mit Organisationen, welche diesen Missständen abhelfen können.

Funktionen und Arbeitsfelder

1. Aufgaben im Bereich der sozialen Sicherheit, z. B. bei folgenden Institutionen:
   - kommunalen Sozialdiensten;
   - Berufsgruppenvereinigungen (= Verbände, die für die Ausführung bestimmter Sozialversicherungsgesetze zuständig sind);
   - Krankenkassen;
   - Einrichtungen die dem Gesetz über beschützenden Arbeitsplätze unterstellt sind.

2. Beratung von und Information für
   - Sozialberatungsstellen;
   - Informationszentren;

- Wohlfahrtseinrichtungen (z. B. in Bezug auf materielle Hilfe);
- Anlaufstellen für Studienbeihilfen;
- Interessenorganisationen (Gewerkschaften, Interessengruppen);
- Personen, die unter das Arbeitsunfähigkeitsgesetz fallen;
- Behindertenorganisationen;
- Opfer und Geschädigte.

3. Dienstleistungen im strafrechtlichen Bereich
   - spezifische Aufgaben und Funktionen bei der Resozialisierung (materielle Hilfe, Alternativstrafen);
   - Flüchtlingsarbeit;
   - Dienste für die Polizei;
   - spezifische Funktionen in Untersuchungsanstalten und Gefängnissen;
   - Vermittlung bei Beschwerden (z. B. in Bezug auf die Gesundheitshilfe oder den Kinder- und Jugendschutz).

4. Aufklärungsarbeit für z. B.
   - Konsumentenorganisationen;
   - Wohnungsbauvereine und Wohnungsämter;
   - kommunale Abteilungen für Mitsprache und Information;
   - Budgetberatungsstellen.

5. Ombudsarbeit für
   - Gemeinden;
   - Spitäler.

6. Arbeitsbezogene Aufgaben (Unterstützung, Vermittlung bei der Arbeitssuche) für z. B.
   - Arbeitsvermittlungsstellen;
   - regionale Schulen;
   - kommunale Sozialdienste.

Chancen auf dem Arbeitsmarkt
1995 hatten 87% der Absolventen und Absolventinnen des Lehrgangs Sozial-juristische Dienstleistung innerhalb von sechs Monaten nach der Diplomierung Arbeit in ihrem Fachgebiet gefunden.

3.5 Personal und Arbeit

Charakterisierung

Die Kernaufgaben sind:

1

Entwicklung und Ausformulierung der Personal- und Arbeitspolitik oder Teile derselben.

2

Beratung von Management und Personal. Die zuständige Fachkraft informiert die Mitarbeiter über die Personal- und Organisationspolitik und erläutert sie, wenn dies erwünscht wird. Ausserdem kann über andere Angelegenheiten informiert werden, wobei die Bandbreite von der Anwendung von Arbeitsbedingungen bis zur gemeinsamen Inangriffnahme komplexer Probleme reicht.

3

Entwicklung und Anwendung von Instrumenten für die Personalpolitik der Organisationen. Dabei ist zu denken an Instrumente zur Steuerung der Fluktuationen (= Zuzüge, interne Wechsel und Abgänge von Personal) wie z. B.:
- Anwerbung, Selektion und Einführung von Personal;
- Laufbahnsteuerung;
- Ausbildung;
- Funktionsevaluation und Entlöhnung;
- Massnahmen/Strategie bezüglich krankheitsbedingter Abwesenheit;
- Freistellungsverfahren.

Die zuständige Fachkraft hat dafür zu sorgen, dass die für die Personal- und Organisationspolitik geschaffenen Instrumente praktikabel sind und auch tätsächlich eingesetzt werden.

4

Arbeitsmassnahmen und Personalplanung. Die Fachkraft befasst sich mit der Lenkungs- und Implementationsseite von Arbeitsfragen. Beispiele dafür sind:
- Arbeitsvermittlung
- Laufbahnplanung
- Arbeitsmarktpolitik

5

Begleitung von Veränderungsprozessen

Fachkräfte für Personal und Arbeit haben in diesem Bereich immer häufiger eine aktive Rolle zu übernehmen. So befassen sie sich z. B. mit

- Reorganisationsprozessen
- Arbeitsprozessveränderungen
- Auswirkungen technologischer Entwicklungen
- Qualitätsverbesserungsverfahren

6

Arbeit in Organisationen. Eine Fachkraft soll fähig sein, in einem organisatorischen Verband effektive und effiziente Leistungen zu erbringen.

7

Berufsbild und -entwicklung. Diese Kategorie bezieht sich auf die der Fachkraft obliegende Verantwortlichkeit für die richtige Berufsinterpretation und für die weitere Professionalisierung des Berufes. Massgebend sind hier die expliziten und impliziten «Kodexe» der Berufsgruppe.

Arbeitsfelder und Funktionen

Fachkräfte für Personal und Arbeit sind auf drei Niveaus innerhalb der Organisation tätig. Man unterscheidet:

- Junior-Niveau:

  Assistent(in) im Bereich Personal und Arbeit (P & A)
- Meso-Niveau/mittleres Niveau:

  selbständig operierende Fachkraft für P & A.
- Senior-Niveau:

  Leiter(in) oder Sektorfunktionär(in) für P & A.

Personen mit Fachhochschulabschluss können auf mittlerem Niveau tätig sein.

Die Fachkraft für Personal und Arbeit verrichtet in ihrer Organisation Aktivitäten im Bereich der Organisations- und Sozialpolitik. Auch besteht für Absolventen und Absolventinnen der Fachhochschule die Möglichkeit, bei intermediären Einrichtungen mit dem Schwerpunkt «Mensch, Arbeit und Organisationen» tätig zu werden.

Im Bereich der Funktionen mit einem spezialistischen Gepräge findet man Fachkräfte für:

- Anwerbung und Selektion
- Funktionsevaluation
- Formation/Gestaltung und Planung
- Emanzipationsfragen
- (Betriebs-)Ausbildungen
- Arbeitsbedingungen und Rechtsfragen
- Organisationsberatung
- Selektion, Outplacement und Karriereberatung
- Gewerkschaftsarbeit
- Entwicklungsmanagement

Auf dem Gebiet der Arbeitsmassnahmen dominieren insbesondere die folgenden Tätigkeiten:

- Vermittlung, Überweisung
- Beratung und Begleitung
- Aufklärung und Selektion

Die dazu gehörenden Funktionen sind:

- Mitarbeiter(in) Organisationspolitik
- Projektleiter(in)

Im Bereich der Arbeitsmarktpolitik und Arbeitslosigkeitsbekämpfung gibt es ausserdem spezifische Funktionen wie:

- Konsulent(in) für das Personalwesen
- Arbeitsexperte/-expertin
- Projektmitarbeiter(in) im Bereich der Temporärarbeit
- Fachkraft für Schulung, Bildung und Training

Chancen auf dem Arbeitsmarkt
Von den Absolventen und Absolventinnen des Jahres 1993–94 fanden zirka 90% innerhalb 6 Monaten nach Diplomabschluss eine Stelle.

4. Struktur und Aufbau der Ausbildungsvarianten

Das Diplom basiert auf einem Studienaufwand von 168 Studien-Punkten, wobei ein Punkt 40 Stunden entspricht. Folglich besteht z. B. ein Projekt oder Programm mit 4 Studien-Punkten aus 160 Stunden Studienaufwand. (Unter Studienaufwand werden die durchschnittlichen Anstrengungen der Studierenden zum Erreichen eines mittleren Niveaus verstanden.)

In den Niederlanden wird der Studienaufwand für *jedes Programm* durch Studien-Punkte zum Ausdruck gebracht. Eine Woche (= 40 Stunden) entspricht immer einem Studien-Punkt. Ein Ausbildungsjahr umfasst 42 Punkte (= 1680 Stunden). Ein 4-jähriges Curriculum verlangt also 168 Punkte oder einen Arbeitsaufwand von 6720 (= 4 x 1680) Stunden.

Jede 4-jährige Lernroute besteht aus zwei Etappen, eine propädeutische (= das erste Jahr) sowie eine Hauptetappe (= das zweite, dritte und vierte Jahr).

Das Kernziel der Propädeutik ist die angemessene Vorbereitung der Studierenden auf die Hauptphase der Ausbildung und auf eine bewusste Ausbildungsentscheidung. Sie erfüllt eine selektierende, orientierende und empfehlende/beurteilende Funktion; es besteht somit die Möglichkeit, Studierenden am Ende ihrer Propädeutik nahe zu legen, dass es für sie besser sei, auf eine Fortsetzung der Ausbildung zu verzichten. In den meisten Fällen ist der negative Ratschlag eine Folge ungenügender Lernresultate und der Nicht-Eignung für den angestrebten Beruf.

Während der Hauptphase dann werden sich die Studierenden in die spezifischen Gebiete der sozialagogischen Hilfe vertiefen.

Die didaktische Struktur des Curriculums verläuft in groben Linien wie folgt:

Propädeutik: sozialagogische Orientierungen
2. Jahr: Berufsbildung
3. Jahr: berufliches Handeln
4. Jahr: Berufsentwicklung

Einige Hochschulen arbeiten nach dem Prinzip einer einheitlichen Propädeutik; die Hochschule von Amsterdam z. B. kennt für die Studienrichtungen MWD, CMV und SPH für alle Studierenden ein gemeinsames erstes Jahr.

4.1 Ausbildungsvarianten

Der Fachhochschulunterricht kennt folgende Optionen:

Vollzeitunterricht

Alle Studien-Punkte (168) werden an der Schule/durch Ausbildungs-aktivitäten – inklusive Praktikum – erworben.

Teilzeitunterricht (Berufsbegleitender Unterricht)

Diese Unterrichtsform können Studierende nur dann wählen, wenn sie mindestens 20 Stunden pro Woche in einer für die Ausbildung relevanten Stelle beruflich tätig sind. Die Hälfte (= 84) der Studien-Punkte werden durch Unterrichtsaktivitäten, die restlichen 50% durch arbeitsbezogene Tätigkeiten erworben.

Kooperative Ausbildung («co-op»)

Diese Variante verknüpft Arbeit und Lernen und wird seit 1992 an den Fachhochschulen angeboten. Kooperationsunterricht bedeutet, dass Studierende nach dem propädeutischen Jahr während einer Periode von vier Jahren abwechslungsweise einige Monate arbeiten und studieren. In dieser Zeit werden die Studierenden als Arbeitnehmer(innen) im Sinne des Zivilgesetzbuches betrachtet. Diese Ausbildungsform gibt es im sozialen Bereich lediglich an zwei Hochschulen. Die Abschlussdiplome der drei obigen Lernpfade sind gleichwertig. Die (unterschiedliche) Praxisrelevanz der Diplome kann aber die Chancen auf dem Arbeitsmarkt beeinflussen.

4.2 Praxis und Praktikum

Normalerweise werden etwa 30–35% der Studien-Punkte mittels Praktika und/oder Forschungsarbeiten während der Berufspraxis erworben. Je nach Ausbildung gibt es aber starke Unterschiede.

Die meisten Ausbildungen haben das Praktikum für das dritte Jahr vorgesehen. Ein durchschnittliches Praktikum in der Sozialagogischen Ausbildung kennt einen Umfang von 38 Punkten. Die Praxisvorbereitung erfolgt im zweiten und die praktischen Untersuchungen im vierten (letzten) Jahr. Aber auch hier gibt es je nach Ausbildung Unterschiede.

Die Dreieinheit *Praktikumsvorbereitung-Praktikum-Praxisuntersuchung* kann in einigen Fällen 55 oder mehr Studien-Punkte einbringen.

4.3 Didaktische Entwicklungen

Auch in diesem Bereich sind die Unterschiede zwischen den Ausbildungen gross. Verallgemeinernd lässt sich festhalten, dass es einerseits Schulen mit einer stark segmentierten Struktur gibt; sie zeichnen sich durch eine hohe Zahl an unterschiedlichen Programmteilen und Trainingseinheiten aus, wobei die Dozenten und Dozentinnen noch in traditioneller Art und Weise Wissen vermittelt. Andererseits gibt es immer mehr Ausbildungen, die nach dem Prinzip des problemgesteuerten oder des Projektunterrichtes aufgebaut sind. Besonders die letzte Form verlangt von den Studierenden viel Selbstständigkeit und Disziplin; es wird gefordert, dass diese sich aktiv aufstellen und das nötige Wissen quasi selber zusammentragen. Diese Verlagerung des Schwerpunktes wird oft bezeichnet als: *Vom Wissenstransfer zum Wissenserwerb.*

Letztere Lernform steht hoch im Kurs, weil dadurch in der Unterrichtspraxis bereits Elemente der künftigen Berufspraxis vorweggenommen werden. Studierende werden auf diese Weise besser imstande sein, sich Kompetenzen anzueignen, die ihnen ermöglichen, sich in der Praxis als hochqualifizierte Fachkräfte zu positionieren.

4.4 Arbeitsformen

Auf knappem Raum ein Überblick über die verschiedenen Arbeitsformen im sozialagogischen Unterricht zu geben, ist nicht möglich – wir beschränken uns auf folgende globale Charakterisierung.

Theorie-Unterricht erfolgt mittels umfassender Vorlesungen und/oder in Arbeitsgruppen, bestehend aus (maximal) 25 Personen. Trainings werden für Gruppen mit 8–16 Personen angeboten. Der für den sozialagogischen Sektor typische Methodikunterricht erfolgt in Gruppen von bis zu 24 Personen. Projektgruppen kennen eine Grösse von 4–8 Personen.

Ein Phänomen besonderer Natur im sozialagogischen Unterricht ist die Supervision. Sie erfolgt im dritten Jahr während des Praktikums. Dabei geht es entweder um eine Gruppen-Supervision oder um eine Triade. Je nach Ausbildung sind die Unterschiede beträchtlich. Im Schnitt gibt es 16 Supervisionssitzungen zu je 2 Stunden.

Die zum Projektunterricht gehörenden Aufträge sind auf alle vier Jahre verteilt. Die Diplomarbeit wird selbstverständlich erst im letzten Jahr verfasst.

5. Das Verhältnis zwischen Unterricht und Arbeitsmarkt

Für die Entwicklung und Pflege einer qualitativ hochstehenden Berufsausbildung sind gute Beziehungen zum Arbeitsmarkt von vorrangiger Bedeutung. In Bezug auf Praktika und Arbeit für Studierende ist seit jeher der Kontakt mit Einrichtungen wichtig, damit die Abstimmung von Ausbildungs- und Arbeitsfeldsanforderungen geregelt werden kann.

Solche Praxis- und Praktikumskontakte sind ausserdem relevant für die Signalisierung von Entwicklungen in den Arbeitsfeldern. Im Weiteren unterhalten die Ausbildungen und Arbeitsfeld-Einrichtungen noch eine Reihe weiterer Berührungspunkte. Konkret gibt es folgende Kooperationsaktivitäten:

a) Die Partizipation von Fachkräften aus dem Arbeitsfeld in Ausbildungselementen, z. B. in Form von
   - Gastunterricht;
   - Anwesenheit bei Projektpräsentationen;
   - Studiumskonferenzen mit Dozenten und Dozentinnen;
   - Mitarbeit bei den Diplomprüfungen;
   - Mitbeurteilung von Aufträgen für die Diplomprüfungen.

Oft auch machen die Ausbildungen zusammen mit involvierten Arbeitsfeldexperten eine Evaluation des Abschlussniveaus von Absolventen und Absolventinnen.

b) Die Einsetzung eines Beratungsgremiums für die Ausbildung. Ein solches Gremium ist gesetzlich vorgeschrieben. Es berät die Ausbildungsinstitute in generellen Zügen über die Unterrichtspolitik und informiert über relevante Entwicklungen in den für sie massgebenden Sektoren. Oft verfügen Personen aus dem oberen Management der Einrichtungen über einen Sitz im Beratungsgremium.

c) Das Entwickeln und Durchführen von Projekten für die Abschlussprüfungen. Immer mehr wächst bei den Ausbildungen das Bewusstsein, bei der Formulierung von Diplomaufträgen müssten sowohl die Interessen der Ausbildungsseite wie auch jene des Arbeitsfeldes berücksichtigt werden. Diese Projekte besitzen oft den Charakter von Forschungsarbeiten und zielen auf die Herstellung eines Produktes, das (positive) Auswirkungen auf die Praxis haben sollte.

d) Austausch von Fachwissen.

e) Realisierung eines für das Arbeitsfeld relevanten Kursangebotes.

f) Zusammenkünfte für Praxisbetreuer und -betreuerinnen (Coaches).

5.1 Profile der Berufsdomänen

Eine noch junge Entwicklung, welche wahrscheinlich grosse Konsequenzen für die Ausbildungen haben wird, ist die Ausarbeitung so genannter «Profile der Berufsdomänen». Mit diesem Terminus soll zum Ausdruck gebracht werden, dass pro Domäne (Sektor) von einer klar erkennbaren Identität des berufsmässigen Handelns die Rede ist. Für jede Domäne werden Kernqualifikationen formuliert, welche von den einzelnen Arbeitsfeldern als Ausgangspunkt für die Förderung von Lernfähigkeiten auf Einrichtungsniveau und für die Gestaltung der Funktionspraxis sowie Weiter- und Fortbildungsaktivitäten in Anspruch genommen werden. Ausserdem enthalten die Profile fünf Qualifikationsstufen, welche in den Ausbildungsstufen HBO (= Fachhochschule), MBO (= mittlerer berufsbildender Sekundärunterricht) und VBO (= Vorbereitung auf die Berufslehre/Anlehre) ihr Pendant finden (müssen).

Diese Erneuerung der Berufsstruktur im sozialagogischen Sektor ist ein Kooperationsprojekt der Sozialpartner im Fürsorge- und Sozialwesen. Das Projekt bezweckt, die Berufstätigkeiten des Sektors systematisch und vergleichend zu beschreiben, sodass insbesondere die Ausbildungen beim Aufstellen ihrer Lehrgänge über mehr Anhaltspunkte verfügen können.

Fertige Domänenprofile bestehen zurzeit für die Sektoren sozialpädagogische Hilfe, Sozialarbeit und soziokulturelle Arbeit.

Der Sektor Fürsorge- und Sozialwesen besteht aus zwölf- bis dreizehntausend Einrichtungen. Diese bieten

- Hilfe für Betagte und Behinderte,
- häusliche Hilfe,
- soziale und ambulante Dienstleistungen,
- soziokulturelle Dienste und Gemeinwesenarbeit,
- Auffangmöglichkeiten für unterschiedliche Gruppen,
  und beschäftigen etwa 300 000 Fachkräfte, die in verschiedenen Funktionen tätig sind, z. B. als:
- Betagtenbetreuer(in);
- Gruppenleiter(in) in einem Heim für Familienersatz;
- Quartierschwester;

- Familienhelfer(in);
- Sozialberater(in);
- Sozialarbeiter(in);
- Leiter(in) der Kinderkrippe;
- Berater(in) für sozial-gesellschaftliche (soziokulturelle) Aktivierung;
- Gemeinwesenarbeiter(in).

In der obigen Auflistung sind jene Sektoren, die zur Gesundheits-(für)sorge gehören, wie z. B. psychiatrische Einrichtungen und das Gefängniswesen, nicht berücksichtigt worden. Diese beiden Sektoren bilden zwar für Absolventen und Absolventinnen einen grossen Arbeitsmarkt, sind aber in den Profilen der Berufsdomänen noch nicht aufgenommen worden.

In Anbetracht der Tatsache, dass das Profil aus fünf verschiedenen Qualifikationsstufen besteht, wird die Frage, welche Ausbildung welcher Stufe entspricht, in Zukunft ein wichtiger Fokussierungspunkt bilden.

Die Studienrichtungen MWD, CMV und SPH haben mittlerweile landesweit ein Projekt lanciert mit dem Ziel, in ihren Curricula einen Anteil an gemeinsamen Endtermini von mindestens 60% zu erreichen. In diesem Bestreben spielt die Abstimmung mit den Profilen der Berufsdomänen eine wichtige Rolle.

6. Qualitätsüberwachung

Ein wichtiger Punkt für die Hochschulen ist die Qualitätsbewahrung ihrer Ausbildungen. In diesem Zusammenhang hat der Hochschulverein, d. h. der Rat für die Fachhochschulen, das Programm *Sektorale Qualitätspflege* vorgesehen. Das Ziel ist das Gewinnen und Verschaffen von Einsicht in die Qualität des Fachhochschulunterrichts sowie das Leisten von Beiträgen zur Qualitätsverbesserung und zur Entwicklung interner Qualitätsmassnahmen. Auf diese Weise legen die Hochschulen über die Qualität ihrer Ausbildungen zugleich auch Rechenschaft gegenüber der Gesellschaft ab.

Die Hochschulen fertigen so genannte Selbstevaluationsberichte an, welche eine systematische Qualitätsbeurteilung und -analyse von einer oder mehreren Ausbildungen enthalten. Ausserdem werden vom Verwaltungsausschuss des Fachhochschulrates Visitationskommissionen, besetzt mit externen Expert(inn)en, gebildet, welche u. a. aufgrund der Selbstevaluationen fundierte Beurteilungen der Ausbildungsqualität und Vorschläge zur Qualitätsverbesserung präsentieren müssen. Im Anschluss daran müssen die einzelnen Hochschulen über die Massnahmen, die sie, aufgrund der Befunde der Visitationskommission, zur Verbesserung der Unterrichtsqualität ergriffen haben oder noch ergreifen werden, Rechenschaft ablegen.

Die äusserste Konsequenz für eine negativ bewertete Studienrichtung kann darin bestehen, dass das Unterrichtsministerium ihr keine Geldmittel mehr zur Verfügung stellt.

Mittlerweile sind alle Ausbildungen sozialagogischer Fachhochschulen geprüft worden. Der Fachhochschulrat hat ebenfalls das System der Qualitätspflege evaluiert. Infolgedessen ist vorgeschlagen worden, künftig zu unterscheiden zwischen einerseits der Akkreditierung/Anerkennung von Ausbildungen/Lehrgängen aufgrund vorab bestimmter Mindestanforderungen und andererseits einer ausbildungsbezogenen Paneluntersuchung. In einer solchen Paneluntersuchung wird geprüft, ob Ambitionen, die über die Mindestanforderungen hinausgehen, auch verwirklicht werden (können).

Ein weiterer Vorschlag ist, in der Schlussfolgerung der Paneluntersuchung auch ein «Ranking» der geprüften Ausbildungen aufzunehmen. Beide Empfehlungen haben noch keine verbindlichen Schritte ausgelöst. Seit dem Studienjahr 1995–96 erscheint jährlich ein «Ratgeber für das Hochschulstudium». Diese Publikation basiert u. a. auf breitangelegten Umfragen unter Studierenden und den Selbstevaluationsdaten der Hochschulen. Im Ratgeber befindet sich auch ein Ranking der Ausbildungen, das anhand folgender Kriterien zustande gekommen ist:

- Inhalt des Studienprogramms
- Kohärenz des Programms
- Förderung des selbständigen Denkens
- Qualität der Dozenten und Dozentinnen
- Stundenpläne und Zwischenprüfungen
- Studiermodalitäten/Betreuung
- Karriereplanung
- Bibliothek und Computer
- Räumlichkeiten und Standorte
- Stellenwert der Einrichtung und der Ausbildung aus der Sicht der Absolventen und Absolventinnen («same place, same training»)

Im Weiteren sind die Ergebnisse der Selbstevaluationen auch in den Medien präsent; dort werden sie ausführlich besprochen und mit Kommentar versehen, wobei ebenfalls ein Rankingsystem verwendet wird.

7. Inhaltliche Schwerpunkte

In Anbetracht der vielen Spielarten im Arbeitsfeld und bei den Ausbildungen ist es nicht möglich hier detailliert auf inhaltliche Entwicklungen einzugehen. Wir können nur einige wenige Aspekte touchieren.

Die klarste Tendenz ist die Verschiebung von der Spezialisierung zu einer breiten Berufsqualifikation – was aber nicht bedeutet, dass Spezialisierungen in Bezug auf bestimmte Zielgruppen oder inhaltliche Kompetenzen verschwunden sind. So wurden z. B. vor einigen Jahren von verschiedenen Ausbildungen Spezialisierungen wie interkulturelle Hilfe, Streetwork, Sozialarbeit für Betagte usw. angeboten. Diese Ausrichtungen existieren immer noch, sind aber heute viel stärker im Programmangebot *integriert*. Selbstverständlich verfügen Studierende über die Möglichkeit, durch eine Untersuchung bzw. ein Projekt am Schluss ihres Studiums oder anhand von Wahlfächern eine spezifische Problematik in vertiefter Form anzupacken. Jedoch erfolgt eine solche Spezialisierung immer im Kontext der Hauptaufgaben, Domänen und/oder Diplomanforderungen. Der Grund liegt in der Erkenntnis, dass Berufsanfängern umd -anfängerinnen ein besserer Start auf dem Arbeitsmarkt gelingt, wenn sie mit einer Reihe von Grundqualifikationen ausgerüstet sind. Siehe dazu Abschnitt 3.

Ein weiteres immer wieder vorgetragenes Argument basiert auf der Feststellung, dass es adäquater ist, wenn funktionsspezifische Kompetenzen in der Praxis erlernt werden können, ist doch der Arbeitsmarkt permanent Schwankungen und Veränderungen ausgesetzt. Und das zwingt die Fachkräfte dazu, sich kontinuierlich weiter- und fortzubilden. Permanente Fort- und Weiterbildung gehört übrigens zu den wichtigsten Anliegen der Gewerkschaften in den jährlich stattfindenden Tarifverhandlungen zwischen Arbeitgeber- und Arbeitnehmerorganisationen. Diese auf Wissen/Kenntnisse ausgerichtete Unterbauung der Praxis ist einer der kennzeichnenden Aspekte des so genannten «Poldermodells» (das sich kennzeichnet durch Verhandlungen aller Beteiligten, bis ein für alle akzeptabler Konsens und Kompromiss gefunden ist).

Immer mehr Ausbildungen lassen sich vom Prinzip der Fachhochschul- und Schlüsselqualifikationen führen.

Es sind die *Fachhochschulqualifikationen,* die sich wie ein roter Faden durch die Ausbildungen ziehen. Sie umreissen das Abschlussniveau, dem die Studierenden zu genügen haben, bestimmen den Wortteil «hoch» in «Fachhochschule» und werden in zunehmendem Mass als Leitfaden für den didaktischen Aufbau des Unterrichts verwendet.

Beispiele sind Qualifikationen:

· auf dem Gebiet der Analyse- und Untersuchungsfähigkeit
· in Kooperations- und Beratungsbereich
· im Bereich der Selbstreflexion

Schlüsselqualifikationen sind Qualifikationen, die zum bleibenden Kern eines Berufes oder Funktionsgebietes gehören. Die beste Garantie, dass sie auch zum Tragen kommen, bieten all jene Arbeitsweisen, bei denen Studierende vom Anfang an mit Problemstellungen konfrontiert werden, welche der späteren Berufspraxis entnommen sind. Dadurch wird die Ausbildung ein geeignetes Übungsgelände für die angehenden Fachkräfte. Mit solchen praktischen Problemstellungen als Basis erarbeiten sie in der Folge Endprodukte, die schliesslich auf ihren Gebrauchswert für die Berufspraxis beurteilt werden. Eine realistische Fallstudie mit einer klar formulierten Problemstellung kann für die Ansteuerung der Lehr- und Lernaktivitäten einen ausgezeichneten Anhaltspunkt bilden. Auch können reale oder simulierte Berufssituationen verwendet werden, um Integration und Vertiefung der beruflichen Qualifikationen zu bewerkstelligen. Durch diese Option lässt sich der Lernprozess über berufsmässige Probleme anpeilen/ansteuern.

8. Internationalisierung

Die Zahl der ausländischen Studenten und Studentinnen an den niederländischen Hochschulen nimmt ständig zu. 1992 wurde der Unterricht von 10 000 Personen ausländischer Nationalität besucht. Der Sozialagogische Fachhochschulunterricht partizipiert aktiv an

Programmen, die aus Fonds der Europäischen Union finanziert werden. Programme auf der Stufe der Fachhochschulen sind *Socrates, Leonardo da Vinci, Tempus Phare* und *der Stimulierungsfonds für die Internationalisierung von Hochschulunterricht/STIR.* (Letzteres ist ein Programm, das vom niederländischen Staat finanziert wird.) Ein Studentenaustausch erfolgt für Perioden von 1 bis maximal 12 Monaten. Wollen niederländische Studenten dafür in Betracht kommen, sind sie verpflichtet, die Sprache des Landes zu beherrschen, in dem sie ihr Studium oder Praktikum (teilweise) absolvieren möchten.

In jüngster Zeit haben die Hochschulen viel Energie in den Aufbau von Langzeit-Kontrakten mit ausgewählten ausländischen Partnern investiert. Das Ziel ist, strukturelle Kontakte aufzubauen, wodurch ein reichhaltiger sozialer und inhaltlicher Austausch möglich wird.

Der Beteiligungsgrad der niederländischen Hochschulen an den obenerwähnten Programmen liegt hoch. An den 59 relevanten *International Contact Programs* partizipieren 29 niederländische Soziala-gogische Fachausbildungen. Es gibt sogar einige Hochschulen, die sich gleichzeitig an nicht weniger als 5 *ICPs* beteiligen. Die meisten *ICPs,* an denen niederländische Hochschulen beteiligt sind, betreffen Studentenmobilität, Programmentwicklung und Intensivprogramme.

Neben der Mobilität wächst auch die Bedeutung der Informations-technologie – was zur Konsequenz hat, dass die regulären Programmteile immer mehr internationale Züge annehmen. Internationalisierung von ihrer Heimbasis aus ist auch für die Sozialagogische Fachausbildung eine notwendige Entwicklung, will sie ihre Berufe auf dem internationalen Markt positionieren können.

Der Rat für die Fachhochschulen hat sich an der Ausführung eines Projektes der Europäischen Kommission beteiligt, um (erste) Erfahrungen mit Qualitätsentwicklung und -sicherung in einem internationalen Kontext zu machen. Bei der vergleichenden Evaluation des Projektes hat sich herausgestellt, dass viele Länder an einem System der Qualitätssicherung, wie es oben geschildert wurde, grosses Interesse bekunden.

9. Zulassungsbedingungen

Personen, die ein sozialagogisches Studium aufnehmen möchten, müssen einen Abschluss einer Real-, Mittel-, oder dreijährigen Berufsschule vorweisen können oder über ein vergleichbares Diplom verfügen.

Studiumsanwärter(innen) mit einer abgeschlossenen dreijährigen Berufsschulausbildung, welche einer der Studienrichtungen des Sozialagogischen Fachhochschulunterrichts entspricht, können in den meisten Fällen einen dreijährigen Ausbildungsgang absolvieren. Personen, die in den Niederlanden oder im Ausland an einem anderen Bildungsinstitut mehrere Jahre den Unterricht mit Erfolg besucht haben, können sich für die Hauptphase immatrikulieren. Die Bewerber und Bewerberinnen müssen aber in der Regel zuerst vor einer Aufnahmekommission erscheinen. Ausländische Interessenten informieren sich am besten bei der «Stelle für Ausländerfragen» einer Hochschule oder bei einem/r Mitarbeiter(in), der/die für die Internationalisierung bzw. für internationale Kontakte zuständig ist. Angehende Studenten und Studentinnen von 21 Jahren und älter, die den Qualifikationen nicht genügen, können sich immatrikulieren lassen, nachdem sie eine Aufnahmeprüfung bestanden haben.

In den Niederlanden ist es üblich, dass die für die jeweiligen Ausbildungen zuständigen Aufnahmekommissionen darüber zu befinden haben, ob das ausländische Diplom oder die Vorbildung den Kriterien genügt. Häufig ist es für angehende ausländische Studierende obligatorisch, einen Aufnahmetest in Niederländisch zu bestehen.

Literatur

D. de Bie. «Leren-leren» als middel en doel. Een kader voor onderwijs (organisatie) vernieuwing. Hogeschool van Amsterdam 1996

O. Filtzinger/H. Schafer/F. Seibel. Erasmus-evauation-cenference: social professions for a social Europe. ECCE, Koblenz 1996

HBO-ALMANAK 1996/1997. VUGA Verlag, Den Haag 1996.

H. Hens/M. Geomini. Sociaal-cultureel werk. Beroependomeinprofiel. NIZW, Utrecht 1996

K. E. Hesser/W. Koole (Red.). social work in the Netherlands. SWP, Utrecht 1994

J. Midgley. Social welfare in global context. Sage publications, London 1997

NUFFIC. Higher professional education in the Netherlands. De Hogescholen , Den Haag 1996

Profiel van het vernieuwde Hoger Sociaal-Agogisch Onderwijs. HOBO-RRAD, Den Haag 1993

M. Spierts. Balancieren und Stimulieren. Methodisches Handeln in der soziokulturellen Arbeit, Luzern 1998

Abkürzungsverzeichnis

AAW	Gesetz zur Regelung von Rechten und Pflichten bei Arbeitsunfähigkeit
ABW	Allgemeines Sozialhilfegesetz
AJO	Beratungsstellen für Jugendliche und Eltern
AKW	Allgemeines Kindergeldgesetz
AMW	Allgemeine Sozialarbeit
ANW	Allgemeines Hinterbliebenengesetz
AOW	Allgemeinene Altersrente
APZ	Allgemeine psychiatrische Krankenhäuser
ARP	Antirevolutionäre Partei
BIG	Gesetzes über die Berufe in der individuellen Gesundheits(für)sorge
CAD	Konsultationsbüros für Alkohol- und Drogenabhängige
CDA	Christdemokratischer Appell
CMV	Kulturelle und gesellschaftliche Bildungsarbeit (Studienrichtung an den Fachhochschulen)
CPZ	Kategoriale psychiatrische Krankenhäuser
CRM	Ministerium für Kultur, Freizeit und Sozialarbeit
FF	Families First
FNV	Föderation der Niederländischen Gewerkschaften
FZA	Föderation der Einrichtungen der Alkoholikerhilfe
GGZ	Hilfe zur seelisch-geistigen Gesundheit
HBO	Fachhochschulunterricht
HSAO	Sozialagogischer Fachhochschulunterricht
ICP	International Cooperation Program
IOAW	Arbeitnehmer und Arbeitnehmerinnen
IOAZ	Gesetz über Einkommensregelung für Betagte und partiell arbeitsunfähige Selbständige
IVV	Informationssysteme Suchtkrankenhilfe
JAC	Beratungszentrum für Jugendliche
KTC	Zimmertrainingszentrum
KVP	Katholische Volkspartei
MBO	Mittlerer berufsbildender Sekundarunterricht
MFE	Multifunktionelle Einheite
MFO	Multifunktionelle Organisation
MKD	Medizinisch betreute Kindertagesstätten
MKT	Medizinische Einrichtungen für Kinder
MWD	Sozialarbeit und Dienstleistungen (Studienrichtung an den Fachhochschulen)
NeVIV	Niederländischer Verein der Suchthilfe-Einrichtungen
NIAD	Niederländisches Institut für Alkohol und Drogen

NIVON	Niederländische Vereinigung von internationalen Naturfreunden
NIZW	Niederländisches Institut für Fürsorge und Soziales
NVMW	Niederländischer Berufsverband für Sozialarbeiter/innen
NVV	Sozialdemokratische Gewerkschaft
P & A	Personal und Arbeit (Studienrichtung an den Fachhochschulen)
PCH	Plan & Praxis für Konsument und Haushaltung
PvdA	Partei der Arbeit
PWV	Psychiatrische Wohnformen
Riagg	Regionales therapeutisches Institut für ambulante Gesundheits(für)sorge
RIBW	Regionale Einrichtungen für beschütztes Wohnen
SDAP	Sozialdemokratische Arbeiterpartei
SER	Sozialökonomischer Rat
SIL	Betreutes unabhängiges Wohnen
SJD	Sozial-juristische Dienstleistung (Studienrichtung an den Fachhochschulen)
SOMMA	Nationale (Dach-)Organisation der Sozialpädagogischen Dienste
SPD	Sozialpädagogische Dienste
SPH	Sozialpädagagogische Hilfe (Studienrichtung an den Fachhochschulen)
STIR	Stimulierungsfonds für die Internationalisierung von Hochschulunterricht
TBS	(Gerichtlicher) Unterbringungsverfügung
TW	Gesetz über Sozialleistungszuschläge
VBO	Vorbereitung auf die Berufslehre/Anlehre
VHT	Video Home Training
VSID	Weiterbildungskurs «Soziale Dienstleistungen für ausführendes Personal»
VVD	Volkspartei für Freiheit und Demokratie
VWS	Ministerium für Volksgesundheit, Soziales und Sport
WAO	Allgemeines Erwerbsunfähigkeitsgesetz
WULBZ	Gesetz über die Erweiterung der Lohnfortzahlungspflicht im Krankheitsfall
WW	Arbeitslosengesetz
ZFW	Krankenkassengesetz
ZW	Krankenversicherungsgesetz

Nora van Riet, Harry Wouters

Case Management

Ein Lehr- und Arbeitsbuch über die Organisation und Koordination von sozialen Dienstleistungen

Übersetzung aus dem Niederländischen
Erscheint im Herbst 2000
ISBN 3-906413-12-8

Case Management basiert auf der Überzeugung, dass die verschiedenen Institutionen und Disziplinen im Sozial- und Gesundheitswesen nicht länger auf gegenseitige Kooperation verzichten können. Zusammenarbeit sollte dazu führen, dass soziale Dienstleistungen in Bezug auf die einzelnen Klientsysteme koordiniert angeboten und durchgeführt werden. Case Management führt zu einer integralen Form von Hilfeleistungen, wobei Fachleute unterschiedlicher Herkunft auf inhaltlicher Basis zusammenarbeiten.

Auf dem Hintergrund ihrer mehrjährigen Ausbildungtätigkeit im Bereich des Case Management führen die Autorin und der Autor mittels Theorie und gezielter Übungen in die Fähigkeiten und Fertigkeiten des Case Management ein. Von der übrigen Literatur zu diesem Thema unterscheidet sich dieses Werk denn auch insofern, als es ein praktisches Lehr- und Arbeitsbuch ist.

Der erste Teil ist der Theorie des Case Managements gewidmet. Welche gesellschaftlichen Beweggründe und Ursachen gibt es für die Tatsache, dass sowohl sowohl Klient/innen wie auch Fachpersonen eine neue Organisation und Ausführung der Dienstleistungen für nötig hielten? Was bedeutet im Rahmen der Dienstleistungen die neue Optik für die Position des Klienten/der Klientin und der Fachperson? Wodurch wird ihre gegenseitige Beziehung geprägt? Das Kapitel wird abgeschlossen mit einem neuen Profil des/der Case Managers/in. Im zweiten Teil werden die praktischen Seiten des Case Managements geschildert, indem dessen fünf Basisfunktionen als Übungsmaterial ausgearbeitet werden. Im dritten Teil richtet sich das Augenmerk auf Fragen, welche in der Praxis häufig auftauchen.

Nora van Riet und Harry Wouters sind an der Hochschule Amsterdam tätig; Van Riet als Ausbildnerin/Beraterin in der Ausbildung und Beratung des Nonprofit-Sektors, Wouters als Dozent im Bereich der Weiterbildung und Nachdiplomstudien.

Dieses Werk wurde in den Niederlanden aufgrund der breiten Nachfrage bereits zum zweiten Mal aufgelegt.

Verlag für Soziales und Kulturelles. Luzern